◎山东省社科理论重点研究基地齐文化研究基地重大项目

淄博古代文献丛刊
王志民　主编

何世瑾集　王祖昌集

（清）何世瑾　王祖昌　撰
任梦池　整理

山东大学出版社
SHANDONG UNIVERSITY PRESS
·济南·

图书在版编目（CIP）数据

何世琪集 /（清）何世琪撰；任梦池整理．王祖昌集 /（清）王祖昌撰；任梦池整理．-- 济南：山东大学出版社，2024.1
（淄博古代文献丛刊 / 王志民主编）
ISBN 978-7-5607-7977-5

Ⅰ．①何… ②王… Ⅱ．①何… ②王… ③任… Ⅲ．①何世琪—文集②王祖昌—文集 Ⅳ．① Z429.49

中国国家版本馆 CIP 数据核字（2023）第 203191 号

责任编辑　张彩芸
封面设计　张　荔

何世琪集　王祖昌集
HE SHIQI JI　WANG ZUCHANG JI

出版发行　山东大学出版社
社　　址　山东省济南市山大南路 20 号
邮政编码　250100
发行热线　（0531）88363008
经　　销　新华书店
印　　刷　山东蓝海文化科技有限公司
规　　格　710 毫米 ×1000 毫米　1/16
　　　　　21.5 印张　480 千字
版　　次　2024 年 1 月第 1 版
印　　次　2024 年 1 月第 1 次印刷
定　　价　82.00 元

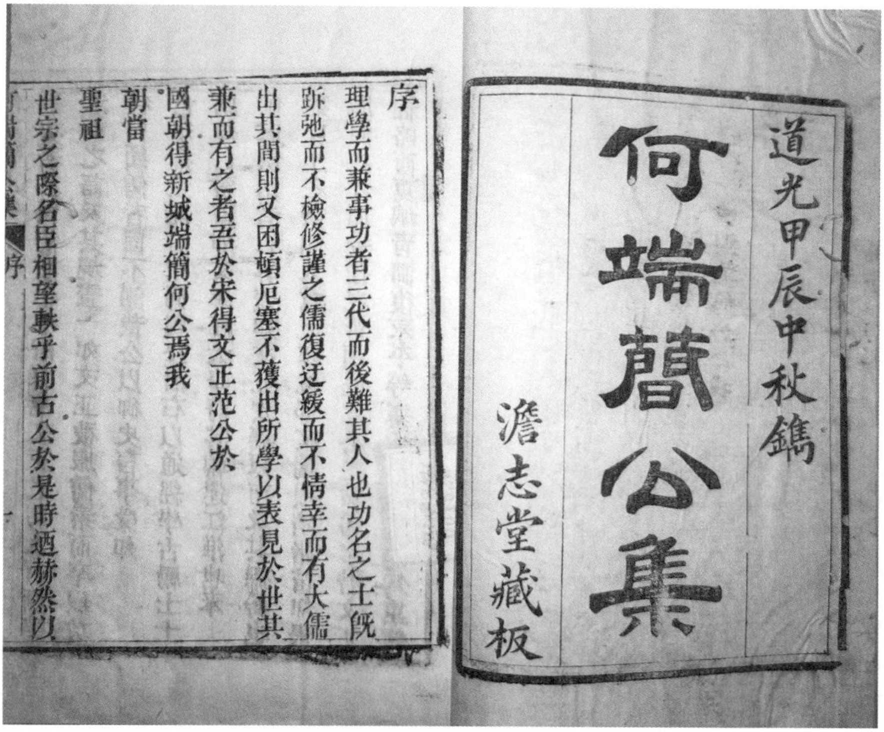

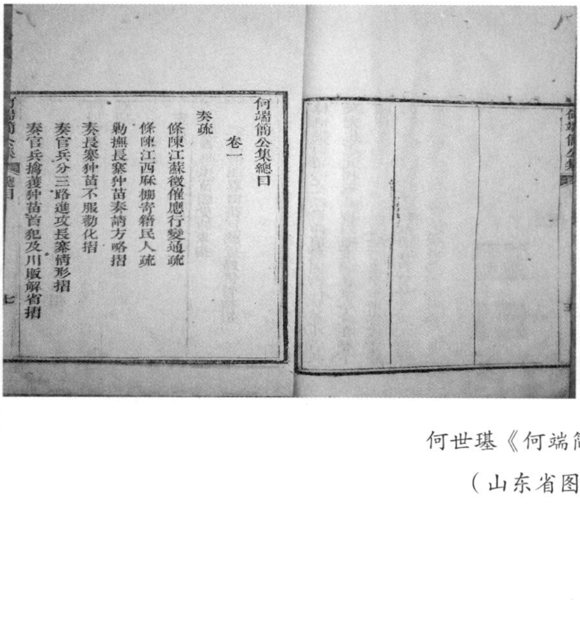

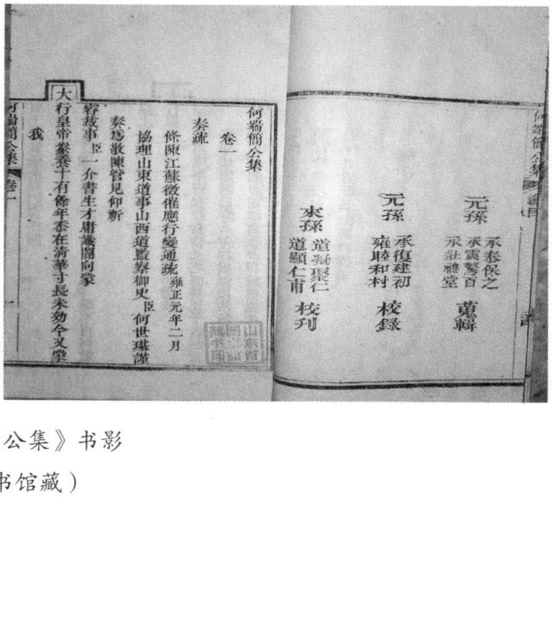

何世璂《何端简公集》书影

（山东省图书馆藏）

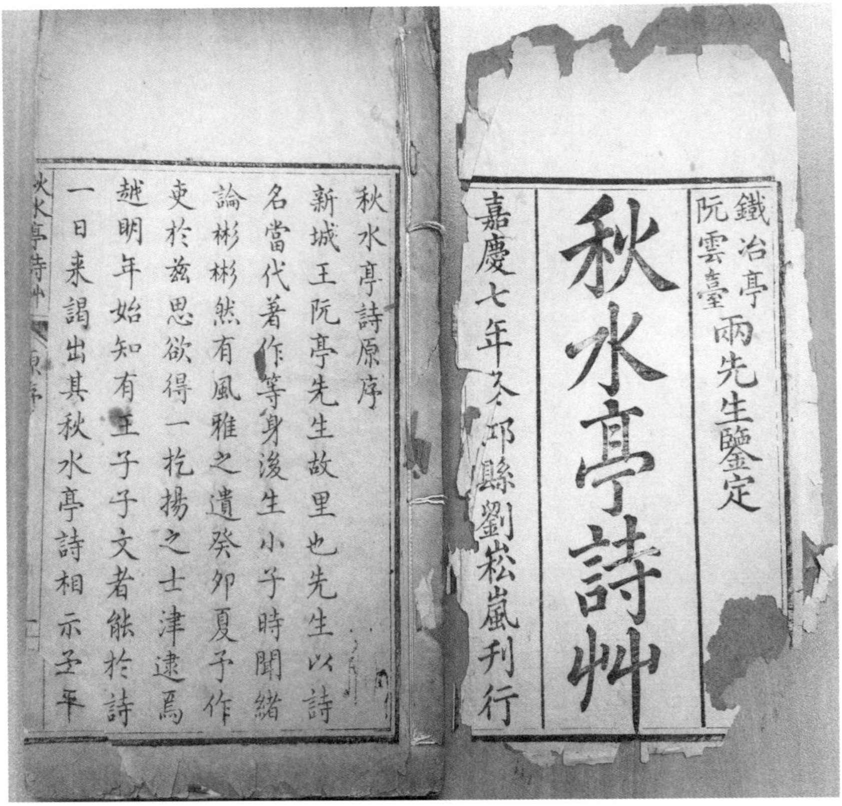

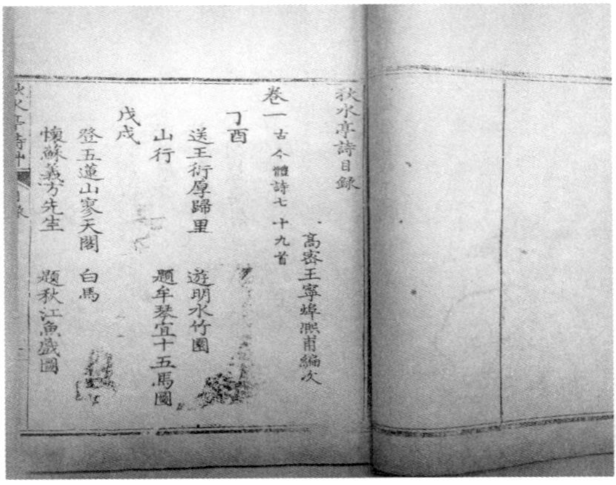

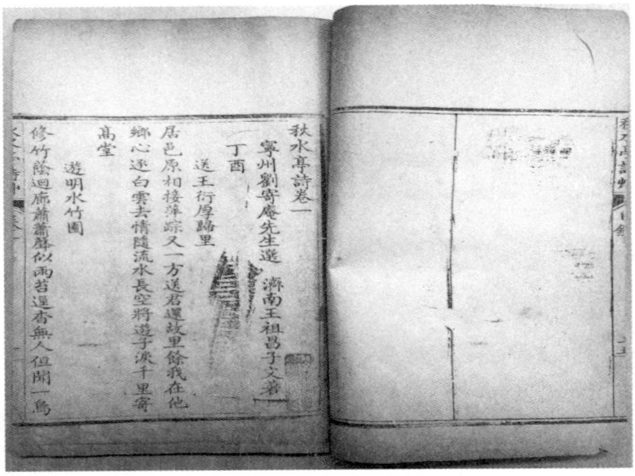

王祖昌《秋水亭诗》书影

（山东省图书馆藏）

《淄博古代文献丛刊》编委会

总　序

淄博是齐文化的发祥地，有着源远流长的著述传统。先秦时期，齐地沃土孕育了诸多文化经典，包括我国第一部手工业技术专著《考工记》、齐文化的百科全书《管子》、“无传记之名，实传记之祖”的《晏子春秋》、兵学圣典《孙子兵法》以及《孙膑兵法》《司马法》《六韬》等兵学著作，还有《慎子》《尹文子》《鲁仲连子》等稷下诸子文献。战国秦汉间，齐人在经学方面成就突出，《易》《书》《诗》《春秋》今文经学的传承，均与齐人有密切关系。魏晋以后，淄博文献众多，有史书方志、科技著作、笔记杂著、戏曲小说、诗集文集等，各呈风采。西晋左思《三都赋》曾令洛阳纸贵，北魏崔鸿《十六国春秋》是研究魏晋南北朝历史的重要著作，贾思勰《齐民要术》标志着古代农书的成熟，唐代段成式《酉阳杂俎》和宋代王辟之《渑水燕谈录》是唐宋史料笔记中的代表性作品，元末明初贾仲明的杂剧“骈俪工巧，有非他人之所能及者”①。特别需要注意的是，明清时期，淄博文风兴盛，涌现出了众多文化名人，留下了大量的文献著述，其中很多被收入《四库全书》，如毕自严《石隐园藏稿》、薛凤祚《两河清汇》、孙廷铨《颜山杂记》、王士禛《居易录》《池北偶谈》《香祖笔记》《古夫于亭杂录》《分甘余话》《精华录》《渔洋诗话》《衍波词》等，而蒲松龄《聊斋志异》被誉为“短篇小说之王”，成为淄博文化发展史上耀眼的风景。

古籍文献是中华优秀传统文化的重要载体。淄博古代文献不仅是研究淄博地区历史文化的珍贵史料，也是中华优秀传统文化的宝贵遗产。党的十八大以来，传承、弘扬中华优秀传统文化成为国家重大文化战略。2017年1月，中共中央办公厅、国务院办公厅印发《关于实施中华优秀传统文化传承发展工程的意见》，要求“加强中华文化典籍整理编纂出版工作”。2022年4月，中共中央办公厅、国务院办公厅印发了《关于推进新时代古籍工作的意见》，指出：“做好古籍工作，把祖国宝贵的文化遗产保护好、传承好、发展好，对赓续中华文脉、弘扬民族精神、增强国家文化软实力、建设社会主义文化强国具有重要意义。”为发掘保护淄博文献资源，传承弘

① 无名氏：《录鬼簿续编》，《中国古典戏曲论著集成》(二)，中国戏剧出版社1959年版，第292页。

扬优秀传统文化，推动中华优秀传统文化创造性转化、创新性发展，助力淄博文化强市建设，山东理工大学和淄博市政协决定联合编辑出版《淄博古代文献丛刊》（以下简称《丛刊》）。山东理工大学党委和行政领导高度重视，给予了多方面的关照与支持。淄博市政协专门召开党组会研究，将《丛刊》列为市政协文史工作重点项目；张延廷主席、朱正林副主席非常关心该项目的实施和进展，提出了许多推动措施和指导意见。山东理工大学齐文化研究院和淄博市政协文化文史和学习委员会具体负责项目实施。

淄博历代文献数量宏富，根据《中国古籍总目》《山东文献书目》《山东文献书目续编》等书目及各类方志资料，今天保存下来的淄博古代文献就有近1000种。《丛刊》的收录原则，一是水平高，具有重要文化、学术价值；二是未经过点校整理，或虽有整理但不够规范系统。根据这两项原则，在充分调查的基础上，《丛刊》选取了淄博古代23位文人著述进行整理，共16册（部分文人著述篇幅较小，进行了合并），总计700余万字。

《丛刊》项目酝酿于数年前。张宇声教授提出编纂整理《明清淄博文人别集丛刊》的建议被采纳，经过专家研讨，根据实际选目，后改为《淄博古代文献丛刊》。为做好整理工作，我们组建了四个编纂小组，分别由山东理工大学张宇声教授、巩曰国教授、上海交通大学朱丽霞教授、山东师范大学王培峰副教授担任组长，张宇声负责《孙廷铨集》《赵进美集》《张笃庆集》《高珩集》《王培荀集》，巩曰国负责《王象晋集》《王象艮集　王象明集　王与玟集》《王象春集》，朱丽霞负责《王教集　袁藩集》《刘一相集》《刘鸿训集》《毕自严集》，王培峰负责《段氏三代诗文汇编》《杨梦衮集》《何世瑾集　王祖昌集》《张象津集》，延请上海交通大学、中国海洋大学、山东师范大学、重庆师范大学、山东理工大学、西安航空学院、商洛学院等高校相关学者组成了一支水平较高的整理队伍。《丛刊》编纂日常工作由山东理工大学齐文化研究院执行院长巩曰国教授负责。

整理过程中，我们统筹组织，多次召开会议，制定具体措施，严把质量关。各集整理者广泛搜集各种版本，科学选定底本与校本，严格执行整理体例和古籍整理规范。初稿完成后，各组成员之间对书稿进行了互审，各组组长对所负责的书稿进行了通审并提出修改意见，书稿汇总后，王志民、巩曰国、耿振东等又组成终审小组，分别审阅了书稿并对各集的前言进行了统一审稿，逐一提出修改意见。各集整理者根据修改意见对书稿进行了修改完善。2022年8月，《丛刊》书稿交付山东大学出版社。山东大学出版社对《丛刊》的出版非常重视，王贻社总编、刘旭东副社长、刘森文主任统筹协调，精心组织编校，保证了《丛刊》的出版质量。

《丛刊》学术价值主要有以下几个方面：

其一，首次对淄博古代文献特别是明清时期淄博文人著述进行了较大规模的整理，填补了学术空白。文献整理是文化建设的基础工作，历来为人所重视。省一级的文献整理，前有《畿辅丛书》《云南丛书》，今有《齐鲁文库》《荆楚全书》《湖湘文库》《江苏文库》等。近些年来，地市一级的文献整理也不断推出，如《金陵全书》《苏州文献丛书》《金华丛书》等。淄博文化底蕴深厚，文献资源丰富，古代文献虽有整理，如《管子》《晏子春秋》《考工记》等先秦齐文化典籍，左思、王士禛、蒲松龄、赵执信、徐夜等文人的著述以及部分方志，但零散不成系统。《丛刊》作为第一种淄博古代文献整理丛书，弥补了淄博文化建设的这一缺憾。《丛刊》16册中，有11册的全部内容均为尘封数百年后首次整理面世。

其二，注重规范、全面挖掘整理，为淄博地方历史文化研究提供了详实资料。《丛刊》各集，对原著者的各类著述尽可能全面收录，如《张笃庆集》，不仅收录其诗集《昆仑山房郢中集》《昆仑山房诗集》，还收录传记类著作《先相国少保公年谱》《两汉高士赞》以及史评类著作《班范肪截》《五代史肪截》。每一种集子，书前都有前言，介绍作者的生平、著述及贡献，书后附录详列相关传记材料、诗文唱和、诸家评论、著录题跋、诗文辑佚以及作者年谱（年表）。这样一册在手，即可全面了解其生平、著述及各方面贡献。文献作者均为淄博人，他们有关当时历史地理、风土民情、名人掌故、名胜古迹的记述，是研究淄博历史文化的宝贵资料。如《张象津集》中《新城水利四议》包含了小清河、孝妇河、郑潢沟、乌河等河流的诸多信息，是研究淄博历史地理的重要文献。《孙廷铨集》中的《颜山杂记·琉璃志》全面、系统地记述了当时中国北方美术琉璃生产中心颜神镇（今博山）的琉璃生产工艺，包括烧造琉璃的原料、呈色、火候、配色、产品、做工、工具、吹制等，对研究名闻中外的“淄博陶琉”具有重要史料价值。

其三，整理发掘诗文、戏曲创作资料，有补于中国古代文学研究。《丛刊》的文献作者均为富有才情的文人，有很多在诗文、戏曲创作方面卓有建树。如王象春是公认的晚明山左诗坛巨擘，主张“重开诗世界，一洗俗肝肠”，推动了山左诗风的转变以及“济南诗派”在清代的繁荣；张笃庆诗歌创作不拘一格，各体兼擅，《四库全书总目》称其“才藻富有，洋洋洒洒，动辄千言，风发泉涌”；毕自严博通经史，雅好文学，高珩誉其文章可比韩愈和苏轼，《四库全书总目》认为“虽乡曲之言，未免稍溢，而以经济兼文章，则自严要不愧也”；赵进美是明末清初诗坛上由“前后七子”的格调说至王渔洋神韵说之间的一位重要诗人，同时也有《瑶台梦》《立地成佛》等戏曲作品；高珩诗文丰富，其诗“近元、白《长庆集》体”，又有通俗弹词《醒梦戏曲》。《丛刊》各集，全面呈现相关作家的诗文、戏曲创作成果，其中包含了一些稀见的稿本、抄本，为丰富拓展古代文学特别是明清时期山左文坛的研究，提供了重要的文献依据。

需要指出的是，《丛刊》文献的作者多出自文化世家，与国内著名文学家、政治家广泛交游，其活动与当时全国的政治局势、文化创造颇有关联，其意义不局限于淄博一地。像毕自严是关涉明末政局的人物，王象春、高珩、赵进美的文学活动都与明末清初文坛发展有很大关系，段成式家族在唐代全国的地位更具代表性。因此，《丛刊》的出版不仅有益于淄博地方文化建设，对于推动山东乃至全国的文史研究和文化建设，也有积极的学术意义。

整理古代文献，弘扬中华优秀传统文化，是我们的历史使命。《丛刊》首次对淄博古代文献进行较大规模的整理，我们深知责任重大。整理中，我们尽管力求严格学术规范，严把学术质量，但校书如扫落叶，疏误在所难免，且《丛刊》是集体项目，出自众人之手，各卷质量不尽相同，恭请专家读者批评指正。

王志民

2023 年 10 月 16 日

定稿于山东理工大学齐文化研究院

何世瑾集

前　言

一

何世璂（1666 ~ 1727），字澹庵，又字坦园，号铁山先生，山东新城（今淄博桓台）陈何庄人。

何世璂先祖本姓陈，明朝洪武初年由直隶枣强迁居新城，其“好善乐施，孜孜如不及，人称尚义公”。何世璂的第七世祖赘入何家，其后人便从何姓。何世璂的父亲毓光，字仲弢，别字鲁斋，邑廪膳生，何母为元配李氏，是山东新城前壬午举人、两浙运副李鸿雷之女。何世璂祖父、父亲俱以恩荫被赐以光禄大夫、礼部尚书等衔，祖母及母亲获一品夫人封诰。

何世璂天性仁孝。六岁时，其母过世，世璂悲痛欲绝，“哀毁如成人”。十六岁，娶长山庠生明纪公女徐氏，尽心侍奉何世璂祖父、父亲和母亲，“得两世欢心”。二十一岁，祖父卒，世璂与父竭力营葬。其后在莒州任学政时，接父母于身旁奉养。四十岁时，父亲去世，尽哀尽礼，“四方叹为纯孝”。四十六岁时，迎王太夫人（世璂继母）于京城居所，竭尽所能孝养承欢。五十岁时，王太夫人以疾终，世璂在京闻之，悲痛万分，全力营葬，同年李巨来前来吊唁，感其孝心云：“何坦园真孝子也。”

何世璂自幼聪慧，有“圣童”之誉。五岁时，即外出就学，《年谱》称其能“日诵数千言”。七岁时，即通制义，王士禛以为“国器”，并贻诗曰：“七岁尔能文，应号甘露顶。千古裴敬彝，一时无差等。”十七岁参加岁试，成为廪生。督学唐公对其文章大为赞赏，批其卷曰：“诸作一望平芜，独此大有生新之致。”十九岁，中本省乡试，为第四名。考卷一出，即获得士子文人的高度赞誉，江南汪武曹、何屺瞻，德州孙子未，博山赵秋谷诸先生咸击节叹赏，认为他是“真才子”。此后，曾多次参加会试，可惜均未得中，遂赴莒州为学正。

康熙四十八年己丑，再次参加会试，中进士，入翰林院，任检讨之职。后蒙李光地推荐，为雍亲王胤禛师。世璂对胤禛能耐心教诲、认真督学，并以范仲淹“先忧后乐”勉励他。四十九岁时，大考一等。康熙五十九年秋，在山西举行乡试中，任副考官，秉承公心，为朝廷搜得六十三位有才之士。五十七岁时，康熙驾崩，其年十二月，充任圣祖实录馆纂修官。雍正初年，授命为江西乡试正考官，其不拘一格选拔人才，“得士极一时之胜”，获雍正皇帝“公明兼至”之誉。后因其秉公职守、为官清廉深得雍正皇帝信任，先后擢升其为浙江学政、两淮盐运使、贵州巡抚等职。在贵州巡抚任上，其尽心辅佐云贵总督鄂尔泰平定苗族骚乱，以“纳土归流”之政予以安抚，并开设学堂、耕种农桑、开矿煎盐、富贾通商，既利国纳税又造福于民。

后因雍正皇帝念何世璂年迈，恐难耐山区之苦，遂将其调入京城供职。世璂回京后，先任刑部侍郎，数月又转任户部侍郎，继而又转任吏部侍郎仍兼刑部事宜。一年之内，屡次升迁，且皆为要职，可见其深得圣心。雍正皇帝深知直隶总督须由要臣担任，随又命其出任直隶总督。虽世璂因年迈患疾，婉言辞谢，仍未得雍正皇帝应准，遂即带病赴任保定。到任后，即与辅臣刘师恕清理积弊，数月便使直隶属地政清民安。雍正皇帝一直记挂其年老多病，担心其操劳过度，便派御史、御医探望，并传旨“勿事必躬亲，用心过度”。岂料圣旨还未送达，世璂因勤于政事，而致旧疾危重，于雍正七年卒于直隶官署，终年六十四岁。

何世璂去世的消息传入京城，雍正皇帝为之心痛，追赠其礼部尚书衔，谥号“端简”，以千两为赏并派员护灵归葬，给与全葬银两，敕建丰碑，令所过地方文武官员亲往奠醊，并命中堂张廷玉、李光地分别为其撰写碑文和祭文。世璂死后，入直隶江南浙江名宦祠、本籍乡贤祠。

二

何世璂一生清廉，严明谨慎，施行德政，重视教育及地方文化建设；品德高尚，善良真诚，为世人所重。发为诗文，其散文大都说理透辟严密、文辞典雅平实、内涵深刻，追求理明意胜，议论宏阔而无苦心经营之态；其诗歌不事绮靡，以平淡萧散，清新舒畅、闲适自然为尚。

《何端简公集》中收录了何世璂所创作的文八卷、诗四卷，共十二卷。书前著录他人为文集所作序两篇，书后又附录了他人为其及文集所做的序、传、墓志、墓表、年谱及跋等数篇。正文中，卷一、卷二为奏疏，共十七篇，主要为其任各地地方官时，对地方治理的方法措施等内容，文章语言典雅平彻，即用得体、平实、庄重的语言直叙其事、说明情状、议论问题。卷三、卷四为策、辨、论、说、书、序和记等散文，共二十三篇，主要论及理学、小学、宗族家训、书院修建及与友人往来等内容。这些文章立意明确，主旨集中，文章结构比较缜密，形式多样，且文辞平易、气势雄辩，说理详尽而透彻。卷五、卷六为志、表及祭文等，共二十篇。何世璂所作墓志铭及祭文风格大都肃穆端庄，语言简练。从对象来看，既有宗族亲属，也有义官善士，亦有友人考妣等。这些文章，作者通常介绍墓志铭主家世、生平事迹、生卒年、子孙后代等，次序不一，但内容大体一致。卷七为寿文，寿文是受他人所托而作的贺寿颂赞之辞，共四篇。何世璂所写寿文的祝词并不是大书溢美之词，多为对所祝之人事迹中肯恰当的叙述，情感真挚。卷八为杂著，共十五篇。既有课示、呈文、箴言及家谕等文，也有对文学作品、书画等的品评。此类杂著，虽内容不一，但都文辞恳切，直率自然。卷九为奉和应制之作，共十四篇。此类作品主要是对盛世的歌功颂德，情调比较自然欢畅，语言典丽而明快。虽然浮华夸张的粉饰不多，但思想内容也实无可取，并且由于是奉和应制之作，拘于君臣名分，终究不免感恩承欢，因此可以看出作者在追求艺术形式精美得当的痕迹。

何世璂的诗歌共二百四十一首，收录在《何端简公集》卷十、卷十一、卷十二中。其中，五言古诗十一首，七言古诗十七首，五言律诗二十六首，五言排律五首，七言律诗八十二首，五言绝句十五首，七言绝句六十五首，及附存浙江学政赠诗五首。诗歌内容主要包括宴饮雅聚、赠答送别、闲游乐情、客旅怀思、忠义节烈、祝寿贺喜、挽人哭悼、题画等。其诗风典雅而不失恬淡，清远而不失洒落，沉郁而不失古意，重格不重辞，脱去绮靡，以清新舒畅、闲适自然为尚。

《何端简公集》书前有序两篇，王赠芳的序中对何世璂为人、生平及文学上成就进行了叙述，并处处将其与范仲淹对举。陈功则在序中认为何世璂达到了“立德、立功、立言”的三不朽，还表达了自己对其仰慕之情。书后附录各类序、书、传、墓表等十一篇。王赠芳《后序》对何世璂文集有“清粹和美之音，悠然可听”之誉。王镇《书后》介绍了文集编纂过程，并就文集中《尚书古文今文辨》一文进行了议论。成肃的《书后》先详细叙述了文集的成书过程，然后简要梳理了何世璂的生平经历，最后对文集内容进行了评价。《国史馆列传》则详细记载了何世璂的事功。孙勷《皇清诰授资政大夫吏部右侍郎署直隶总督事务特赠礼部尚书谥端简新城铁山何公墓志铭》、鄂尔泰《墓表》、张廷玉《皇清诰授资政大夫吏部右侍郎署直隶总督事务加赠礼部尚书何端简公神道碑铭》三篇，皆是当朝重臣受圣谕而作，分别从何世璂的生平经历、功业成就及子嗣等方面进行了叙述。齐召南在《传》中除了梳理何世璂生平外，着重写到其在所任之地的各项功绩。张象津的《新城后志传》中对何世璂一生功业进行了叙述，特别提到了皇帝对于何世璂的眷顾体恤之情。俞正燮因敬慕其品行，遂就其著述及史籍所载事实考订编次而成《何端简公年谱》，文中用编年体裁记载了何世璂的生平事迹等内容。置于文集末赵汝毅的《跋》则简略记述了《何端简公集》的成书过程及内容体例等。

三

何世瑾虽著述颇丰，但生前未曾结集，一生奏疏，多焚草不传，诗文散佚较多。西江王赠芳在史馆读到何世瑾的传记，思慕其为人，在任济南太守时，访其遗集，并得到何世瑾玄孙承壮、承泰等帮助，搜讨抄录诗文，分订二册。又数年，登莱观察王中峰、湖北廉访陈叙斋在王赠芳编定本上，重加勘正，并出资首倡；时任济南太守祝诒庭、胶州刺史张振之、历城明府吴宾岑各出资付之刻印，最终刻成了道光二十四年澹志堂本《何端简公集》。

本次整理，即以道光二十四年澹志堂本《何端简公集》十二卷为底本，由于既无对校本，亦无可资他校的本子，只能因陋就简，对明显的异文讹字，略作本校和理校。对文中的异体字、古体字、俗体字，一般均改为通用字；对原书的避讳字，则仅于一书首见时在校记中予以说明，不作改动。由于可供参考的资料极为有限，加之本人学识鄙陋，对《何端简公集》整理还有诸多不足之处，还望诸方家予以指正。

任梦池

2023 年 3 月

何世璂集目录

何端简公集

何端简公集

序

理学而兼事功者，三代而后，难其人也。功名之士，既跅驰而不检修，谨之儒复迂缓而不情。幸而有大儒出其间，则又困顿厄塞，不获出所学，以表见于世。其兼而有之者，吾于宋得文正范公，于国朝得新城端简何公焉。我朝当圣祖世宗之际，名臣相望，轶乎前古，公于是时乃赫然以事功著。公固儒者也，幼时慕范文正之为人，有愿学未能之语。及其规画，一如文正，被服儒素，而卒以功名自显，儒者固不测哉！公以御史言事，受知世宗，擢至开府，中间视学浙右，以通经学古励士，士咸知自奋，盖如文正在太学时。其转运江淮也，奉命赈饥，活者亡算，盖如文正安抚东南。及其抚黔也，建改土之议，开八万之寨，佐鄂文端以靖诸苗，知张广泗之才而委任之，苗顽底定，公之功为多。昔文正经略西夏，城青涧，复永平等寨，士勇边实，屹为重镇，又识狄武襄于行伍，世咸以为知人。两公以儒者任军旅事，乃其应变料敌如出一辙，虽老于行军者，自谓弗如。岂犹貌为儒者之绳尺步趋，噤无所施用哉！方范公遭遇仁宗，入参政事，可谓极不世之遇矣！然以贤奸杂用之，故屡起屡仆，一日不得安于朝。公则受世宗特达之知，终始眷倚，恩礼弗少衰，公慕文正，而所遭之时则过之，惜公以总制终，而不获参大政也。余前在史馆读公传而慕之，及守济郡，因缘得见公集，凡杂体文若干篇、诗若干首，皆其元[①]孙承壮手辑，残阙无卷帙，盖公之诗文佚者多矣！然当时新城王文简公，天下之所称能诗者也，见公诗而奇赏之；安溪李文贞公，天下之所称能文者也，得公文而惊异之。余虽不获窥其全，而即二公之所嘉与，亦足以见公之诗文力追古作者，而与之上下无疑也。昔苏文忠序文正遗集，深以挂名于文字中，自托门下士之末为幸。余谫陋，固万万不敢望文忠。而公则文正公之亚也，自司谏至开府，勋业官爵，两公颇相似。况以理学而兼事功，卓然以圣贤之道措诸天下哉！余生晚，恨不识公。今幸守公乡里，获挂名遗集，以自托不朽，盖有余荣焉？爰掇其事之大者载于篇，而述其梗概如此。

道光十有三年癸巳，夏六月望日，赐进士出身，中宪大夫，分巡云南清军盐法道，前知山东济南府事，翰林院编修，广西福建湖北主考官，提督湖北学政馆，后学王赠芳拜撰。

---

① “元”，应作“玄”，避讳改字。下文尚有多处此类情况，不一一出校。

序

古人以立德、立功、立言为三不朽，三者兼备难矣！山左为人文之薮，鸿儒名宦代不乏人。在我朝康熙雍正间，则新城何铁山先生其首数也。先生之硕德丰功昭于国史，传之家乘。先生之言则著于是编者也。今读先生之书，味先生之言，直而温，婉而挚，又何其粹而精也。由家修而廷献，由司铎而开府，所言皆明体达用，秩秩其音。而于子臣弟友之道肫然无不尽，国计民生之大措，焉而裕如。大抵先生之学，本于诚意不欺，而又湛深于经术，浸淫于诸子百家，出为希世之业，以传于不朽。安溪李文贞公称先生为理学，斯语当矣！至于奏章文记之，发为诗歌，是皆先生抒其至性至情而作，允有合于温柔敦厚之旨。新城王文简公壇坫风雅，为一代宗匠，评先生之诗，曰:“妙出天然”。夫天然者，本于天性，不事雕饰。于先生之诗，深有契焉！噫！先生其真不朽也哉。予滥叨馆职，与先生相去百余年，步尘而趋，所学不逮。今幸监司东鲁，系先生桑梓地，从而留心文献，景仰前徽，固向往于先生者久矣。先生之元孙承壮，尝以通家礼往来。今秋在历下，权运篆适先生之来孙道凝来谒，手示斯卷，欣然庄诵之，并系以言，以志私淑，而非有当于先生之高深也者。道光癸卯闰七月之望，后学陈功拜撰。

总目

大兴王中峰先生、庐陵王霞九先生、侯官陈叙斋先生　　鉴定

邹平成肃中先生、长山李星白先生、掖县李少伯先生　　参阅

同邑张义坡秋水、同邑胡公桓恪亭、济阳高积阶麟台、冠县赵汝毅乾甫、淄川李凤诺雪田、历城朱锡田蕴庄、同邑张绎武叔承、同邑王维潜菊溪同校

① 正文此篇在《三体得失议》之后。

② 此处正文为“墓志”。

---

① 正文此篇在《寿文登于太孺人文》后。

① 正文此篇在《相国安溪夫子暂假归里御制诗送之恭和原韵二首》后。

② “偈”，此处正文为“倡”。

① 正文此篇在《韩侯岭》后。

① 此处正文题为《庚子春日读张圣宣制艺赋呈》。

② 此处正文题为《赠沈缄三二首》。

③ 此处正文题为《送李河阳任应城》。

卷十二

五绝

花灯诗五首

集陶和友人韵十首

七绝

题王玉斧石桥书舍

题高某小照宁晋

东阿道中

题友人小像

赠汪甫三

忆得

杂咏

余年未冠早已耳云沧先生之名越二十年始相见于饶阳公署数日又将别去以诗见赠因为绝句奉答四首

题西城唱和诗二首

代内哭秉义女三首

题友人月明林下图

送李仙庵太史归田[①]二首

函三别去奉怀四绝

秋日至寿阳李明府下榻留款三阅月冬初言归明府饯余东门外其子若孙送至数里乃别晚抵平定却寄二首

晓渡漳河却寄饶阳署中诸子弟

送湘南孙明府之任

丙戌中元日示家弟及诸男二首

九日登高送王懋公西归

集词名为孙忆斯作三首

哭鉴平先生十绝

题蒙木集二首

晓李楚珍

井陉道中

寿阳苦寒三首

由行唐向西安抵寿阳寒甚次昌黎壁间韵四首

---

① "田"，此处正文为"里"。

元孙 承泰保之、承震惊百、承壮礼堂　　搜集
元孙 承复建初、雍睦和村　　校录
来孙 道凝聚仁、道显仁甫　　校刊

卷一

奏疏

条陈江苏征催应行变通疏雍正元年二月

协理山东道事，山西道监察御史，臣何世璂谨奏，为敬陈管见，仰祈睿裁事。臣一介书生，才庸识暗，向蒙大行皇帝豢养十有余年，忝在清华，寸长未效，今又蒙我皇上拔置台班，畀以言路，闻命自天，感激无地，捐糜顶踵，何足为报？皇上不以臣为愚昧，务使罄所欲陈。臣虽不肖，何敢缄默无词，以负我皇上虚怀下问之盛心。但臣伏念大行皇帝经天纬地，典章法度，燦然明备。我皇上继志述事，宵衣旰食。当此之际，为臣子者，只当恪守成宪，洁己奉公，勿为矫激以沽名，勿为钻营以趋利，勿互相党援，勿自耽逸乐，洗心涤虑，循分尽职。微臣之所自矢者，唯此而已，至于摭拾细故，苟塞言职，非臣之所敢出也。顾尝思苏州松江为东南财赋之区，而钱粮拖欠每岁不下数十万，官斯土者，远不过一二年，近不过三五月，率以催科无术，获罪而去。官之更代日多，则吏胥之作奸日甚。头绪纷淆，中饱任意，后来者既无从稽察，无所措手。又自知其终无迁擢之望也，遂亦甘心不肖，侵欺那移，无所不至。日复一日，亏空积欠，当不啻数百万矣！盖缘两府所属之州县，地方辽阔，钱粮浩繁，自十五万以至三四十万不等。彼官斯土者，其精神才[①]力原自不足以会计，而又有刁词健讼者之萦其怀，承审承追者之扰其虑，再益之以上司之需索诛求，衙役之舞文弄法，而官之方寸乱矣。吏治人才两足惜也！臣愚无知，未谙政体，唯我皇上宏谋远算，斟酌变通，或可一县分作两县，设官分治；或者一县之中，知县专管钱粮，县丞专管漕粮，主簿专管杂项课税。又为严其考成，使得专心致志，勉强供职，似亦砥砺官方足民裕赋之一端也。臣谨奏。

---

① “才”，据前后文，应作“财”。

条陈江西麻棚寄籍民人疏 雍正元年七月

协理山东道事，山西道监察御史，臣何世瑾谨奏，为钦奉上谕据实陈言事。今春二月十四日，蒙皇上传进科道诸臣面谕："以凡有所见，自应竭诚入告，皆当绝去避嫌顾忌之私乃为忠。"盖臣等受命之下，仰见我皇上好问好察执两用中之盛意，虽古之悬鞀设铎，何以及兹？臣瑾昼夜思维方圆，少抒愚悃，嗣蒙皇上知遇之隆，畀以江西典试之役，感激涕零。星驰就道，入闱一月有余，虽复矢公矢慎，不敢一毫苟且，而仰荷皇上天高地厚之恩，究未能报称万一也。出闱三日，便拟入京报命，适礼部文，奉旨刊刻试录，进呈臣与副考官。臣任兰枝，因复留住数日，料理试录。每于校对之暇，密询江西地方事宜，或有关系紧要，亟当入告皇上，早为筹画安置者殆无。如万载县盗案一事。夫万载之盗，不过无知小人弄兵潢池，业已擒获之歼戮之矣，似亦何足介意，而臣顾妄言如此。盖臣之所谓关系紧要者，实不在此万载之一县，而臣之所谓筹画安置者，亦非但擒获之歼戮之，遂为弭盗安民之上策也。臣谨按：江西地势，山泽居半，其西南与湖广、福建、广东连界之袁瑞、吉赣等府，率皆崇山峻岭，官吏不到之处藏奸纳污，匪一年矣。往往数年辄一发动，官吏特未尝报耳。原其所以不报之意，非故有所隐匿也，以为此闽广流寓之民，初不同豫章土著之民，杀之而已可矣。报之则扰累滋多，何以报为？臣以为是则然矣，然欲使之革面洗心、安土乐业，亦必有道以处此，奈何官吏置之不讲也。置之不讲，而酝酿日久，党类渐繁，一旦萌不肖之心，则又非州县之官，率数十捕役之所能擒获而歼戮之也。其滋扰不更多乎？臣之所谓早宜筹画而安置者，此也。至其安置之法，旧说有二：或云闽广寄籍之民，与江西土著之民应合一体，编列保甲，使之互相稽察，庶几奸宄不生。然土著之民聚族而居，多在平陆；寄籍之民，结茅深山穷谷之中。彼此遥隔，互相猜忌，将令土著之民，日日探幽绝险，稽察匪类，其势甚难，此一说之不可行者也。或云将寄籍之民一概驱而逐之，使之各归乡土为便。然闽广之民，为江西土著之民垦荒、种麻已数十年矣。约计一府山谷之中，老幼男女不下数千人，则十三府属之中，恐有数万人不止。其中奸者虽有，守分力田者亦复不少。一旦尽欲驱而逐之，彼自度无所归宿，势必激成祸端。且臣闻，今春擒贼杀贼之人，即万载知县招募麻棚有室有家之人也，藉非此辈协力御侮，彼土著之斤斤自守者，其谁能登山陟岭、批吭捣虚哉？故驱而逐之之说亦非也。臣窃惟为今之计，莫如安其久来种地之人，绝其倏往倏来之辈。每一县麻棚之中，另编保甲，择其身家殷实者，立为保长、甲长，日日查验花户。设有情踪诡密倏往倏来之徒，立刻报官严拿递解，月终各令递有无匪类，甘结一纸存案考校。苟至三年无事，保长、甲长自当悬格旌赏。如有容隐通同者，保长、甲长一体究治。彼自爱其身家，庶或奸宄可杜。督抚亦当委贤能官员不时巡查，务使州县宽严并济、赏罚分明，不得姑息隐忍，亦不得生事扰民。再令州县中各为寄籍之民，另设义学一区，择其子弟之秀良者，为之延师训读，许其与考。果能自成文理，计其童生之多寡，酌取一二名，以附各府儒学之额外。彼知上进有路，则廉耻易生，当不肯自弃于盗贼之途。而州县亦可借义学之名，先以羁縻其心腹，久而久之，可成仁里矣。臣学荒识浅，未谙时务，但悬揣此辈之情形，谅与常人无殊。故不揣愚昧，冒渎圣聪，伏祈皇上，敕下督抚，集思广益，确议施行，将见江西土著之民，游泳于光天化日之下，闽广寄籍之众，鼓舞于出作入息之中矣！臣世璂不胜战栗陨越之至，谨奏。

剿抚长寨狆苗奏请方略折雍正四年四月

贵州巡抚臣何世璂谨奏，为奏闻事。臣荷蒙圣恩，巡抚贵州。入境以来，闻贵阳府所属广顺州之长寨等处，狆苗顽梗阻建营房。臣抵省，面悟署抚臣石礼哈及准提臣马会伯咨札佥，云：“长寨地方，经前任督抚于谨陈调剂等事案内，奏准设立营房防汛，狆苗以出入未便遂尔拦阻。曾经差员再三化导，苗性顽梗如故，业经令游击等领兵前往，剿抚兼施等语。”微臣窃思狆苗固属凶肆，然其中亦有强弱良顽之不同，为臣子者果能远布天威，勤宣圣德，分别其善恶，显示以信义，彼自当相率而归化。若一旦骤行进剿，无论约束少宽，不无骚扰之累，路径不熟，不无蹉跌之虞，即使动出万全，而大兵所到，玉石难分。仰体皇上好生之德，必有恻然不忍者。臣以事关重大，不得不极为详慎，因屡札致提臣嘱其严饬将弁，毋得恃勇躁进。臣一面差委臣标守备持示飞往，宣布皇恩多方，晓谕头目，劝令众苗，向化如彼，就抚归诚，即将头目重赏，以示鼓励。倘若怙恶不竣[1]，臣与督提二臣商酌相机而行。唯是臣迂拙庸懦，未谙军旅，既恐失之疏率，又恐过于畏葸。伏乞恩赐，指示方略，以便遵行。则地方苗民均沐洪慈于无既矣！为此缮折具奏，伏乞皇上睿鉴批示施行，谨奏。

奏长寨狆苗不服劝化折雍正四年四月

贵州巡抚臣何世璂谨奏，为奏闻事。切查贵阳府广顺州所属之长寨等处，狆苗顽梗阻建营房一案。前经署抚臣石礼哈提、臣马会伯，勒兵苗疆，先行化

① “竣”，据前后文，应作“悛”。

诲。臣到任后，又仰体皇上好生之心，复遣臣标守备徐希达持示前往，再行晓谕，业经具折奏闻。旋据该守备回称，苗人有欲出申诉者，云："畏惧大兵不敢轻出。"臣即谕令将欲出诉者，带至省城，以便亲加化诲。遂于四月十七日，臣标游击赵文英到省，带领阿叱之侄阿挐、火连忙、头人阿猛，并附近各寨头人阿戎等共十四人到臣衙门。臣宣扬圣天子威德，令其传谕各寨头人，俾其凛遵国法，请兵安营，限以三日。为率，遂赏以花红、钱、布等物。令其持此前往化诲，以示鼓励，诸苗俱感激叩头，佥云"情愿回去劝化众人，迎接官兵进寨安营"等语。去后，兹据徐希达持赵文英禀称，带领阿戎等至营，即令往长寨晓谕。至二十二日，阿戎等回营，禀称同阿拿进寨，将皇帝爱恤生灵之意，再三劝化。奈无知凶苗，倚恃乌合之众，断不肯请兵进寨安营等语。阿戎见他们凶顽不改，只求发兵进剿，阿戎等情愿为乡导以报天恩等语。据此，则是长寨凶苗顽梗狂肆不可化诲，定当剪伐无疑矣！臣查长寨顽苗所以胆肆抗违者，不过恃其党羽之众，结连同笋焦山等处，联络声援，互相掎角，遂尔鸱张豕突。今臣等遍加晓谕，俾附近诸寨，如同笋焦山之阿戎等苗寨，已渐次解散，愿为前驱。各寨之羽翼既散，长寨之声援自孤，虽其顽梗如故，而我兵前往攻击，可无旁顾之忧矣！除咨会提臣，令其相机行事外，谨先将现在犿苗情形据实奏闻。伏乞皇上睿鉴。臣谨奏。

奏官兵分三路进攻长寨情形折雍正四年五月

贵州巡抚臣何世璂谨奏，为奏闻事。窃查广顺州之长寨、者贡等处，犿苗阻建营房，不听化诲情形，已经具实奏闻。后臣因官兵不日前进，诚恐附近良民惊惶躲避，废业旷时，因委思州府知府张广泗，前往晓谕附近长寨良民，令其耕种、贸易，各安生业。嗣据报称，良民俱各安业，秋毫不扰。寻据总统刘业浚报，称五月初九日协同进剿，除刘业浚同游击赵文英，率领马步兵驻扎宗角老营应援，守备周豹率兵防守定番，把总史定邦率兵防守广顺外，其余诸将领兵分为三路，游击官禄田玉率领马步兵分布谷隆一路，寻攻破谷隆口，因此口乃长寨紧要门户，遂屯兵严守，分遣千总许朗等攻破谷隆之岩底等七寨，烧毁贼巢房屋数百间，前后生擒贼犯四名，我兵被伤十名。游击卜万年、詹天祥率领马步兵并土兵，分布焦山一路，卜万年攻破竹林、翁忙、井口三处，遂抢长寨后梁，詹天祥攻破冗瓮，火连忙遂入长寨贼巢，与卜万年会兵屯扎，炮伤苗贼数人，余皆奔溃，逃匿深箐，我兵被伤二名。游击张朝宣、翁世雄率领马步兵并土兵，从马落孔一路而入，连开关口四道，由火连忙上寨严[1]直捣长寨，复开关口二道，攻破上院寨等三处，贼苗逃散。现在屯守又称，顽苗将家口、牲畜、米粮藏匿羊城坉内，此坉上平下陡，四围壁立，一径羊肠，地势险峻，颇难仰攻。现今阴雨连绵，容俟稍晴，相机进攻，擒获首恶，安插余党，以彰德威等情到臣。臣查官兵虽入长寨，而渠魁逃匿未获，营房尚未建立，所报果否尽实，布置果否得宜，容俟细察明确。臣与提督二臣合词具奏，第以事关军务，恐仅圣怀，廑将据报情形，先行缮折奏闻。伏乞睿鉴。臣谨奏。

奏官兵擒获狆苗首犯及川贩解省折 雍正四年六月

贵州巡抚臣何世璂谨奏，为奏闻事。窃照长寨狆苗阻建营房一案，官兵分路攻击，已破谷隆、长寨等处，经臣将情形奏明。续于五月二十九日，据报，游击卜万年领兵分路搜捕，见顽苗扶老携幼跪求招抚，问系各寨头人阿叱等十一名，随解赴宗角行营。又于六月初三日，陆续据报攻破者贡、羊城等坉寨，擒获川贩杨世臣等，并顽苗男、妇、子女均解赴行营等情。旋准督臣咨札委令威宁镇臣石礼哈往军前料理随准镇臣咨报。于六月初八日，自省起程到宗角行营，将解营之川贩、顽苗及阿叱等照发在彼料理之。知府张广泗等讯，供皆因川贩李奇以长寨安营驻扎官兵，伊等不能复为，川贩遂与杨世臣及阿捣等纠众拦阻。李奇于二月内潜往川省，顽苗之阻建营房皆系伊所指使。今兵威已震，群苗已倾心向化，将先获之男妇，谕令亲属认领，四散之苗招回栽插。其川贩杨世臣等，及李奇之妻妾子女，咨解到臣。臣即发司审拟，所有李奇与在逃之川贩窝家，当移四川抚提二臣转饬查拿，并行黔属，经由之地方文武各官协力严拿，务获至。原议应设营房，现饬知府张广泗督同地方官办料兴工。其余别有议添营房及抽添兵丁之处，统俟督提二臣酌议会疏题请，镇臣于二十七日回省。二十八日晚，又据张广泗禀报，官兵拿获者贡头人阿捣，查系凶犯之首，应听刘副将专解赴省等情前来。除俟解到之日，发司收审外，诚恐有廑圣怀，先行缮折奏闻。再，贵阳府属各寨苗民，纷纷赴臣衙门，具呈情愿剃头改装，臣即饬令该府晓谕各头人，令其革面洗心，相率勤勉，共为圣世良民。合并陈明，伏乞睿鉴。臣谨奏。

---

① “严”，据前后文，应作“岩”。

奏开矿厂并开盐井折雍正五年闰三月

贵州巡抚臣何世璂谨奏，为奏闻事。窃臣履任时，黔西商民纷纷具呈请开矿厂。臣初虑有利不能无害，不敢轻率准行。既而思之，黔省土瘠民贫，不习织纴之业，复不擅商贾之资，止借耕获营生，而山高岭峻转运维艰。唯矿厂一项，乃天地自然之利，但能经画有方，防范得法，上可益课，下可便民，商之督臣鄂尔泰亦以为可，遂行。查验羊角、柞子、白蜡三厂，已有成效，其余所报之处，现在饬司清查。一有实效，议定作何抽收之法，再会同督臣确议具题。至民间食用盐斤最为急需，而黔省向资川盐，山岭崎岖，驮载不易，小民往往食淡。臣思盐乃天地所产，养人之物，川滇皆有，何独黔省无之？故到任后遍加访察，乃知黔省非不产盐，止缘煎试无法，故致湮没。因原任安顺府知府管承宠先因厂课被参，今已赔补完足，在黔日久，熟悉地方情形，颇知煎盐之法，故会同督臣鄂尔泰咨部，暂留煎试。今据禀称蹯有数处，其中地名白果树、小河二处者，原系当年旧开之井，但灰石填塞年久，今雇觅井匠探验，大有卤气，确系盐井。业经置备器具，雇夫开挖，已深五六丈，只待盐卤一出，即可煎盐呈验等。因前来伏思，凡事难于图始，而易于乐成，但得一二处有效，其余即可渐次而求。幸赖我皇上如天之福，倘得每岁出有盐斤，足以接济食用，则民力更舒，而课饷亦不无裨益矣。谨据实奏闻。臣谨奏。

奏节次咨商督提二臣料理黔事折雍正五年闰三月

贵州巡抚臣何世璂谨奏，为钦遵谕旨，和衷办事，备悉奏闻，仰祈睿鉴事。窃臣受皇上殊恩，畀以封疆重任，自惟才短识浅，积过多端。荷蒙皇上优容，前后屡赐朱批训诲。今岁，楚雄总兵南天培过黔，又口传谕旨，臣祇领之后，昼夜捧读，凡百事宜无不咨商于督提二臣。且上岁督臣鄂尔泰来黔之日，臣将黔省一切事务与之面相商酌，深服其公诚之心、才识之卓，诚如圣谕，毫发不爽。以臣愚昧之质，实当勉为效法，况兹边徼之重，敢不商酌而遽行。去岁长寨初平，鄂尔泰亲往彼处安插料理，诸事妥协，犸苗莫不鼓舞感戴，回心易虑矣。黔之西界乌蒙普雄，朋比为奸，鄂尔泰自料理长寨之后，前往调兵擒捕。咨臣催督粮饷，并檄饬府州县等官，加意安插，抚绥归顺苗民。虽于征剿之方，臣未能稍赞一筹，而仰睹我皇上睿谟广运，知人善任，俾数千百年倔强难制之苗猓，一旦纳土归流，输诚向化，从此边方黎庶，咸登衽席，而黔省永无西顾之忧，臣实不胜踊跃欢忭也。至于黔粤之交，有红江一水，界分南北，南属粤之西隆州，北属黔之普安州。顾黔本无错壤于江南，而粤则有十余寨插入于江北，遂至粤侬勾引潜匿劫争多事。臣愚以为，欲杜其争端，莫若先正其疆界，诚使划江而理，江以南仍属之粤，江以北尽属之黔。沿江设汛防渡，永杜粤侬往来，则潜匿勾引、烧杀劫掳之患，谅可少息。臣商之督臣，已会檄饬查。今据地方官确查，道里户口、田粮、绘图，造报前来，臣复加详议咨商，应听督臣核定会题，则黔省又可无南顾之忧矣。唯谬冲之花衣苗，本属楚省之靖州管辖，逼近五开，负固恃险，出没行劫。今既归黔省，无论其村寨是楚、是黔，臣等应遵擒拿盗贼，无分此疆彼界之。谕旨随移，咨督提二臣，会饬黎平府，协多带兵役，并移会楚省督抚提臣，密定方略，奋勇剿擒，然后委员勘定界址，以专职守。今准湖广督臣傅敏，咨已委署靖五协副将吴文带兵进剿。而黎平协副将刘业浚已经革职，臣即飞咨提臣，另委镇远协右营游击韩勋带兵前往会剿，至黎平府张广泗颇有胆略，兼能武事，臣委其赞勷机务，会同楚员设法剿抚，以除民害。谅此小丑不日自当涤荡也。今奉特旨，于土苗争讼之案定限完结，四省接壤之处设员巡查。为边民计，至深至远。臣唯有时凛圣训之谆切，恪遵上谕之周详，务期事无废弛，民获安宁，以仰报高厚于万一耳。所有督臣等节次料理黔省事件，理合备悉据实奏闻，伏乞皇上睿鉴施行。臣谨奏。

御赐诗经传说谢恩折雍正五年十月

贵州巡抚臣何世璂谨奏，为恭谢天恩事。雍正五年九月十一日，云贵提塘姜文滨齐捧到御赐《钦定诗经传说》二套，臣出郭恭迎至署，当设香案望阙叩头谢恩，祇领讫。钦唯我皇上治隆文武，道迈唐虞，涵六籍之光华，发四始之义蕴，绥猷敷化，每存亦临亦保之怀，建极用中，动协不刚不柔之则，怀柔遍河岳百神，惠泽及遐荒万国，固日升月恒所莫罄其祝颂，而巷歌衢舞所未尽其赞飏者矣！乃于万几之清宴，爰为六义之表章，进退诸贤，折衷至圣，此我皇上道统治术之所从发挥，非寻常摘章摘句之所能窥测者也。臣宵雅肄三，授政未达，幸沐天章之敷贲，顿觉精义之愈昭，敬复篇什益深悚勉，夙夜匪懈，常切每怀靡及之思，云汉为章。愿申万寿无疆之祝，庶几勉驽骀之力，以期仰酬高厚之恩。理合具折恭谢，伏乞皇上睿鉴。臣谨奏。

卷二

奏疏

奏古州生苗愿受约束折雍正五年十月

贵州巡抚臣何世璂谨奏，为圣德诞敷生苗归化事。窃照黎平府所属谬冲、花苗不法，会兵勦擒之后，附近生苗如鬼垒、归欧、九厥等寨，相率来归。臣同督臣鄂尔泰会饬文武官加意抚恤，俾古州八万一带，生苗感动，其向往自新之机，以徐议夫绥缉整饬之法，经臣具折奏明。嗣闻该地生苗有愿受约束之意，臣迅差臣标右营游击冶大雄赍带银牌、花红星往，会同该协府相机料理。旋据黎平府知府张广泗，黎平协副将李登科、申称职等，已于九月二十五日进至八万里古州地方，各寨苗人无不远来叩接，齐集款场乡[①]等，宣扬圣主德威，晓谕犒赏，申明条约。该处苗民扶老携幼，欢欣鼓舞，环绕叩头，愿受约束，众口一词，毫无违抗。查该地离府城几二百里，周围约计八十余里，总计各寨约有四五千户，人口不下二万余丁，其户籍确数俟查实，另行造报等。因前来臣查八万里古州虽属生苗，而地方平坦，咸勤耕凿，各有生产，缘向无管辖，不隶版图，不供赋役，几同化外。今圣德遐播，靡远弗届，乌镇改流，泗城纳土，该苗迩听之下，莫不震慑天威，望风向化，愿入保甲，内同编户。其作何设立□官[②]，酌定粮赋，安设汛防等事，容臣会同督臣逐一定议，具题再查。八万里古州之外，尚有九股黑苗，地广寨多，人皆顽犷，不能如八万里古州之淳朴，然声教渐被，则感格自易，现饬该协府乘机料理，设法招来，使犷悍顽野之辈，尽化为服教奉法之民，则道一风同，黔省东南可永免凶苗之患矣。

俟陆续报到另奏外，所有八万里古州，遵守约束，缘由理合先行陈奏，伏乞睿鉴。臣[③]谨奏。

---

① “乡”，底本作“职”，经查应为“乡”。

② “官”前一字，底本漫漶不清。

③ 底本无“臣”字，编者依例增加。

奏请清理军田苗户就近归并管辖折雍正五年十月

贵州巡抚臣何世瑾谨奏，为请正军田之疆界，定苗民之管辖，以清粮赋以靖地方事。窃查黔省田地，多系军屯，土著尽皆苗猓，不特与邻省错壤，即本省之内，地方互相搀杂。因军田向系隔属拨种，往往有一户种数亩之田，而所居村寨与其该管州县相去或二三百里，或四五百里不等，本管州县鞭长莫及，而附近地方官又以非所管辖，不服约束。编查保甲则推诿混淆，征输粮赋则影射巧脱，相验人命则往返迟延，缉捕盗贼则知风远飏，至田亩陆续开垦者，远隔别属难于稽查，侵隐每多，争讼易滋。臣思军卫既改州县，则军田无异民田，何可仍听其零星搀杂致滋弊窦，查镇远、施秉、天屏、青溪四县，军户有插入楚省，辰沅、麻阳等处者亦有楚省之军户插入，于此四县者，实于两省地方均有不便，臣钦遵就近归并之谕旨，现在委官勘明咨会，分别改归，其本省之错杂不清者尚多，亦请遵旨委员查勘，不论何州、何县，但就田地坐落之处，即令该州县就近管辖，征收钱粮、编排保甲、造册具题。仍严禁地方官勒索科派、飞洒骚扰等弊，庶有司易于钤束稽查，而刁徒不敢恣肆欺隐矣。至黔省苗猓向系土司所管，每多横征苛派、纵贼藏奸之弊，且苗民新垦田地，土司即踞[①]为己有，不容报官，升科积弊相沿，属苗受累。今则感慕圣德诞敷，轻徭薄赋，莫不喁喁向化，愿归流官管理，不愿仍隶土司。臣自去年秋冬以来，即严饬各属，不论生苗、属苗，悉心化诲，务令其剃头改装，遵守法度，节据贵阳、安顺等府造册，带领前来，臣面加奖赏，令其转相化导，陆续编入保甲，即古州、八万一带，生苗从古未经管束者，今皆感戴天恩，喁喁向化，愿附版图，沾沐圣泽。岂原经输粮供役之属苗，而顾令土司得逞，其残虐以不免向隅之泣，唯是同一土司，而其间远近各殊，良顽不等，姑当就中，分别相机调剂。如地方去流官太远，并守法不敢为非者，除仍听其照旧管束外，其纵恣不法、参革问罪者，则改土归流，永不承袭。若虽无不法，实迹而所辖之地，与流官地方犬牙相错者，原未尝籍其管束，乃徒多一土司，即多一剥削，请将其村寨、田土，尽归附近之州县管辖，只念其先世颇有微劳，木[②]身又无过犯，酌留职衔，以荣其身，量拨俸田，以养其家，但令其协同汛兵民壮缉捕盗贼，率领乡约头人催纳钱粮，其权设土目人等，概不许其擅作威福，肆虐苗民，如此则苗民均沾我皇上光天化日之恩，而土司亦咸凛畏威怀德之志矣。

---

① “踞”，据前后文，应作“据”。

② “木”，据前后文，应作“本”。

臣不揣愚昧，谨陈所见，如果臣言可采，伏乞皇上睿鉴批示，容臣会题。臣谨奏。

奏谢圣训折雍正五年十月

贵州巡抚臣何世璂谨奏，为恭谢圣训并陈微悃事。雍正五年九月十五日，云南按察使司张允随至贵州，口传七月初一日，奉皇上面谕："贵州巡抚何世璂，还像做教官的一样，闻他常会秀才绅衿，会必礼貌谦恭，又一味取悦于属员，说好。你下旨与他。钦此！"臣跪聆之下悚息靡宁，惭惶无地，伏念臣本以翰林闲员，荷蒙圣恩三载，以内拔置巡抚，自分庸愚，涓埃莫报，当经具折，叩请圣训，节奉硃[①]谕："谓臣不可务虚名而废事务；不可但先洁己而后奉公；不可以因循为安静；不可以生事为振作；不可以柔善盗宽仁之名；不可以姑容邀属员之誉；不可以重朋友之情而欺朕；不可以受权要之托而诳君又武备；不可轻视恩威；不可偏执；不可尽以科甲为人才，视另途为市井；教臣以虚衷秉公，且勉臣以实力奉行。"天语煌煌，周详笃挚，典谟训诰，何以加兹。臣每跪读深思，未尝不刻骨镂心也，切期实力奉行，图报君恩于万一。若复饰为虚貌，纵长绅衿之刁玩，甘作乡愿，苟徇属吏之私心，是昧天良，是无人理。纵荷圣恩宽大，不屑即加诛戮，而神明鉴察，亦将何所逃遁。矧察吏安民乃封疆专责，一萌取悦属员之意，则钱粮必将任其侵欺那移，猾吏必将任其舞文弄法，劣衿豪绅必将任其出入衙门，武断乡曲，重重弊端，皆由此起，其害有不可胜言者。臣自以才短识浅，尝恐耳目之所未周，精神之所不逮，致受属吏蒙蔽，负我皇上爱养元元，澄清吏治之至意。何期圣恩优容，仍赐谕诲，臣虽木石，宁忍自暴自弃，不思奋励图效，矢当痛自检点，表率属员。仓库则不时盘查，务期实贮无亏，俾兵民缓急有济；官吏则日加纠绳，务期敬事不苟，俾地方安静无虞；秀才乡绅则勤加约束，务期安分知耻，俾不至为人心风俗之忧。至臣之病痛多端，办事拘滞，自当用千百困勉之功，务期变化愚柔之质，断不敢避嫌畏怨，怙过饰非，稍存瞻顾，比之匪人也。况臣于五月内恭蒙朱谕，命臣将向日科甲朋比夤缘之恶习，洗心革面，竭力浼[②]回整饬。臣伏思科甲中人，自唐宋元明以来，每有不肖之徒，标榜附和，请托夤缘，得罪名教，腼不知改，亏体辱亲，莫此为甚。幸逢我皇上聪明睿知，洞悉此弊，爰以天地父母之心详加摘训，所以期望而成全之者，至诚至切。臣每捧诵朱谕，感激涕零，亟思罄竭驽钝，挽回整饬。今复蒙谕张允随传旨

① "硃"，据前后文，应作"朱"。

② "浼"，据前后文，应作"换"。

与臣，臣尝见圣人教诲，愚蒙不时提撕警觉，盖恐其偶不自奋，则惰气得而乘之，日益委靡，必至废事。臣何人，斯遭逢圣主，得蒙谆诲如此，臣唯有凛遵谕旨，事事警惕，刻刻猛省，以期仰答高厚于无穷耳。

臣谨奏谢圣训，披陈微悃，伏祈睿鉴。臣不胜感激悚惧之至。臣谨奏。

奏雨水无碍民田并遵旨察吏安民折雍正六年六月

吏部右侍郎署理直隶总督事务臣何世璂谨奏，为奏闻事。窃臣荷蒙特恩命署直隶总督事务，陛辞之后，于五月二十八日起程，六月初二日抵任。除接印、视事、日期业经恭疏题报，并奏谢天恩外，伏唯今年直隶二麦收成情形，业于六月初一日据布政使杨绍汇报前来。臣到任后，查阅详案，除与协理督臣刘师恕会折奏闻外，臣自京赴任途次，连遇大雨，臣恐低洼地亩或有积水过深处，所随经沿途细加访问，据里民咸称俱系随雨随晴，并无深水妨碍民田之处，一路禾苗畅茂，可卜大有。此皆皇上念切，民依是以，默契天心，雨旸时若，理合奏闻以慰圣怀。至蒙谕旨："安民必先察吏，切勿瞻徇畏难，切勿袒护朋庇，切勿市私恩以博虚誉。"臣恪遵圣训，沿途即加体访，遇有属员谒见，便为再三诫饬，俟灼见其贤否，当即会同刘师恕逐一据实题奏，断不敢容隐姑息，致负圣恩。至于慎重积贮、缉擒盗匪，凡有关于民生地方事宜，尽当与刘师恕和衷商榷，次第举行。臣于到任之日，传奉上谕，刘师恕跪聆之下第，见其感激涕零，出于至诚，旁观诸人亦为感动。从前与宜兆熊分署而居，相距二里有余，书役来往，送稿佥押，实属不便，且多耽搁误事之处，今臣约与同居办理，刘师恕亦首肯，称便当与之料理衙署，彼此相就。再者，臣前奏闻，山东滨州地方，旧有董姓人家习为盗窃，近年以来虽闻其颇知敛迹，而习气恐未尽除，地方官必须严加惩戒，令革面革心均为圣世良民，庶地方悉获享宁谧之福。至毁神像一事，臣自出京以来，即留心察访，人人尽云确非疯人张某之所为，容臣访确正犯，设法擒获，另行奏闻。臣谨奏。

奏直隶事务繁剧谨遵训旨据实办理折雍正六年七月

吏部右侍郎署理直隶总督事务臣何世璂谨奏，为恭缴朱批，并奏请圣鉴事。臣赍折千总回署捧到臣前奏二折，奉有朱批谕旨，荷蒙皇上训诲谆切，至再至三。臣跪读之下，不胜感激，悚惶敬遵训旨，宣诵与协理督臣刘师恕，祗领钦遵，交相劝勉，凡事务期据实，以仰副皇上，生成教训之天恩于万一耳。至直隶地方事务繁剧，臣到任后，检查案卷，未完事件多至数百。而布按二司，皆系新任，臣一面与之昼夜料理，一面另立限期，严饬各属，上紧赶办。而仓库钱粮，尤恐其向多弥缝掩饰之弊，现在飞委知府亲委各州县盘查，又密行察访，如有亏缺，当即一并参处，著落分赔，断不容其弊混其司库钱粮。臣会同刘师恕亲赴司库，将现存帑项，逐一盘查，虽新司杨绍、护司李正茂本任收放钱粮不致亏缺，恐从前尚有未经清楚如前。经臣等查出题参之马任远等六案，及赵国麟等项，或被朦胧欺饰，是以现将册籍逐细磨核，但款项纷繁，稽核有需时日，俟查竣之日，如无未清，另行具。至各属审解刑名案件，草率舛错不一而足。臣每日会同刘师恕细加研审，如其事之出入不甚相远，或其人尚可教诲者，俱即驳发另审，俾得改正，期其悔悟自新；苟或舛错过甚，或本人昏庸难以姑容者，即当就事题参，断不肯姑息因循，任其贻误地方，致负主恩。再臣于陛辞之先，荷蒙皇上天恩，念臣之疾，御赐医药调治。兹入秋以来，虽亦微有痰嗽举发，然现在日夕办理公务竟可勉力支撑，较之向年实为远胜。从此日沐天恩，倘得悉除旧疾，奋起精神，效力圣世，莫非皇仁之怙冒也！理合叩谢天恩，一并奏闻，伏乞睿鉴。谨奏。

奏宣化被旱歉收拟设粥厂赈济折雍正六年八月

署理直隶总督臣何世瑾，协理直隶总督臣刘师恕谨奏，为奏闻事。臣等伏查，今年直属各府地方雨水俱各调匀，收成分数，虽田地高下微有不同，大概俱称丰稔。现在饬查因未据各属报齐，是以尚未具奏。唯宣化地方雨水稀少，据口北道王棠将宣化被旱①情形禀报前来，臣等当即批饬确查，随又据王棠报称，宣化已得微雨数次，虽不霑足，而于田禾甚为有济等语。兹于八月十八王棠来保②，询据口称，宣化今岁年景得雨之处有七八分，即被旱之处亦有三分。又据称本月十三日敬赴圆明园恭请圣安，皇上念切民生，传旨询及宣属雨水，臣等仰体皇上爱养元元至意，因念宣化歉收之民至冬似应接济，议于十一月、十二月、正月于被旱处所，开设粥厂，分赈三个月。应否，如是？恭候皇上谕旨遵行。再宣化府属之万全、蔚州二处，先据报到，各有数里雨中带雹，田苗间有伤损，查不成灾，一并奏闻。谨奏。

---

① “旱”，据前后文，应作“旱”。

② “保”，据前后文，应作“报”。

奏遵旨密访宝坻县知县贪婪不法折雍正六年八月

署理直隶总督臣何世瑾，协理直隶总督臣刘师恕谨奏，为遵旨密访事。雍正六年七月二十九日，臣等于御赐折匣内，奉到朱批尚崇廙原奏一折，奉批此一事密访的确奏闻，钦此。臣等钦遵，即密遣臣标千总张国政，星赴宝坻县访察。该县善家庄地方李苇根子、李中节子兄弟二人，同陈一鸣睹[①]钱争闹，李中节子被陈一鸣殴打情极，误撞殒命，控县将陈一鸣监禁，有陈君毕等五人往来说合，许送知县徐大梁银两等情，与奉颁奏折内情节确实相符。又查得该令罔惜民瘼，催科无术，滥差滋扰，民怨沸腾，诚为贪婪不法之员，不可一日姑容。除另疏题参究拟外，所有遵旨访察缘由，理合奏闻。谨奏。

奏密访平山县邪教折雍正六年十一月

署理直隶总督臣何世瑾，协理直隶总督臣刘师恕谨奏，为奏闻事。切臣等荷蒙圣恩，委以封疆重任，凡接见属员无不谆切告诫，务各留心查缉盗匪，以靖地方。本月初一日，元氏县知县孔传焯至保，臣等委赴平山县协办采买稻米一事，因密嘱其留心查访邻近山西一带深山处所，恐有匪类潜藏，即据实密禀。去后，随于十三日禀称，初九日到平山交界，闻沿途行路之人纷纭私语，皆云平山西南地面出一郄姓者，善于法咒，每日借讲上谕律例为名，门下已收多人。卑职欲问其详细，然后会同呈禀，但恐彼有知觉，是以即行密禀前来。臣等随密饬平山县知县访确郄姓名字，设法严拿，毋令党羽免脱，亦无致地方惊惶，俟拿获审明，另行具奏外，事关邪教煽惑人心，理合先行密奏。伏乞皇上睿鉴。谨奏。

---

① “睹”，据前后文，应作“赌”。

卷三

策辨论说

策问一首

问:信陵两度却秦，皆借客言之力。然其始欲救赵，而魏王不从。为侯生者，便应以唇亡齿寒，赵破则魏不能独存之说，教公子以死争于魏王之前，魏王未必不从，纵使万万不从，而公子之于平原，其亦可谓无愧矣！计不出此，而教之以窃符卧内，杀鄙军中。幸而符可窃也，假令欲窃而魏王觉之，而赫然怒之，诛如姬以惩将来，即公子何以自免？又幸而鄙可杀也，假令欲杀，而晋鄙先知而闭营不纳，又不知公子空持所窃之符将安所归往哉？嘻！侯生之计亦危矣，虽其幸而符可窃、鄙可杀，乃至邯郸之围可解，王龁之师可走，能使天下诸侯高公子恤邻之义，而不免于千载论古，诸儒被公子以无君之名。且其无君之罪，又不待后世而始知之也。即在公子当日留赵不归，业已自言罪过以负于魏，使侯生至此犹存，竟不知将作何辞，以为公子解追。后秦师伐魏，公子畏罪不还，而其始之误公子以至此者，侯生也。不有毛公、薛公，宗庙社稷之正义，俾公子趋驾还魏，克盖前愆，公子真何面目以立于天下哉？然虽听二子之言，还魏破秦，而秦卒得行间于魏，令晋鄙之客援前事以为辞，魏王亦以前日窃符杀鄙之故，不能不疑公子之心。呜呼！误公子者，侯生也。故曰两度破秦皆借客言之力，然就二客之言，相比而论，其中得无优劣否，其为我折衷前说，务求所以不诡于圣人者，著为篇。

策问五首

问:经术所以经事务也，汉儒，童习一经，终身用之而不尽，至于强仕服官，往往引经断义，以之折大狱、决大疑、定大礼，动皆中于机宜，而无嗫嚅、犹豫、空疏、固陋之弊，岂非通经之效与？我皇上聪明，天纵稽古右文，阐千圣之微言，发诸儒之奥旨，经书讲义，具有成书，颁列天下学宫，俾人诵而习之，不遗余蕴，其有通习五经者，特于常格之外，增额中式，所以诱进而奖劝之者，可谓至矣！然《易》有丁、孟、京、田、荀、刘、马、郑之各分其派，《书》有大小夏侯、今文、古文之各异其说，《诗》也而有申公、毛氏、韩氏之别，《春秋》也而有左氏、公、穀、张苍、贾谊、董仲舒、瑕邱辈之辨，至于《礼》则有大小二戴、共氏而分门，王郑两家同经而异注。是则孰是孰非、孰优孰绌，问之则皆茫然，而欲求其服古入官，引经断义，岂可得哉？今将欲其择焉，而精语焉，而详如陈正言、邱文庄、陈白沙、湛甘泉诸人，明体达用，以收通经之实效，果何道之从也，尔诸生其详言之。

问：国家设官分职所以为民。故安民之道，在于察吏。吏贵有才，抑贵有守。苟守不足，而才有余，则虽缓急，足赖而不可以挽颓俗；或守有余，而才不足，则虽坐镇雅俗，而不足以应急务。然有才而无守者有之矣，未见有守而无才者也。如有守而无才，则其守非真守，若其守既真，而或犹目之无才者，非无才也。才足以抚绥，而不足以逢迎，才足以肆应，而无奈于掣肘，则遂嚣嚣然。以无才目之然，则良吏之难，非有守而又有才之难，有守而使之得以自保其守，有才而使之得以自尽其才之难也！我皇上知人则哲，察而后用，每当选吏之时，必命部引见，视其贤否而进退之，其难其慎如此，其至无非欲得才守兼全之吏，布之郡县，庶几远近苍生实蒙其福也！乃世之循良固不乏人，而败检旷职者亦往往有之，则何与？夫廉静之吏，悃愊无华，月计之不足，而岁计之有余。诚得大臣之清慎者，正己率属，而又宽之以策簪，假之以便宜，使得自尽其能于抚字，而计劳而迁擢之，则有守者不致以迂愚自嫌，而无改节易操之虑。纵或才守不必兼优，而以清生其明，以勤补其拙，恺悌君子，民之父母，此亦鼓励才守，振兴吏治之一端。与尔多士，生于张曲江、海忠介之乡，旧蓄先忧后乐之志，谅于吏治之得失，讲之素矣，其恺切陈之勿隐。

问：帝王政治，教化为先。教化者，风俗之本也。风俗贵其醇厚，不贵其浇漓；贵其节俭，不贵其浮华。而总视乎在上之教化以为之准。《周礼・大司徒》："修六礼以节民性，明七教以兴民德，齐八政以防淫[①]，养耆老以致孝，恤孤弱以逮不足。"固己道德，一而风俗同矣！然犹恐山陬海澨之有未遍也。于是乎家有塾、党有庠、术有序、国有学。所以惩戒而鼓舞之者，至慎且密，而又命大史陈诗以观民风，司市纳贾以观民之好恶。维时风俗醇美、狱讼衰息。逮至汉代，循良之吏类能兴行教化，不专以刀笔、筐箧、薄书、期会为事，故两汉之治最为近古，传之史册以为美谈。今我皇上笃于亲亲，厚于故旧，躬行节俭，以为天下先，而又亲制训饬士子之文，慎简提举学校之官。固宜士皆敦学，农悉务本，工不事淫巧，民不弃末作，胥吏以舞文为耻，闾阎以姻睦相尚。风移俗易，比户可封矣。然自岭以南，大海环之，象犀、珠角、香药、珍贝之属甲于天下，

① 据《周礼》原文，此句后缺"一道德以同俗"。

而又有山猺、海黎杂处错出，物戒其盈，事防其渐，转移而化导之，俾无怙侈之风，嚣凌之习，是非长吏之责与？夫风行自上其流及下，长吏以廉洁自持，而后下不骛于利，长吏以敦厚为心，而后下不习于争。如许荆之守桂阳，宋璟之刺广州，韩退之之治潮，周濂溪之化韶，移风易俗，卓乎不泯其道。亦可讲求而力行之，与诸生其摅诚以对。

问：民为邦本，食为民天，耕九余三，耕三余一之道，其详不可得闻矣。后贤师其遗意，而为常平、为义仓、为社仓，因时变通，法不相袭，要皆期于积贮有备，以待凶荒不时之需。其法良而意美，于民固甚便也。然行之滋久为弊滋多，无乃法非不善，而行法者未尽善与？我皇上宵衣旰食，嘉惠元元，岁偶不登，则蠲免无算，而又截漕、发帑、遣官、散赈，民生斯世，如登寿域而跻春台，尧舜之盛，何以加兹？特是积贮之策奉行已久，州县之食宜乎？陈陈相因，有备无患，乃一遇水旱，动嗟悬罄，致烦圣天子之睿虑，而未尝专取给于仓储，其故何与？岂平日之积贮不足备凶荒与？抑有司出纳、敛散，不无侵渔中饱之弊。名为积贮，而实则所贮无几，名为备荒，而实则于荒无备，则曰胥吏之过，而非尽胥吏之过也；则曰有司之责，而非独有司之责也。一州一县之中，不过数千石之粟，而盘踞其中者有人，勒索其中者有人。积贮几何，而堪此雀鼠之剥啄也。或者谓仰食于官，不若取食于乡；贮粟于官，不若藏粟于里。然与？否与？岭南火耕水耨、户养鱼稻、八蚕之绵、四时之卉，充牣于墟市，固海内之沃区也。然积贮之道，亦所宜亟。果何术而使丰歉有备，公私均赡，吏不为奸，民不望赈，以上慰圣天子爱民如子之衷，下致百室盈宁之庆也。诸生有怀经济久矣，盍详著于篇，以为当宁献。

问：刑者，圣王不得已而用之，所以弼五教而期于无刑者也。聿昔，大舜之谓皋陶曰："俾予从欲以治四方风动，唯乃之休味斯言也，刑固不可轻用，抑且不敢尽用，然又不能不用也。"则夫所以制刑之本，恤刑之心，与夫律例轻重之宜。其可不讲求于平日，而漫任胥吏之上下其手与？我皇上至仁如天，爱民如子，每当谳狱，必命廷臣会议，遇有可矜，辄从宽典，好生之德，洽于民心，亘古以来未尝有也。顾唯士子束发受书，大都工于揣摩，寻行数墨，以侥幸一日之荣遇，既不知引经断义，又不肯讲读律令，一旦服官听讼，唯凭案卷之舞文弄法，而欲斯民之畏威改过、迁善远罪，岂不难哉？夫刑固有律、有例，有正例，又有比例，律者一定而不可易者也，例者因时制宜，虽若屡易，而实则不可易者也。譬之称物者，律则其衡例，则其权也。虽有明足以察秋毫之人，而欲置权折衡不爽锱铢，则戛戛乎其难之。然则欲刑罚得中，而使彼椎鲁朴鄙之民皆知遵道遵路，而不至于冒禁触网也。得毋于钦定律例之书，所宜条分缕晰，较若列眉，又且榜之通衢，岁晚务间之际，时时为民讲诵，使知若者为是，若者为非，若者宜趋，若者宜避，则民虽至愚，其孰肯甘蹈法网哉！然此但为民之犯于不自知者言也，又且有迫于不得已者矣，轻徭薄赋之经，道德齐礼之化，所宜防之于未然者，其术亦孔多矣！尔诸生，其昌言之，以为圣朝刑措之一助。

字学音韵辨

知字而不知韵，不可谓之知字；知韵而不知音，不可谓之知韵。韵者，经也。音者，纬也。众宿之经天，亘古而不易，苟非纬之以五星，则不可以闰月而定四时成岁也。唯字亦然！字之性情于动静乎辨之，字之动静于四声乎辨之，然但知纵有四声以为经，而不知衡有七音以为纬，则安在？东之不可以为冬也，鱼之不可以为虞也，真之不可以为文，而寒之不可以为删也，故欲审四声先辨七音。七音者，宫、商、角、徵、羽及夫少宫、少徵也。七音何以辨？辨之于喉、牙、舌、齿、唇是数者。人之声也，即天地之声也，生于自然不假安排者也，辨之真而后清者、浊者、次清、次浊，与夫半清、半浊者，皆可了然于心，以类相从。彼夫一百七韵者，不召而自来，一呼而自聚。由是而字之性情得矣，而用字者之性情亦得矣，以之为今体，以之为古风，以之为汉魏乐府，推而至于三百篇者，皆学者意中事也。虽然韵有今有古，今韵者始于沈约之四声，而孙愐增之，宋礼部与毛刘诸人损益之，以至于阴氏之《韵府群玉》，学者承用既久，固亦不须移易，然以读六经诸子之有韵者而不合也，以读楚辞、易林、秦碑、汉谣而不合也，即以读子美、退之诸古诗而仍有不尽合者。然则欲审音以知韵，审韵以知字，则如吴棫《韵补》所以通转叶古吻符乎？律吕相生之源默契乎仓颉，制字之义者又乌可以不讲乎哉？

《尚书》古文今文辨

《尚书》之有古文今文也，前贤辨之已详，然未有折衷一说，而归于至是者，夫岂不欲折衷而归于至是哉？汉晋之去唐虞三代也远矣，今之去汉晋也又远矣，经文之得诸口授者，未必其无方言、谚语之杂，得诸传写者，又未必其无鲁鱼亥豕之讹生乎？数千百年之后，而欲臆断数千百年以前之书，苟信，则涉于附会漫疑，又失于穿凿。即欲辨之，亦乌从而辨之？虽然，是固不可以无辨。今夫《尚书》何为有今文、古文之异也哉？晁错受书于伏生，以隶写之，而于是有今文之名，鲁恭王得蝌蚪书于孔子宅壁中，以其字之古也，而于是有古文之名。由常情观之，其文之古者必真，而文之今者恐或有未可尽据。然尝试沉潜，反复于五十八篇之书，则今文每多古奥，而古文反多平易也，何哉？说者曰："伏生，齐人也，齐人之说，每多艰深而难晓。”果如是，则伏生所传之书，当尽如《周诰》《殷盘》之诘屈聱牙而后可。而《尧典》《皋谟》顾又不然，独所谓古文者则二十五篇，体制如出一手，夫千年古书最晚乃出，而字画略无脱误，文势略无龃龉，不亦大可疑乎？然则所谓古文者，非真孔壁之古文也审矣。张霸伪作于前，梅颐采辑于后，今之存者梅书耳，乌得与伏生口授之书同日而语？然自唐宋至今，师儒转相讲习，以至列于学官，著为功令，未尝有别裁伪体云尔者，是非无说也。“圣君贤相之治本诸道”“圣君贤相之道本诸心”。今文古文之辞气虽或不同，而存心则同，行道则同，绥猷致治则又同。取其所以同者，以立法于天下，垂教于万世，而帝王之规模事业具在此矣。若古若今之说，存而不论可也。

三礼同异辨

礼之为用大矣哉！礼，释回，增美质。措则正、施则行。其在人也，犹衡之于轻重也，绳墨之于曲直也，规矩之于方圆也。自古至今，宜其无不同者。然吾观于《周礼》《仪礼》《礼记》之书，而其所谓不同者，乃不可更仆数，岂其先王制礼自相矛盾若是哉？非然也。盖礼之失其传也久矣，《周礼》一书河间献王得之女子李氏，失其《冬官》，至以《考工记》足之。而《仪礼》则仅有《士礼》一十七篇，鲁高堂生之所传也。今之所谓《礼记》，是为《后苍曲台杂记》数万言，名之为经，其实传耳。诸儒传述纷然杂出，每以一人之臆见，诧为先代之制作。即如一明堂也。而有以为五室者，有以为九室者，有以为十二室者。一太学也，而有以为当如辟痈[①]者，有以为当如胶庠者，有以为当如成均、瞽宗者。甚者至以霍太为南岳，以太尉为尧爵，以太宰、太宗、太史、太祝、太士、太卜为六官，各是其所是，各非其所非。当时信为古书而莫疑，后世以其传远而不敢辨，亦何怪乎？三礼之书，往往不同若是哉！盖非先王制礼之不同，而后世传之者之不同也。虽然制礼亦自有不同者，尚质者之不可复尚忠也，尚文者之不可复尚质也。苟必欲比而同之，其异于胶柱而鼓瑟者，几希。是故天时有生也，地理有宜也，人官有能也，物曲有利也。夫礼亦唯合乎天时，设于地财，顺乎鬼神，当乎人心，理万物而已。然而，亦有其本焉，非徒玉帛度数周旋裼袭云尔也。圣人久道化成，升中于天，而凤凰降矣，龟龙格矣；飨帝于郊，而风雨节矣，寒暑时矣。是固皆有本焉。礼不必尽同而实无不同，不必不异而实未尝异。若是者，何哉？则忠信之为之也。故曰：“忠信之人可以学礼”。抑惟知斯说者可以议三礼。

---

① “痈”，据前后文，应作“雍”。

三传得失议

左氏之义有三长，公、穀之义有五短，前贤论之久矣，后人亦安所用其置喙哉！虽然，公、穀固不能无失，而左氏亦未为尽得也。夫《春秋》一书，帝王之大经大法存焉。天叙五典，《春秋》惇之；天秩五礼，《春秋》庸之；天命有德，《春秋》从而彰之；天讨有罪，《春秋》从而黜之。凡一字之褒贬，一事之予夺，纯乎天理之公，而无复纤毫意见之私，庶几天下后世之读是书者，凛然于尊卑之分，长幼之节，内外异同之辨，嫌疑亲疏之别，正其谊而不必谋其利，明其道而不可计其功焉者也。左氏深于情伪，熟于世故，往往论其成败而不论其是非。又其甚者，习于时势之所趋，而不明乎名义之所在，有如周郑交质，此何事哉？左氏宜将申发天泽之大闲，而但曰："信不由中，质无益也。"君子结二国之信，行之以礼，又焉用质？斯其为说，非不娓娓而可听，足以规世之信不由中者，而特非所语于崇人伦、扶世教、惇典庸、礼命德，讨罪之巨典也。君子曰："五经之有《春秋》，犹法律之有断制。"圣人之笔，如化工游夏，不能赞一辞。而左氏乃欲强以其意附会之，固宜其往往失之诬也。虽然，左氏之所得者，亦已多矣。公羊之辞辨，而每失于迂曲；穀梁之意深，而多失之坚滞。千百载而后得以因其叙述，推寻事由，窥见圣人之大经大法者，则左氏之力为多。人殆不可不熟，复而精思也。不然，"春秋三传"束高阁，独抱遗经穷终始。特可为中人以上言之，学者乌可援为口实哉？

仁体事无不在论

仁之为道，大矣哉！千古之圣人，皆千古之仁人也。人徒见圣人之道，可以范围天地，曲成万物，浩乎莫知其津涯。顾所以周浃而旁皇者，只此一仁之为充周而要，非缘饰以为名者之所得与于其际也。于是横渠之言曰："仁体事无不在。"盖以仁者非他，即天之所以为天也。何者？上天之载，无声无臭，而实为造化之枢纽，万汇之根柢，故曰"昊天曰明，及尔出王。昊天曰旦，及尔游衍。"此天也。而此理之具于人心则为仁，不知仁者以为仁道幽远，辄欲索之深深，探之渺渺。而至于应人接物、日用行习之际，则以为此不得已于世者之所为，而与仁道无与也。夫既视仁与事，判然两途，由是一动一静，皆不本于中心之诚而方，且诩诩然以自号于人曰:"言为可道，行为可法。"岂可得哉？且夫天下安有离事之仁，亦安有无仁之事也？礼仪三百，威仪三千，圣人之所以开物而成务者。若是乎，其详且尽也。然试研求于其际，有一事之不本于仁者，三千三百不几于文，具也哉！亦何怪乎庄、荀诸子以礼为忠信之薄也。惟其不然，故惟忠信之人，可以学礼，苟非忠信之人，则礼不虚道。凡以仁者事之体，亦如天之体物而不可遗也。天体物而不遗，君子之所以畏天命也。仁体事而无不在，故“君子无终食之间违仁”。

六宗说

宗之为言，尊也。先王制礼，有可以赞襄天地，调燮元化，广裨乎生民庶类，而足为天下万世之所尊主者，则祭之。非此族也，不在祀典。是故六宗之说始于《虞书》《周礼》，虽无明文，而祭法所云，要不可易。盖日者，阳之宗也；月者，阴之宗也。宗星则以之体国经野；宗时则取乎东作西成。而寒暑水旱者，又所以分、至、启、闭、润、泽而长养之者也。孔安国因之，朱子从之，夫复何疑。而汉、唐、宋以来，诸儒肆为臆说，互相抵牾，或曰天注四方也，或曰星辰司中、司命、风伯、雨师也，或曰乾坤六子也。又其凿者至以地为六数，专言祭地也，不则六气之宗，谓太极冲和之气也，不则蜡之百物也。唯苏子由云：“舍祭法不用，而以意立说，未可信也！”此则古今之定论也夫！

不贺寿说

贺寿，非礼也。先王缘人情而制礼，故有经礼三百，曲礼三千，从无称觞祝寿之说。诗人所谓“跻彼公堂，称彼兕觥，曰万寿无疆”者，乃臣民被君父之深仁厚泽，愿其年之永，冀其德之长，而抒其中心爱戴之诚耳，非至其诞生之辰，为饮食燕乐之举也。今人乃自贺生辰，甚至有襁褓之中，而俨然称寿者，已属可笑。更有身在缞绖，而饮酒作剧，贽币纷然，是良心澌[①]尽，天理灭绝，于律当处不赦之条。顾欲以之诬鬼神获福佑也，其可得乎？尔辈受书有年，业已忝列衣冠，而尚然懵懂此义，是余教训之不明，讲贯之不豫也。自今以往，苦望尔辈切守先王之礼度，勉听父兄之训言，且日以提撕尔子弟，每遇生辰之日，肃衣冠向先人神位及祖父面前一拜，以致生我劬劳罔极欲报之意。或年过七十以后，子孙欲效斑衣之舞，以娱其祖父之心者听。此外，有越礼背训、轻犯前说者，皆以不孝不弟论。

---

① “澌”，据前后文，应作“渐”。

卷四

书序记

与郭连江书

吾友宁斯，好学笃行，君子也。于今筮仕闽峤，清正所不待言，但一肚皮不合时宜，窃恐未必宁耐耳。国家求一廉吏不易得，幸而得之，正宜保惜护持，做得几分事业，此固大吏之责，亦贤者事亲报君，自爱爱人之道也。孔子不云乎："不获乎上，民不可得而治也。"宋儒又云："宽一分，民受一分之福。"熟复此言，煞有至义。吾辈读书作官，第不可持禄养交，积财以供牧猪奴之戏耳。至于获上治民，自须准今酌古，所以贵乎宁耐，期于细心体贴，非谓百炼刚化作绕指柔也。吾友行矣，贫者不以货财为礼，因书二语以佐高明。吾友自知，当能知我，如不知我，是不自知也。《诗》不云乎："鹤鸣于九皋，声闻于天。鱼在于渚，或潜在渊。乐彼之园，爰有树檀，其下维谷。他山之石，可以攻玉。"

答孙延远书

仆与尊翁大人握手定交，自癸酉初夏迄今二十一年矣，中间离合聚散、苍狗浮云、随时变幻，而吾两人之交，历前后如一日，不以穷达改观，不以远近易视。至于妒妇之口、多方谗构，而如兰之臭、断金之利，究竟不爽锱黍。盖所以盟心者，原在道义，而绝无毫发势利之见，依稀夹杂于其间也。我有父母，尊大人父之母之；我有子、弟，尊大人子之、弟之。尊大人之为我谋者，不啻我之自为谋，而且更急于我之自为谋，而又逢人说项，切望于他人之为我谋者，一如尊大人之为我谋，使我不复劳心疾首于自为谋。而仆之所期于尊大人者，顾尤不止于为我谋，坐而论道为社稷谋，建牙开府为苍生谋，持正辟邪为千古之道术谋，崇雅黜浮为万世之文章谋，凡尊大人之心事毕，而后尊大人可以死矣。呜呼！孰谓尊大人之肝血、之精神、之怀抱、之经纶，曾未得少展。其万一而竟忽焉以死，死于天耶，死于人耶，死于气厄，死于数穷耶。是不可得而知，知其不可奈何，安之若命而已。虽然尊大人死矣，而有不死者存其肝血、其精神、其怀抱、其经纶所未得少展，其万一者皆将于世兄乎？留之皆将于世兄乎？发之世兄之肝血、之精神，即尊大人之肝血、之精神；世兄之怀抱、之经纶，即尊大人之怀抱、之经纶。世兄他日能为社稷谋，为苍生谋，为千古之道术谋，为万世之文章谋，即尊大人之所以为社稷、苍生、道术、文章谋也。庄子云："指穷于为薪火传也，不知其尽也。"世兄勉之，亦为其不可尽者而已矣。余与尊大人非势利交，故今日之所以复世兄者，亦不敢以势利之说进，且不敢为儿女之态，徒以姑息之说，进夙兴夜寐，无忝尔所生。吾取斯言以为世兄劝世，兄其以吾言质之，尊大人在天之灵与尊慈在堂之颜，谅不以吾言为不然也，世兄勉之哉。昔康熙五十二年，岁次癸巳，上冬十八日，朔风如吼，万木声咽，呵冻书此，不知涕下之沾巾也，奉复不一。

重修寿阳县志序

国有史，家有乘，邑有志。志也者，彰善而瘅恶者也。志之为彰善瘅恶也。奈何人之有善，未有不欲人知者，而或以人之未必尽知也，而为善之念辍；人之有恶，未有不恶人知者，而或觊幸于人之容，有不知也，而为恶之心炽长，民者将何以治之？无已，则与。征诸《易》，曰："天道亏盈而益谦，地道变盈而流谦，鬼神害盈而福谦，人道恶盈而好谦。"则于是分野有志，志祲祥也；因革有志，志沧桑也。天人之响应，世家之盛衰有志，志其惠迪吉而从逆凶也。征诸《书》，曰："奠高山大川"，曰："咸则三壤，成赋中邦。"则于是舆图有志，建置有志，志经始之勤劳，而绸缪之不易也；户口有志，赋役有志，志生聚之匪偶，而稼穑之艰难也。《诗》有之："岂弟君子，民之攸塈"则为民父母，庸可纵恣为哉？"翩彼飞鸮，集于泮林，食我桑黮，怀我好音"则位在儒林，讵可陨越为哉？粤稽古制，命司空量地制邑，度地居民，地邑民居，必参相得以，庶几乎无旷土，无游民也；而又命司徒修六礼以节民性，明七教以兴民德，齐八政以防淫，一道德以同俗，养耆老以致孝，恤孤独以逮不足，上贤以崇德简，不肖以绌恶。而又命太师陈诗以观民风，命市纳贾以观民之好恶，命典礼考时月正日，同律度量衡以齐民之出入、作息、贸迁其有无者。故从来官属有志，学校有志，物产之善恶、风俗之奢俭有志，人物之秀朴、选举之多寡有志，以及阴阳、时令、饮射、读法之类皆有志。诗文，一艺也，而沐浴膏泽、咏歌勤苦有时，主文而谲谏，则言之者无罪，而闻之者足以为戒，是皆有关于政教也，故亦从而志之。志之例史也，而诛奸谀于既死，发潜德之幽光，树先觉之仪型，作后起之模范。则史也，而《春秋》矣。故曰："志也者，彰善而瘅恶者也。"孔子曰："有国家者，彰善瘅恶，以示民厚，则民情不二。"故《诗》云："靖共尔位，好是正直。"由是言之，志也者，为政之先务，靖共尔位者，之所不可须臾离者也。虽然，吏而墨者不肯为惧，若鉴之立吾前，而不得以自逞也。吏而俗者不能为簿书鞅掌而外，非渠之所与知也。则唯才而贤者能为之，而驰骋以为才，矫激以为贤者，方缘饰弥缝之不暇，而又何暇于为志？即为之，亦因陋就简，以佐其缘饰弥缝之具耳，于彰善瘅恶之义无当也。盖修志之难如此，乃今而得于寿阳李侯见之。当侯之为政，于家也孝，于而亲友、于而兄弟笃信，于朋友推恩，于乡党之鳏寡、孤独、穷困而无告者，课农问圃，自食其力。生平与人无尺寸之争，睚眦之嫌，而独好学稽古，日肆其力于文章，取先辈大家之作，酌古准今，反覆评骘，刊授生徒，四方从之游者数百人，成德达材，郁为国华。候盖古荀朗、陈太丘之流，而及其出而服官，则一以治家之道治寿民。寿民有一夫之向隅者，若疾痛疴痒之在吾身也。饮之、食之、教之、诲之、抚摩而噢咻之。行之三年，民之视侯若父母。民一日苦疾风之损吾稼也，诉之候，侯驰祷之，风立止。又一日者，禾麻黍稷，方尔穟穟，忽夜半飞霜，民大惧，公闻之，天黎明疾往祷焉，霜未见晛而消矣，是岁且大稔。四境之人，以为神，而候顾欿然若有不足也。取前任吴公撰著之志，而厘其讹者，补其缺者，增入其所未见未闻者。书成，而以之自警曰："吾所行得无未合于古否？吾所行得无贻愧于后否？吾所行得无于志中，所云敬天、勤民、体国、经野、命官、分职之意，大相剌谬否？"终日乾乾，夕惕若厉！公之意，盖自以是为省心浴德、迁善补过之书。而君子读之，则以是为彰善瘅恶，以示民厚，靖共尔位，好是正直之书也。噫嘻！侯之志千古矣，侯之政千古，侯之人千古矣。后有来者得是书而服膺不失，吾知其后来者之为政，亦千古矣。客有从旁睨予而笑者曰："有是哉？子言之迂阔而远于事情也。"予曰："唯唯，否否，不然。"

田虎文重修族谱序

家乘犹国史也，国史主于尊尊，而家乘主于亲亲。尊尊者，彰善瘅恶无偏无党，诛奸谀于既死，发潜德之幽光。司其事者，必擅三长，而又负耿介之性，具忠直之气，不为威惕，不为利疚，然后讨论修饰，可以传之千载，而庶几不朽。修家乘者，无是也，志取亲亲而已矣。然则何以云家乘犹国史也？盖亲亲难言之矣。古道日远，人心日漓，亲其所疏，而疏其所亲，况复不明于大宗小宗之义，尊祖敬宗之道，但取铺扬族姓、夸张户口，将思传世行远，实以酝酿祸端为识者笑。盖吾尝见一富贵之家，取他人子以为子，怙其权势，至使族之修谱者不敢直书为螟蛉子。最后其人生子，而殁。其子且长，与其假子者争产，讼之官，官取其家谱视之，则真假无以辨，家遂以破，而其族之修谱者至今尚为世诟。厉兹其难也，不亦犹之国史与？余家故有谱，出于我叔祖、我世父之手，逮今又已三十年，应续修矣。余尝有志于斯，顾迟回不敢决，诚难之也。今年春，田子虎文来，示余所修族谱一帙。亟展阅之，则发凡、起例井井，不失古人尊祖敬宗之遗。读竟，遽尔心折。揖谓田子：“子良史才也，他日为史官亦如是耳。”余忝列史职，而修谱之役乃逡巡，不敢执笔，余滋愧矣。载复不畏强御、不侮鳏寡之什，为之太息。

邓蓼伊奉使安南诗序

康熙五十有八年，岁在屠维大渊献。同年，邓君蓼伊以内阁掌典籍事充安南册封使，朝士大夫各赋诗以赠其行。而蓼伊乃汇集其生平倡和之什若干首，梓以示余，曰：“此吾之志也，古之人朝聘、会盟、燕享、劳逸皆相率而赋诗，云以观其志，此吾之志，而以之酬酢遐方者也。子盍为我序之。”余窃唯前辈吕新吾公之言曰：“诗不范诸品格，即千万语皆支也；诗不关乎世道，即千言万语皆赘也；诗是矣而人非，即千万语皆伪也。”故诗人之作，发乎情止乎礼义。而明体达用，柔远能迩胥此物此志焉耳。不然，而但以雕绘字句、依仿声律为能事，其志之不存而于礼义乎何有？此所谓“授之以政，不达；使于四方，不能专对者”也夫！然则何取乎为诗？今吾蓼伊之为诗也，渐染其乡先生屈翁山、陈元孝之风气，而又禀承尊甫蘧若公之家学。蘧若公令原武以岂弟君子，称平居，训诸子若弟，盖非忠孝廉节之事不道也。蓼伊之诗，固已具有根柢矣。迨入馆阁掌丝纶，十有二年中，圣谟王猷熟闻习见。自公退食之余，发而为咏歌，莫非道洽政治泽润生民之作，即其偶尔赠答闲情别寄，一无失乎风人温柔敦厚之遗，而涉于伪、涉于支与赘者，无有也。今承天子命，出使万里外，携此一卷冰雪，与蛮荒君长相酬答，用宣布圣天子之威德远至迩安，又以见使臣之志如此乎！其大雅不群也！使于四方不辱君命，如蓼伊者，始可与言诗已矣！

李厚夫小题选序

文章，载道之器也！惟有道而能文者能深知而笃，好之而不然者，反是。余同年友李君厚夫，盖古之所谓有道而能文者。髫年失怙，茹荼集蓼，与其兄讷夫先生，风雨联床，自相师友。讷夫邃于经学，厚夫工于制艺，皆推为一乡之祭酒。而厚夫以甲子登贤书，累上春官不第。既乃屈为小草，出宰寿阳。寿阳当燕晋秦蜀之冲。曩时，官此地者，率皆疲于奔命，救过不暇，吾厚夫则恢恢乎游刃有余。训农通商，敬教劝学。入其境，岂弟之颂纷然，弦歌之声盈耳。而委蛇退食之余，方且取先正小品之文，丹黄而甲乙之，拔其尤者付之梓，以界寿邑子弟之秀者读之。别裁伪体，转益多师，非古所谓有道而能文者，其孰能与？于兹或曰："文章小技，于道未为尊。"抑不知吾厚夫特藉此以昌明正学，继此且簪笔螭坳对扬圣天子之休命，使关闽濂洛之风于今丕振，岂独曰："不薄今人爱古人，清词丽句必为邻。"已哉！余少于厚夫十六年，而志懒意颓，学殖荒落，读其所撰录之书，能无靦焉滋愧？然窃幸斯文之有人，庶几可免于彼其者之垢厉也，故乐得而序之第讷夫先生之道术、之文章卓然，可以经世而华国，又生值云汉为章，寿考作人之世，而独不得致身于天禄、石渠之间，以校论五经之同异，徒日取先儒之传注、语录补苴罅漏、张皇幽渺，兀坐一堂，穷年不辍，而先生则皤然老矣。三复坎坎伐檀之诗，以为太息！

重修家训序代

吾家睦族之举，创于己未之春，迄今十有五年，然几废者亦数矣。回念约法之初，人人颇知自爱，耻于因事见责，讼狱不到公庭，斗殴不及闾党，一时远近相传，许为盛举，方期永久无替，庶几江浦之遗。谁意行不数载，遽尔懈废如兹也。将曰："持法不力，族长之咎，则非尽族长之咎也。"将曰："守法不谨，族众之罪，则非尽族众之罪也。"昌黎有云："其渐有因，其本有根"。盖生于一二人之怙过饰非，流言生谤，而弛于为族长之忧谗畏讥，因仍成习。夫族长岂好为是因仍者哉？毋亦有所不得已也。人非大圣，安能每事尽善。况今为族长者，以有限之精神，日劳劳于是非听断之际，过刚则恐其失骨肉之和，过柔则恐其滋不肖之心，辗转踌躇，其势不能无少有周旋回护于其间，非周旋回护也，为睦族之义则尔也。而庸妄者不知，疑为族长之高下其手，于是力为掊击其短，必欲使之若无地以自容。而族长乃不得不因而求退，既欲退矣，而复留之，未几而复求退。如是者三四，旁观者目为游戏，长民者厌其烦渎，而族长渐觉无颜，而庸人自喜得计，而因仍遂以成习。故将以是为族长之咎，而族长自不任受也。然因此而遂谓族人之不肯就我范围，将举先人公立之条，视如弁髦，而因以弃之，则又不可。夫族人之不肯就我范围者，固诚有之，然不可谓尽如其人。且夫族长之设何为也哉？固为人之有轶于范围者，而欲其蚤夜之间，知所警惧也。藉如族皆良士，无一荡闲逾检者，亦安所庸族长为哉！而顾曰："彼既荡闲逾检矣，吾无取乎范围之则。"彼人者有辞矣，曰："数年之前，吾岂遽不就范围哉？而今则弃予如遗也，尚何怪吾辈之指摘。"而族长恐又无辞也。是以族人而归咎于族长，固不得；以族长而移咎于族人，亦不得。然族人不可谓无咎也，怙过饰非，流言生谤也；则族长不可不自引咎也，忧谗畏讥，因仍成习也。试各引咎自新，犹可相与有成，返浇归淳，但非有好善钜公为之，力为主持，力为振刷，则向之怙过饰非者，固难望其回心向道，而族长之忧谗畏讥，亦终无已时也。今年夏，邑侯孙君来主是邑，补偏救弊，百废俱兴，尤能识破巨族之害，而多方扶抑，务使一洗吾乡旧日强凌弱、众暴寡、贱妨贵、少陵长之恶习。此诚千载一时不可逢之嘉会也。今吾家而犹因循如故，清夜自思，岂不人人自愧也哉！因复聚我族人共订前约，并恳仁人一言，严加申饬，要使咸与维新，仰副鸣琴之化则。虽人心不同，各如其面，他日之仍懈与否，所不敢必然，及今而使吾家长幼怀德畏刑，不惟告无罪于先人，亦不负贤父母与人为善之心，是则族长之责也。夫族长者谁，吾兄娄光吾侄化远也，两人平心持重，自不待予言之喋喋。顾犹忆辛未之岁，吾兄为前之族长者，言有曰："凡我族人谁无夜气，当思前何以兴，后何以废，各宜痛自刻责，励力躬行，始终如一，为子弟率。"是言也，肫切恺挚，无可复易。今且身任其事矣，愿即以吾兄之规人者，进规吾兄，并规吾侄，因以规我族人，而以之自规也。毓光更事日浅，识短量狭，未知可否？倘谓言之过，当则受责，请自予始。

送河南李雨苍任鄱阳序

余阅人多矣，独河南李君雨苍为畏友，以其直谅多闻也。顾雨苍不自以为可畏之友，而反谬以不肖，如余为可畏。于其筮仕鄱阳也，未及行，亟索余言以为赠，且曰："尔勿隐乎，尔勿泛作寻常期望语，而不著吾痛痒，尔其诊吾之病而药焉，吾之病有起色，则鄱阳十万户亦将得子之剂而有起色矣，吾敢固以请。"予曰："子何病？"雨苍曰："吾无所病于心也，吾之病在肝，盖吾亦读书尚友，尝奉教于君子矣，冒利以欺国家，吾之心不敢剥民以媚上官，吾之心不忍脂韦以固交游，吾之心不肯矫激以沽名誉，吾之心不屑，吾之心如是，岂不可以告诸天地、质诸鬼神、谋诸朋友、对诸妻孥，而不惭不愧不悔者乎。而独无奈肝气之为病深也，每一动则忽不及详而发之最暴，吾惧夫人之乘吾之喜，而因之以市恩；乘吾之怒，而因之以构怨；乘吾之好施予通缓急，而因之以糜费国帑暴殄天物也。况吾好戏谑，自视以为坦率，而或谓讦，以为直性急遽，自许以为敏果，而或至欲速不达也，涵养之未纯，气质之未化也，病也，如此治之，将奈何？"余曰："信如是乎，子之病瘳矣，夫人第患不自知其病与？夫讳病而忌医耳。子今者既自知其病，且不自讳其病，而汲汲焉，恳恳焉，急欲求医以治吾之病，是即子之良药也，亦安用他人之医我为哉？曰涵养之未纯，则涵养之而已矣；曰气质之未化，则变化之而已矣。不然，而玩忽以自便；不然，而畏难以苟安。日复一日且成痼疾，是犹夫人沉湎于酒，耽乐于色，徒悬越人之书于壁间，客至则指示之曰：'是吾之所求，以医吾之病者也'，病未愈则遂以是为医罪。”噫嘻何如？雨苍戚然改容曰：“命之矣！”余与雨苍为同门友，相别且十年，雨苍不我弃，每邮一札，辄以古道相砥砺，余感之。故今承雨苍之属，而不容默默以无言。顾予之病，同于雨苍而又有甚焉者。自惟生平之言行，纯是客气用事，今年且老矣，未曾消融得半点渣滓。子曰：“攻其恶，无攻人之恶，是[①]修慝也。”不自修其慝，而浇浇焉欲修人之慝？呜呼！其无勇乎，其无耻乎，其无复君子之望，而流小人之归乎。雨苍其如予何？

送郭宁斯任连江序

卓异之除授闽省州县者，一时有十人，而吾友郭子宁斯与焉。宁斯之才，不可以百里计也。虽然，百里少乎哉！一百里之中，而天下之所以为人者，具此矣。治此一百里，而天下之所以为治者，具此矣。人之不屑于百里者，不能治百里者也，人之汲汲于百里者，又不能治百里者也。百里之不能治，而侈欲佐治天下也，吾谁欺？宁斯举贤书，久不得志于有司，一旦受圣天子特达之知，出知连江。于是乎，知宁斯者为宁斯惜，不知宁斯者为宁斯荣，而宁斯均无所属意。命下之日，方凛然若怀渊冰，惟不克胜任，是惧敝衣蔬食，兀坐读四子之书，或贷之钱则辞请，与出谒显贵则婉言逊避，其仆互睨而视之。窃时时谓予：“宜有以忠告吾主，盖一洗道学迂腐之习。”余故漫应之，为诗以道意，曰：“君子之交淡如水，真成兰味又谁俦。高才未屑逢时技，薄禄犹怀素食羞。不履不衫惊世眼，一琴一鹤邈前修。天光云影江村路，扫断人间万斛愁。”宁斯相视而笑，莫逆于心。嘻！宁斯则迂矣，而余迂尤甚，咄咄仆辈如此两人何哉！今于宁斯之行也，还思以迂道赠之，取宁斯所读四子之书，为宁斯戒行李，盖曰：“此宁斯之所以治百里者也，此宁斯之所以不仅于治百里者也。”宁斯勿却焉。

重修寿阳县学记

皇上御极五十有六载，湛恩汪濊，文教诞敷。外则东渐日出，西被流沙，以暨雕题凿齿之乡，穷发不毛之地，罔不喁喁向化，重译观光；内则棫朴芃芃，有德有造，乃至期门佽飞，与夫牵车牛远服贾者，率皆人挟一编，咿唔不辍，丕乎盛哉。盖自五帝三王以来，未有盛于今日者也。然且我皇上旰食宵衣，崇儒重道，临轩简通经博古之士，分布四野，俾其承流宣化，无令学宫鞠为茂草，佻达在于城阙。而其间识为政之本，克以仰副圣天子寿考作人之意者，则

---

① “是”，据《论语》原文，应作“非”。

惟寿阳县大夫李侯为之最。侯之受任是邦也，致斋谒孔子庙，见其倾圮者、桡者、摧者漫漶之已甚者，慨然叹曰:“政有大于此者乎！”先民有言，凡学之道，严师为难，师严然后道尊，道尊然后民知敬学。今以先师之所凭依，庶士之所瞻仰，而风雨飘摇、鸟空鼠穴，即严师尊道之谓何？而欲明伦讲学，使人人有士君子之行也，其将能乎？是则吾之责也夫，是则吾之责也夫！爰是鸠工庀材，捐数年之俸，以为众人之倡，若大成殿，若两庑，若坊，若门，若泮池，若先贤名宦之祠，若进德修业之所，若庖湢、库庾、尊彝、豆登之属，皆以次经之营之，易其旧而新是图。工即讫，适予以事过，寿阳侯辄邀予往观之。入其门，肃肃如也，循墙而周览，其一切秩秩如也。因念太史公适鲁，登孔子庙堂，观车服礼器，诸生以时习礼其家，遂低徊留之，不能去。返之，予心仿佛一辙。而今而后，寿人之藏修于斯，息游于斯者，将益以生。其高山仰止之思，而动其秉彝好德之良。为侯者，且日进斯人，而与之讲求乎仁义礼智之性，《诗》《书》《礼》《乐》《周易》《春秋》之旨，使其于君臣、父子、兄弟、夫妇、朋友之伦，反身而诚无少欠缺课吏者，以是上之朝，朝廷顾之而后喜，可知也。瑾虽陋，愿与闻风俗之美，而乐观德化之成，窃当踊跃欢忭，拜手稽首而献圣主，得贤臣之颂。侯，名敦，字厚夫、尧之，巨野人，由甲子科举人，来尹寿阳。佐兹役者教谕临汾王道凝，训导介休郑祚耀。为之记者，翰林院检讨山左何世瑾也。

行唐书院记

皇上御极五十有七载，薄海内外，交教诞敷，顾犹侧席，临轩慎简，通经博古之士，分布郡县，俾其承流造士，无令青青子衿佻达城阙。而其间单心厥职，以仰副圣天子寿考作人之化者，则唯行唐尹王公为之最。公为吾齐鲁世家，经济文章代有闻人，大父中丞，公与其弟，先生接踵开府靖节先朝，载在青史，炳如也。赠君负廊庙才，壮年成进士，而远辔未骋，海内惜之。公兄弟克世其业，叔弟以甲子偕举于乡，而厄于数奇，季弟方息以六月。唯公之受职是邦也，揽辔慨然，涤除烦苛，尽反从前俗吏之为，务以惠农、通商、兴贤、育才为己任。行之三年，讼狱衰息，士风蒸蒸然。入其境，弦歌之声盈耳也，而公且欿然若不足，盖将欲昌明正学，使曩之，所谓慷慨悲歌者，胥向往于关闽濂洛之堂，而孜孜矻矻思一造其室之为快。于是因其署之东偏，辟其地为“箕山书院”，捐俸若干金，列楹数百间，庖湢库庾，称是生徒所需几砚楮墨之类皆储以待用无缺。择士之有道而能文者，萃邑中子弟之秀而为之师。公于退食之暇日，往程之，载授之经、载课之艺、载与之讲，明乎君臣、父子、兄弟、夫妇、朋友之伦，考究乎天文、地理、礼乐、兵农、律历、刑法之志。行唐之人益得闻所未闻，从此将一变至道。采风者汇集以献之朝，朝廷顾之而后喜，可知也。瑾虽陋，顾庆逢云汉天章之盛，而乐观良有司德化之成。窃当踊跃欢忭，拜手稽首，而上圣主得贤臣之颂。公讳壮图，字笔山，山东掖县人，丙戌科进士，甲子余同门友也。

白雪书院碑记

大中丞峨村李公抚东之五年，吏肃于庭，民安于野。琅琊海岱之间，草偃风行，兴利剔弊，诸大政次第毕张。而其所加意者，尤以养育人材为先务。甫驻节，即偕大方伯静庵王公，檄取六郡知名士，肄业“白雪书院”，葺斋舍、庀器具、资膏火、勤考课，值文会则必亲骘甲乙而鼓舞之。比年以来，洛诵之声达于陌巷，士习文风蒸蒸丕变。岁庚子，诸君子将歌《鹿鸣》而应宾王矣，来征余言以志其事，余且为诸君子致助词焉。方今圣天子寿考作人，化成久道，诸君子生邹鲁之乡，沐菁莪之泽，复萃集名区，争自濯磨，学海文澜，云蒸霞起。弋科名而拾青紫，此指顾间事耳。抑余有进焉者，士先德行而后文艺，愿诸君子崇尚行谊，砥砺名节，宁质勿华、宁方勿圆、宁守正而啬于获，勿诡随而捷于得。异日者，遇合即不可知？出则为名臣，处亦为硕儒，垂竹帛而光简册。即以此为发轫之始焉，正不独文词藻丽，坛坫中原已也，爰载笔而列其名于左，俾后之览者有所稽考焉。

崔邑侯德政碑记

今上御极三十有二年，岁在癸酉。春，邑侯襄平崔公，讳懋，字黍谷，以治行高等，擢冀州刺史。邑人闻之，仓皇失措，若赤子脱慈母之怀，转孩笑而啼泣不能已也。胪公之德政，扶老携幼匍匐泣请于各上台，效借寇之举而不得，遂走京师，商其事于余。曰：“我公之来尹吾邑也，邑人乐公之亲，而忘公之尊，邑有灾祲，则呼我公，邑有疾痛，则呼我公，虽村童牧竖，我公无不假以颜色。宣德达情，旁求博访，其于邑之利弊，盖不啻烛照而数计也。故下一令行一事，而民莫不颂为神明、称为父母。其十二年来，厚泽深仁，沦肌浃髓，我公已饥已溺，而邑人则皞皞熙熙也。公之良法美意酌古准今，初非浅识所能窥，更仆所能数。其为目之所共见，耳之所共闻者，如征粮定例，按月一分。公念地瘠民贫，为权其缓急，于三农未暇，百室未开之日，必面请上台缓其征，比至收获之后，始行滚单，不用差役追呼，民多感激，思效上不误课，而下不病民，此则催科之中，寓抚字之仁也。至于里长、里甲之催，觅各里押差之夤缘，所费不赀，悉民膏血，加以朋比为奸，弊端百出，绰收代纳，侵蚀侵移，亏空既多，惧罪逃窜，遗累公私，不可枚举。公下车之初，毅然革去，令民自封投柜，岁省数万金钱。如临清、常盈等仓，正项不过二千余两，而官役需索各项陋规，岁费倍蓰，悉索里下。公自行解兑，胥蠹潜迹，民无溢费。继为民请命，不避众怒，请题改折，通省称便。如本县驿马倒毙，及起解处，虎皮花绒，征收迷失灶地，向系里下赔补；门兵巡役，修造动作，水夫火夫，向系里下供应；公一概身任其费。间有大差、官车、官马之类，动费累百，公亦拮据措置民间，不费锱铢。如编审人丁，因原额有增无减，每致逃绝之户亲族代赔，而少壮之丁反多脱漏。公于未审之先，遍行晓谕：凡逃亡、老病，着本户亲报，尽为复除，新丁顶补足额，民无赔累，而户口日增。如清查保甲，单骑遍历村庄，开陈功令之森严，指示守御之良法，奸宄闻风不敢入境。东作之时，躬劝农桑，使民各务本业，兼以周悉民情。如逃人一事，定例严密，奸恶之徒，因以为例，或图报睚眦之怨，或飞噬富厚之家，信口妄扳，流毒无尽。公深悉其弊，于未获之先，严行缉捕，于既获之后，捐赀即解，故获逃甚多，民无牵累，甚有查明来历代为赎身者。至如政简刑清，宁人息事，未尝轻准一词，滥差一役。或以细故，争讼必令原告自拘，随到随审，虚公剖析，不惮谆切，率皆感泣请和，几于无讼，即人命盗案亦多自服从，不轻用大刑而真伪昭然，案无留滞。如遇水旱灾伤，不待士民呈请，即为申报。除常赦外，如康熙壬戌癸亥两年，新邑独以水灾蒙恩蠲赦，皆公请陈之力也。如新邑水灾频仍，逋逃赋役展转遗累，以致土田愈荒，流落愈甚。公代为完解钱粮，清查所遗地亩，捐给牛种，召募耕种，十二年来，垦二百余顷，民各还乡复业。如捐俸修葺学宫，建置义学，于乡城内外各为延师，量才教育，时加课试，诱掖裁成，复置义田，以供廪饩，棫朴菁莪，蔚然兴起。如小清河决，为邑大害，历有年所，公历陈上台，蒙院道亲勘，题请修筑，椿木草束，及一切供意、捐赀、采买，毫不取之民间。亲操畚锸，寝食河干者屡月。修筑既固，沿河千顷，民皆乐业。又孝妇河近年淹没，居民呈请挑浚，公亦欣然身任，不辞胼胝之劳。盖我公必欲使新人蒙万世之乐利，而未尝以新邑为朝夕之传舍也。然则我公不来吾邑，何以有今日？我公不留吾邑，又何以常有今日乎？则为吾邑计，非留公不可。”余闻之，不禁怆然而悲、幡然而喜曰：“公之长材硕画，伟绩丰功，余躬被而心仪者，犹吾邑人也。一旦公去，遥望襜帷，能无倦念？伏念我公之出为天下苍生，我公之用为当时霖雨，必欲弹丸小邑，留滞我公，不几昧圣天子简在之心，而失天下翘足之望乎！犹忆甲子之岁，圣驾东巡，旁求良吏抚军，徐公首以公应。天颜有喜，特命书册，非皇上加意新民，则我公不次之擢，岂待今日也哉！是皇上已为新民留公数年，何新民得陇而望蜀也？且我邑人所以必欲留公者，亦以公之德政，纤细必备，行之弈世，可以无弊耳。使我公之德政常存，即吾邑之瞻依如旧，则为朝廷计，为天下计，为吾邑计，固不必留公，而留公之善政可也。”于是邑人跃然而起曰：“敬闻命矣，请以公之德政归而勒诸贞珉，用以矜式来兹，嘉惠吾邑，不亦善乎！”余故悉次其语，以付之，且将以告冀之人士，曰：“他日公之去冀，遮道攀辕挽留而不得者，亦犹今日之去新也。”余又将操笔以从事矣。

孙邑侯治河碑记

新城弹丸之邑，实青齐众水所归其地下，其患深也，而众水之中患称尤甚者，莫如孝妇河。河源起自益都颜镇，北注淄川，又北入长山界，其河皆宽广数百尺，自黄土崖与范阳河合流，水势益大。当山水骤发，两河相抗，水出崖端，则自南直冲新邑，城不没者，数版田庐，概可知矣。故《志》云:“黄土崖开新邑，急不可治，信然也。”又西北过长邑始折而东，其宽广如前，直至吕家庄。下流浅窄不能畅流，始不由故。河决口一道名吕家决口，东灌新邑之新桥、陈何等数十庄村，由民田乱流而东入麻大泊。虽积久渐有沟渠，居民亦稍治崖岸，较之上流河身百不敌一。每当冬月，冰合犹苦，挤水旁溢，害及麦苗，况水涨时乎？田庐可知矣。此一河也，殃几遍于通邑，而论者则首以黄土崖为忧，忧其大者耳，殊不知黄土崖之开决，数十年间仅一见之，而吕家口之决水乱流，或每年数见，或每月数见，盖不必夏秋之际连阴积雨而后忧也。其害可胜言与？前巡抚佛公伦藩司喻公成龙，各有修浚故河。或由新桥截水入故河之议，无如欲修故河，故道纡曲多荡为民田，非动金钱数万不能兴工。欲截水归故河，而故河高于新河一丈五尺，又限于地势之所难，为议俱寝。自我公莅任以来，叠见水灾，慨然举修河之议，谨请巡抚桑公格具题兴修为民捍患。初议由长邑吕家口修筑河崖，东至新之拔头，虽少损民田无所惜。嗣长民以长地处高水至旋消，无大害，不愿举工，议既沮，盖将永为壑矣。而我公复委曲定议，就新治新，毅然曰：“吾纵不能化滔天之巨浪为安流，岂忍使吾民旦暮不保，终于危殆乎？”乃于新邑新桥分筑堞道二处，南堞道自南河崖起，南至木佛堂止；北堞道自北河崖起，北至乾河崖止。虽上流吕家口一带溢水乱流，皆敛其势以归河道。故长邑虽不兴修，其于河工不至坐废堞道者，即护水堤，以其为通衢，行人利之，故不名堤而名道也。又自新桥至董家口河行地中，南北各修河崖，皆与河相距数丈许。以河计之，宽径二三丈，以两崖计之，则宽径十余丈，居然大河矣。自董家口迤东，旧河行地上，居人岁修河崖，而河内溢淤，河底转高，出平地数尺，不可复浚。遂于董家口以下平地另开河一道，东至韩家口，宽广如新桥，河北岸即以旧河为固，南筑河崖以障之。两岸相较，宽广则实倍于新桥帖河之地。向之荒芜者，一旦膏腴矣。自韩家口起，东至拔头。旧河本无岸，不可复用，亦于平地开河，坚筑两岸，其岸皆离河丈余。两岸之地向生水草，今禾苗油油矣。其区画之周详，出人意表者如此！且甲戌、乙亥冬春之间，民多乏食，其募工修河，日给常平谷六升，公亲为支发，不假手胥吏，因而全活者颇众，救荒之策莫如兴举大工，其于古人之良法美意不亦有合乎。方其经始也，河南北之民，各操私议，恐其利于此而不利于彼，虽大智人亦难逆睹其情事。而公操己意以行之，卒成有利无害之功。其临事坚刚不拔有如此。河成之日，众姓各持香烛以谢，而公方且曰:“此河之水暴发，势若排山，淄长之河尚不能容受，新河虽固，欲其保全无虞，虽神禹有所难能。倘有冲损，毋以我为怨足矣，奚敢以为功，不受谢。”其谦抑退让又如此。然自今以往，田舍不至漂没、妇子免于流离，桑公之德，公之力也。故敢以鄙俚之言直书之，以志不朽。

卷五

墓志

内阁中书李君墓志铭

内阁中书李君，讳嵩麟，字斗书。其先冀州枣强人，徙居济南之武定。高祖、曾祖、祖俱以世父大学士文襄公贵，累赠光禄大夫、吏部尚书。高祖妣、曾祖妣、祖妣皆累赠一品夫人。考妣以兄甥麟贵，考封翰林院庶吉士，妣封孺人。君兄弟二人，长即庶吉士，君次之。君生而颖异绝伦，七岁辄能文，十四遭生母张孺人丧，执礼若成人，十七补博士弟子员，督学、使者器重之。兄弟共研席潜心苦读，寒暑无间。康熙三十二年秋，君二十七岁中本省乡试，领解额，文出，四方争诵之，已而知为相国犹子，则望若景星凤凰，争先睹之为快。当是时，相国方致仕家居。前者，康熙十三四年间，相国以侍郎总督两浙闽峤之乱，相国提三千师扼仙霞岭，信赏必罚，设奇制胜，凡历八九年，大小共贼人四百余战，不少挫。东南数千里，安若磐石，事载《国史》，真社稷臣。是以其子弟皆磊落奇伟、不等寻常。君与兄尤留心经济，出其绪余为制义，辄冠军，故想望其风采者，以为此又一武定李相国也。即相国亦尝嗟赏之曰："唯此子能继吾生平事。"未几，兄成进士，入词馆，而君则七上公车不第，于是思谒选人，牵丝百里，以少试其所有之利器，无何，而君卒矣。卒之日康熙五十七年二月三十日酉时，距其生康熙六年丁未十一壬子，月二十一辛酉，日子时戊子。得年才五十有二。娶同郡增生胡文灿女，继娶乐陵庠生张之虪女，俱无子，以兄子寿渊为其子。寿渊好学有笔，入府庠，君为娶济南候补主政朱缃女，生孙二，毓梓、毓楠，孙女一。寿渊将以五十八年十月十六日未时葬君于州城之东阡。君兄负在原之恸，且不忍其弟之无传也，状举其生平之概，驰书而求铭于余。余与君家兄弟交最久，稔悉其事亲孝、事兄弟，视人犹己，取与不苟，事事皆可为矜式，而独惜其齐志以殁，不得如文襄公之所以布大智奋大勇者，以大报我国家也。铭曰："卓尔不群，夫惟大雅何居乎？楩楠杞梓，不一用之于廊庙，而徒树之于无何有之乡、广莫之野。孰主宰？是岂其命耶？"吁可悲也！

吕敬之墓志铭

畿之南有善人焉，曰吕敬之，以康熙五十一年冬卒于家，一乡之中被其德者咸哀之，至于巷不歌、舂不相。而行路之人往来于大河南北之间者，见其所筑之桥梁若干尺，次修之学舍若干间，义塚累累，然荒年所全活者无算，未尝不唏嘘泣下，叹今之不易有斯也。距公之没二年，其子好谦开关千余里，介予同年友赵君宝光求为志其墓而铭之。余既拙于文词，又未尝一识吕君之面，惧言之而人不信也，则踌躇者久之。赵君曰："子以谀墓为疑乎？不知吕君之行方之古人无愧也。"乃为余一一道其家世行事之实，曰："君讳兆琳，字敬之。其先世居城西小张村，元明之际迁至城南夹堤村，子姓蕃衍，累传至永乐。行修于家，德孚于州党族闾间。生丈夫子四，叔子官礼部仪制司员外郎，赠其父如其官。仲子成业，字冠宇者，君父也，被服儒素，乐善好施，无介弟纨绔余习，亲戚交游胥重之。生子七人，长曰兆璜，次曰兆珽、兆琦、兆琪，君居其中为第五，而兆鳌、兆扬又次之。君生，甫九岁而冠字，公捐馆舍，君随诸兄后，擗踊袒括，执礼如成人，众谓吕氏有子矣。逾年出就外傅，颖异绝伦，诸子百家之书一览辄不忘，名师宿儒啧啧称美，群目为科第中人，瞬息之间扶摇九万矣。未几，母孺人为食指太繁，谕令析箸，君天性廉让，笃于手足之爱，仅受薄田二顷。又值仲兄已故，孀妇与母偕居，君以垂髫孺子综持家政，事亲奉嫂，内外无间。然以事物膺心，而读书学道之志不得遂矣，君则毅然曰：'功名非吾分，而济世利物，吾先人志也，吾继吾先人之志，终不以贵贱显晦易其心。'于是与内君李孺人昼夜持筹，拮据捋荼，以为周急恤贫计。村之南为黄河故道，夏雨秋霖泛滥无涯际，行人视为畏途，一旦长桥若虹，往来讴歌而不绝者，君之德也。施棺几百具，又拾白骨而瘗之，饥者与之粥，寒者授之衣，一时同志之人，如孝廉张公元美、学博张公行恕、生员杜公宏祚、贡生堂兄兆龙，无不鼓舞感动，乐善不倦。而邑侯解囊，助成恤亡之会，郡伯题额奖其减粜之举。前后数十年，频罹岁灾，他邑皆流离载道，而长垣之民独得作息如故者，君之惠也。邑北十里许，有冈名学堂者，先圣贤言志处也。冈之上有大成殿，殿后有深造堂，杏坛峙其前，咏归亭踞其右，都人士于此讲学而肄业焉。邑东南又有所谓魁星楼者，皆一邑文教所系，而岁久倾圮无复。过而问者，君慨然董其事，鸠工庀材，倏成巍观，至今多士奋兴、藏修、息游于其中者，又君之功也。岁在辛未，君以应试抵郡城，猝闻太孺人病作，不及检校行李，徒步驰归，昼夜侍汤药。太孺人病且剧，呼天号泣，愿以身代，比至病不起，君柴毁骨立，溢米不入口。自初舍殓以及殡葬，凡附于身与棺者，必诚必信，又皆费自己出，不以诸兄弟累。未几，君弟兆扬卒，君弟兆鳌妇若子相继而逝，兄兆琪等亦即世。茕茕鳏寡，屈指堪悲。君既尽为营葬如礼，旋又推其宅分其产，以处其弟，以养其兄之子与其弟之孙。其孝友纯笃有如此者。呜呼！其可志也已。抑又有内助之美焉，君之元配李孺人者，明甲辰进士青州太守李公讳焞之曾孙女，候选训导讳奕奇者之孙女，邑中茂才讳廷扬者之第三女也。茂才娶于王氏，生孺人，端庄贞静，及笄于归，恪执妇道，日勤纺绩以佐耕读。家道既隐，起而事姑侯太孺人，衣必亲澣，食必亲尝，井汲炊爨之事，不敢委诸奴婢。以故，姑虽失明而委曲承颜数十年，未尝一拂其意。至于处妯娌以和御，臧获以仁，训子以严，嫁女以俭，抚侄女不异已出，妇德母仪更仆难数。世有夫妇如此人者，而可使其湮没而不传乎？且观今素封之家，以赀雄闾右者，大都坚车怒马、服食鲜愉以鸣得意。下直卑訾，纡趋俯仰，机利为啬，而已矣！富而孝友谦让，好行其德，一何鲜也。”余感赵君之言，用摭其平生之大概付于其子，俾勒诸石以风焉。君生于顺治十三年正月二十八日亥时，卒于康熙五十一年十一月初十日卯时，得寿五十有七。孺人生于顺治十一年十一月二十七日巳时，先君六年卒于康熙四十五年四月十六日丑时，得寿五十有三。生子三：长即好谦，太学生，初娶前明进士洪洞知县王公，讳延抡。男，邑庠生，讳人凤。男，邑庠生，讳洪济。公女，早逝。继娶处士王公讳文朴女。次好让，太学生，早逝，俱李孺人出。次宗谦，幼未聘。侧室申氏生女一，适太学生赵公讳良臣。男，太学生振，李孺人出。铭曰：“昔者蘧伯玉耻独为君子，谁则嗣之？”公生其里，积善之家，必有余庆。保艾尔后，百世其昌。

郭母谢孺人墓志铭

余生平，屈指闺范无如单父郭母贤。郭母者，连江知县郭君愚之母也。愚与余同登甲子科，计偕且三十年，晤时从无流俗态，亦绝不作一怨尤语，斤斤以经术道义相劘切。呜呼，愚其古之人也哉，抑由母相夫训子之力居多也。母姓谢氏，文学潜昭公之长女。生而端凝，少长，娴四德，及笄，适明经已轩公。琴瑟静好，齐眉相庄，色养孀姑李太孺人，得其欢心，内外无间言。姑病且不起，已轩公亦遘危疾，子愚方在襁褓中。家徒壁立，缓急无可告语者，母以弱女子枝拄其间，必诚必信，衣衾含殓，一无失礼。已轩公哀毁几殆，母以大义相劝勉。服阕后，篝镫佐读，恒丙夜不辍纺绩之声，与咿唔之声相间也。教子能严，不令其少即嬉愉，抚孤侄如同已出。诸孙过其庭，必问其读何书，家人望之若严师矣。子愚登贤书时年方弱冠，墨义卓荦，有奇气，同辈皆下之，书林为之纸贵。母与已轩公勉之，曰：“尔虽幸叨乡荐偶耳，顾圣贤事业重且大，尔尚未窥端倪，勿以微名自喜也。努力！努力！”愚恪遵庭训，昼夜讲习。如文正为秀才时，毅然有先忧后乐之志。部檄愚摄教潍邑，已轩公方闭关习静，惮于他适，属母率儿妇以行，至则命愚葺学舍、课子衿、尊贤礼士、斥绝匪人，文风翕然丕变。癸未甲申之间，岁大祲，人相食。潍令蒿目忧之，而苦无长策。母教愚设为劝输平粜之法，联络守望之计，劝当事者力行之，潍人方少缓须臾之死，以待圣天子发帑金百万，遣官赈济潍人，于是得全活无算矣。已轩公捐馆舍，愚以不及侍汤药，呱呱作孺子泣，勺水不入口者数日，自是遂病笃，恐且不能奔赴。母乃为之趋装，井井不乱，慰令就道，迄于葬祭，勿之有悔，母之力也。戊子起复历城县教谕，其教士亦如教潍时，益以上官之差，委“白雪书院”之考课，劳瘁甚矣。赖母综持家政，安贫茹淡，愚以无内顾忧，因得恪共厥职，上计为天下卓异第一引见。淡宁居中，天子顾而悦之，不复令谒选人，即授闽中之连江令。任贤才重海疆也。当是时，愚舍余邸中，闻命不喜色而颦蹙者，累日问之曰：“我母老矣，愚不难舍一官以为终养计，顾我母生平之所以期愚者，志初不在此也。以此告母，母必不许，则奈何？”余曰：“然，然，母之所以期君者，志诚不在此也。以此告母，必不许，且奈何行矣？勉之，姑以养志为佳耳。”及愚抵舍，以此告母，母果不许，曰：“我与尔父生平之所以期尔者何？若尔今受国厚恩膺异数，不图尽忠事主，而顾以老身为辞，可谓孝乎？”愚不得已，御母，舟以行。行至浦江，而母病，粤数日，而母逝。是为癸巳八月二十三日寅时也，距生于已卯二月二十三日午时，得年七十有五。二子：长曰愚，次曰思。孙男六，曰尔基，曰尔室，曰尔坚。思出，曰培仁，曰培诚，曰培元，愚出。孙女六，愚出者四，思出者二。曾孙一，尔基出。呜呼！母可谓国而忘家，始终不替者矣。今之窃位偷安者闻母之风，能无愧乎？余以是综其行之实而志之，系之以铭曰：“先资拜献，移孝作忠。谁其教之？曰唯母功。百尔君子，不知德行。视此贤母，何用不臧。”

李母孙孺人墓志铭

今天下有苦节伟行，出于闺阁之中而能媲美乎？古之人采风，使者不以闻朝廷，不及知史官，不及载后之人，不及闻风而兴起，有心世教者，所谓拊膺而太息也。吾兹于金乡李母之事有感焉。金乡李母者，余友甲子孝廉李君征育之母也。母姓孙氏，文学一纯公之次女。生三岁而父若母相继见背，育于叔父景万公之家，年十五来归李氏之孤，讳中怡者。母子三人，茕茕相依，嘻甚矣。拮据捋荼，盖未易更仆数也。谁谓结褵未几，而所天遽失，姑若妇俱称未亡人，其所以不即死者，以膝下有藐孤也，然生才七十有二日耳。姑杨太孺人朝夕抱之而泣，曰:“天乎！天乎！吾家何罪以至于斯极也？壮者方已矣，顾此弱而稚者，又讵可恃以为生乎？”姑语既悲，母肠且寸寸断，第且忧姑之痛不欲生也，隐忍制泪，昼夜奉起居，下气柔声，问衣燠寒，疾痛疴痒，而敬抑搔之。出入则或先或后而敬扶持之，脂膏修瀡问所欲而敬进之，柔色以温之，裙腧浣濯以躬亲之。历十九年如一日。姑既殁，附于身者，附于棺者，必诚必信，一一如子礼。终母之身，祭祀以时，粢盛以洁，凡舅若姑之衣裳、杯棬、琴书、几杖之物，珍敬爱重，勿敢亵弃。呜呼！笃孝若此，可谓难也已矣。子征育生而多疾，屡濒于危，母鞠育之者多方。李氏幸以无绝祀。稍长，就外傅，所以督之者甚严，不以其形单影只而煦煦为姑息。计家贫，未能具膏火，母与一婢纺绩织纴以供高堂，斥其余以为儿读书之资，弗令废其业也。征育既授室、出应童子试，邑中名宿皆下之，受知于督学劳公，冠一军，文名日噪，而母之所以教训日益勤。甲子，登贤书，其墨义温润而泽，缜密以栗，有端人雅士之风，有佩玉鸣鸾之度，海内诵其文，无不知有金乡孝廉李万涵者。以为天生斯人，将使登歌清庙，橐笔螭坳以鸣国家云汉天章之盛，而岂知母之恩，斯勤斯鬻，子之闵斯也哉！越十有五年，征育以数奇不第，谒选得济南之平原教谕，出为小草，非其志也。母则提耳诫之曰：“予羽谯谯，予尾翛翛，予口卒瘏，以迄有今日。尔小子俨然为人师矣，职无尊卑，唯其称耳。且平原通都大邑，尔乃得与其间贤豪长者游，近文章，砥砺廉隅。倘异日服官朝右，或则身膺民社，亦藉此幸无陨越，且毋贻尔祖考羞。老身将含饴弄孙，不复忧尔家室事矣。”征育唯唯，奉命会文课士无虚日。上官拟卓异第一，盖庶几大有为也。而征育则已病矣，急请终养归。逾八九年而征育卒，母哭之痛，未三年而以病终。孤孙昌后匍匐千余里，持杖而泣，求予文以志之。予岂知为文者。顾尝读《赵氏世家》公孙杵臼谓程婴曰：“立孤与死，孰难？”程婴曰:“死易，立孤难耳。”公孙杵臼曰:“子强为其难者，吾为其易者，请先死。”于是公孙杵臼死，而程婴卒以立赵氏之孤。艰难崎岖诚如公孙言。及今二千三百年，而又得吾友征育之母，母虽巾帼而妇人哉，抑犹天壤之奇男子也！试观古今来，天下之为男子者，何限乎！居常则趋利如鹜，遇变则首鼠两端，慷慨誓死，盖已戛戛乎难之。而况鞠躬尽瘁、绸缪牖户六十年，终不使若敖氏之鬼嗟其馁而者，谁复能之哉？此予于李母之事所以凄然、测[①]然，而不忍其湮没不传者也。母之嘉言懿行种种皆可法，兹不具志，志其大且难者以补采风之阙，俟载诸史，劝士大夫将来云尔。母生于崇祯十二年已卯九月二十一日，卒于康熙五十一年壬辰十一月初八日辰时，得寿七十有四。于中矢志者，五十有八年。子一人，即征育也。中甲子科乡试举人，署济南平原县

① “测”，据前后文，应作“恻”。

教谕，娶周公讳召南女。生子四人：曰昌后，曰翼后，曰作朋，曰作盐。女五人：周自新、张谦吉、周效、高孙喆、赵履中为之婿。昌后生子一人，曰曾文，生女二人，余者方兴未艾。皆母氏苦节之报也。铭曰："徂来之松，新甫之柏。笃生节母，餐冰茹蘗。餐冰茹蘗，其甘如荠。送往事居，克昌厥世。克昌厥世，祖宗实凭。以享以祀，于豆于登。于豆于登，职为母德。诗以铭之，千载是式。"

青州法庆寺硕林成楚禅师塔表

康熙五十有四年，岁在乙未。秋冬之际，青州法庆寺佛鲁道人汇其师《荆公语录》若干卷，并生平卓锡遗迹，不远千里，撰书具币，介其同门弟暐若岱来至上京，求铭于当代宗工，而以其塔表属余。余自唯少壮，未习西圣人之书，偶然一知半解，曾不足以传世而行远，因逊谢不敢为。二人曰："此吾师之志也，吾师临示寂，聚诸弟子合掌而言曰：'吾灭后，表集我非新城何居士不可，新城何居士知我。'"呜呼！余岂足以知荆师哉！顾尝闻师之绪论矣。师学于佛而未尝专为佛言，盖其深于佛者。佛法自入中国，信心奉持者讵下万万人，然皆得其形似，以之诳惑聋瞽，世之希福觊利者，争趋若鹜，而西来大意不若是，是皆与世尊相背而驰耳，不但不曾摸着鼻孔也。荆师为余言："儒者之道，有真有伪；释者之法，亦有真有伪。汉唐宋明以来，儒者辟释，释者亦尝辟儒，要皆辟其伪为儒与释者。然伪为释者，释者亦自辟之，犹之伪为儒者，儒者未尝不思麾之门墙外也。"余曰："吾欲去吾家而从汝学释，服释之服，诵释之言，行释之行，何如？"师以杖卓地，振威大喝曰："是乃吾之所谓伪者，子独不闻曹溪之颂乎？曰：'心平何劳持戒，行直何用修禅，恩则亲爱父母，义则上下相怜，让则尊卑和睦，忍则众恶无喧，改过必生智慧，护短心内非贤，日用常行，饶益成道，非由施钱。菩提只向心觅，何劳向外求元。'由是观之，宗门指归，要与儒者格物、致知、诚意、正心之论，修身、齐家、治国、平天下之说，原无相刺谬者，但能如此修行，便是不二法门。否则厌离世网，固求薙发出家，是为习气未除，大地山河触处皆成罣碍，眼耳鼻舌举念尽属执着，支离畔道莫此为甚，而欲成仙作祖，岂不难哉！"余曰："是则然矣，吾师十有五岁，辄尔披薙，及遇岸公，遂受其戒，南参北问，烟水茫茫。旋复策杖归来，侍我磐公，历书记、监院、西堂、首座，靡不殚心戮力，克称厥职，已而倡教西南，住长清之崇寿寺，住济南之灵岩山，亲承顾问，天语煌煌。今且总持法庆，缁素云流，百废俱举，挥麈竖拂，舌本生莲，是非为释之效与，而何为独拒余。"师曰："不然，子之所见者，迹也。佛有大机，亦有大用，唱导因缘，特其余事。庄严佛土即非实相，孝弟、忠信、礼义、廉耻，举而措之，九经六府三事一心普渡，兆世太平，便是不可量、不可称、无有边、不可思议功德，便是荷担如来阿耨多罗三藐三菩提。如以色相求我，以音声求我，是以有所住而生其心也。乌在其为不取于相，如如不动者哉？”因举以提示，蕴真维那之言，曰：“一句明明彻底穿，更无元妙可相传。堪绍一滴滹沱水，为雨为霖润大千。”吟毕复吟。余于言下不觉有会，继以诗曰：“一缕茶烟意思闲，萧然雨雪满空山。十年宰相经行处，方丈维摩定慧间。今日无心云出岫，他年飞倦鸟知还。拈花待与丰干约，好为应门莫闭关。”师首肯曰：“子悟矣，子方有公事，子姑出山去。”盖是时，余读书于师之初地所谓达法山者，剪镫一夕话，至今信受不辍。今吾师已手携双履翩翩西游，而宗风未坠，道范依然。洋河一杯水直接曹溪，源远而流长，吾知其不忧于涸也。第追维宿昔扣击之旨，荏苒岁月犹然。故吾清夜扪心，无一当师说者。他日鸟倦归来，欲复问当日相对禅说之所，则空山无人，水流花开。求如吾师之醍醐灌顶，甘露沁心而不得已，是则可为陨涕者也。师讳成楚，字硕林，号荆庵，与余同为济南之新城人。寇氏，其姓也，生于顺治十二年乙未之三月七日，灭度于康熙五十四年乙未之六月二日，脱白于养。初受律于天岸，承衣于灵辔禅师，住世六十一，僧腊四十有七。先是甲午春，师若预知化期，度地鸠工，自营寿塔于本寺之西偏。至是，瘗灵骨焉，为九月二十六日。座下弟子皆龙象也。继席者曰：“蕴真佛鲁。”噫嘻，吾尝忆虞山老人之言，曰：“法弱魔强，妖邪持世，以佛法为稗贩，以师资为博易，利养荣名，薰目炙手，招之不来，麾之不去，是非蜂起，干牍旁午者，比比而是。辨真实心，行真实事，悟真实道，说真实义，不自误以误人，不自诳以诳人，简易明白，为天人利。”盖吾师荆庵一人而已。用是涤笔直书，质之二人，二人以为果能知吾师也。遂复于蕴真，俾镵诸石，以示来者。

卷六

祭文

祭渔洋夫子文

泰山巍巍，河流汤汤。生贤翊圣，为龙为光。猗嗟夫子，世业青缃。觉为民先，德则士坊。爰自总角，金薤琳琅。埙篪迭唱，日就月将。文笔两汉，诗律三唐。蒙叟击节，梅村望洋。大江南北，称曰二王。陶铸百氏，衣被八荒。夫子视之，尘垢粃糠。翰苑鹦鹉，天池凤凰。五云深处，载翱载翔。岁在著雍，曰绥万邦。天颜有喜，赋诗柏梁。时维夫子，握管擅场。作人造士，云汉为章。旋登九列，春雨秋霜。野无逃薮，狱鲜桁杨。司农出纳，并辖官常。貂裘狗续，灶下中郎。惟我夫子，铁石心肠。不名一钱，厉[①]志激扬。帝曰俞[②]哉，汝掌纪纲。无偏无党，一弛一张。西望昆仑，东暨扶桑。译鞮问貌，葵藿倾阳。圣人御世，化日舒长。子作士师，调宫协商。刑措不用，喜起明良。呜呼！夫子器度，万顷混茫。夫子品地，千仞嵩冈。稷皋事业，李杜文章。惟彼鬼蜮，忌此孤芳。师曰归与，于兰何伤。平原有野，午桥有庄。种花莳竹，曲水流觞。芰荷为衣，芙蓉为裳。名垂宇宙，望重岩廊。大君有命，一札千行。金瓯伫卜，霖雨万方。师胡不待，骑箕摩苍。世瑾辱承陶埴，忝附门墙。唐贤三昧，蚕尾瓣香。刺手鲸牙，举瓢天浆。腾身汗漫，乞取七襄。梁木忽坏，谁作慈航。哲人其萎，谁与徜徉。凄清茶灶，牢落笔床。啸咏如昨，德音未忘。一卮遥奠，涕泗彷徨。

祭孙湘南文

呜呼！哲人天不慭遗。维瑾之友，维焘之师。粤在癸酉，公尹桓台。瑾方壮年，焘未于思。马周苦贱，原宪长贫。公善遇之，一视同仁。及夫丑岁，公厘东土。焘适下第，见公于府。公不焘弃，饮食教诲。耳提谓焘，我觿子佩。公子象贤，头角峥嵘。执手属焘，斯迈斯征。窃尝与焘，系怀长安。年丰啼饥，冬暖号寒。

---

① “厉”，据前后文，应作“励”。

② “俞”，据前后文，应作“禹”。

何以周之，于是捐俸。堪有母遗，夕飧朝饔。公遭家难，阖郡痛悲。如堪如焘，何禁凄其。独思天道，无往不复。公实人杰，终膺百禄。焘举南宫，堪留玉署。随获公书，知公不豫。焘曰忧哉，我师则那。堪曰不然，是必无他。焘曰非也，师亦劳止。堪曰何伤，受天之祉。虽为公跂，还为公惧。曾几何时，果闻公讣。其为列星，其为五岳。俯仰茫茫，神归安托。同列悼念，庶职凄怆。况我两人，不裂肝肠。

嗟乎我公，才谁与匹。动则川涌，静则山立。嗟乎我公，学谁与俦。胸罗万象，识综群流。惟公好士，虚怀吐握。细大毕收，缓急一诺。惟公论事，挥麈飞扬。鹰隼云际，骅骝康庄。公莅我新，洊越六纪。堂上悬鱼，野中驯雉。公有伟绩，在河之干。居无沉灶，民庆安澜。公厉风采，盗风顿息。群黎百姓，遍为尔德。公尊圣教，崇正黜邪。家弦户诵，鸡犬桑麻。移旌西蜀，褰帷台湾。惠流沧海，功茂雪山。仕优则学，发为诗歌。赤嵌片石，子美东坡。甫守聊摄，声名洋溢。叩公经纶，百不展一。所望于公，三槐九棘。参赞密勿，百僚矜式。昊天不吊，如苍生何？每一念之，涕泗滂沱。高山峨峨，流水汤汤。千载知音，孰云能忘。公子若侄，绳绳继继。黾勉相期，庶几勿替。封埏有日，执绋无从。尊酒瓣香，聊摅微悰。

祭嘉善曹夫子文

泰山而既颓矣，后生小子于何仰止而矜式也？又况堪辈之受知最深，被德最厚。忆自甲子以至今日，饮之、食之、教之、诲之，恩斯勤斯，犹夫鬻子之闵斯也。而一旦弃诸门人而长逝，彼苍者，天胡宁忍予？礼之言事师也，左右就养无方，服勤至死，心丧三年。呜呼！诸门人之就养何所服勤？何事概乎？其未闻也。夫固人尽有志焉，而未之逮也，而孰意夫子忽焉而长逝耶。诸门人之从我夫子游也，三十年于兹矣。我夫子受质之灵异，赋性之端方，握笔造钟王之堂，为文入韩苏之室，与人必尽其诚，施恩不求其报。渊源家学，超类而轶群者，举世知之，不可以更仆数也。若夫人生大节曰：忠与孝。或者纡青拖紫，名位烜赫，而独不能于此，终身无愧怍。其终身无愧怍者，夫子也。计夫子之失恃也，年甫三岁耳。皋鱼之泣，成人所难，夫子口未能言，而已悲号不绝，哀感路人。又三岁而失怙，则擗踊如礼，杖苴如礼，练祥祭祀，动皆如礼。伶丁孤苦，痛自刻励，务在立身行道以报罔极。游泮矣、食饩矣，则曰：“是未足以显扬吾父母也。”刻励如故，课文得一岁之数，会艺如释氏之法，称八子矣，魁京兆矣，则又曰:“是未足以显扬吾父母也。”刻励如故。枕葄经史，旁通百家，关闽濂洛之旨无不兼综而条贯之。未几，捷南宫，官中秘视草鸾坡，而夫子方以不逮事二人为憾，亟请省墓以代禄养。盖孺慕之诚始终如一，及今，六十余年矣。读"生我劬劳"之诗，未尝不涕泗横流也。是故以蓼志痛以忝名，斋孝思不匮推。及世父丧尽其哀，祭尽其礼。天子为之动容，亲书"锡类堂"额以旌之。

宸章灿烂，辉映日月，人皆以为华，而不知夫子明发之悲也，其纯孝有如此者。至于资父事君，卓有可纪。典试山左，再主北闱，矢公矢慎，品藻无爽，则古之荐贤为国，不负初心者也。勤劳密勿，四载有余，事关机务，虽家人妇子未尝轻为告语，则古之嘉猷入告，不言温树者也。每当会议，侃侃凿凿，遇有冤抑之未解者，则力持公道，不避嫌怨。先取嬇呵嗫嚅之徒，关其口而夺之气，噫凛乎其不可犯矣。然胸中毫无畛域，匪若他人之矫激而忮刻也。故僚友与之和衷，胥吏服其公正。佐中枢则弊政悉除，主铨衡则条例肃清。矜而不争，群而不党，亶其然乎！顾且夙夜冰兢，惟恐陨越；退食则炉香茗碗，萧然一室；莅政则朴被公廨，不遑假寐。业已力尽心枯，夫子甘之如饴。迄于二月二十九日凌晨，入署检校铨务，忽则两目交睫，而手犹执稿未释，心犹若筹画然者，鞠躬尽瘁，死而后已。我夫子真可谓能忠者矣。圣人御世，教孝作忠，我夫子屡膺显秩，备蒙恩赉，正将倚之为股肱、为心膂。嘉惠元元，与时无极，讵意昊天不吊，竟不慭遗我夫子耶！夫子忠孝之气，在地为河岳，在天为列星，夫子忠孝之道传诸后，而为百世师，生顺死宁，夫复何憾？然而老成，云亡典型遽谢苍生之属望，其谁小子之景仰安归？夫是以既为及门痛，而又为斯世斯人悲。

祭张孺人文

呜呼！太君竟弃我妹而长逝耶！呜呼！昊天竟忍太君之弃我妹而长逝耶！我妹之于归太君之家也，二十有一年。其得偕君子而团圞称觞于舅姑之前，也仅三余年耳。舅既没，而夫亦疾，夫既亡，而姑旋病。屈指十七八年以来，送往事居刻无宁晷，而中又间以我父之沈疴不起，继以我母之笃疾告终，我妹以茕茕嫠妇，往来省视于其间。酷暑隆冬，疾风急雪，饥不及餐，寒不及火，呼天抢地，几濒于死。而所以不即死者，徒以太君之垂老多病。我妹奉之衣，非我妹之衣则不衣；我妹奉之食，非我妹之食则不食；我妹之视若姑非姑也，母也；若姑之视我妹非妇也，女也，亦并非女也，子也，且并非寻常人之为子也。即瑾亦常逮事我父我母矣，生而不能供甘旨，没而不能视含殓。哀哀父母，生我劬劳，何曾丝毫得为子者之力。太君之有我妹也，则终其身不可须臾离，而我妹亦未尝忍于须臾离太君。虽遭我父我母之丧，我妹戚焉，在缞绖之中，或朝发一人焉视太君，夕发一人焉视太君，而太君之遣女奴来告也，亦朝夕未尝绝。盖我妹之心，从不忍须臾离太君，故太君之视我妹也，真有终其身不可须臾离者。呜呼，哀哉！孰谓太君之弃我妹而长逝耶。呜呼，哀哉！孰谓昊天不吊，竟忍太君之弃我妹而长逝耶！虽然我妹之孝于太君也千古矣，太君之慈于我妹也亦千古矣。我妹之节，太君成之；太君之德，我妹终之。世间之富贵而逸乐者，所在多有，若太君之得我妹，嗣徽音于生前，垂芳名于身后者，曾有几耶？呜呼！太君亦可以含笑于九原矣，夫况子若孙之振振而绳绳者，又将以高大其门闾也。

祭杜夫人文

呜呼！吾生平阅人多矣，顾岁寒之交、金石不渝者，屈指惟孺人。君子受书公，受书为故相国文襄公中子，荣光悬日月，阀阅冠云霄，穷乡下邑之士，莫敢梯接。况于受书，才且贤，学书得二王笔意，诗古文词直欲追唐轶宋，而制义则今之寻行数墨者不解也。使他人设身处此，高自位置，不知何许？而受书则卑以自牧，无少长贵贱皆下之。受书与余为文字交，以余马齿加长，受书辄兄事余，余逊谢不敢当，受书则不怿曰：“是欲纨绔我也。”余察其意既诚且笃，径遂弟视受书，而后受书喜可知也。有时，一过受书，受书则必留止其斋，款曲数日不忍别。主仆酒食之具，办自孺人，既丰且腆。已又出其稚子幼女，问候先太安人，起居殷勤致语，宛若一堂骨肉者。然余家有婚姻之累，力不能给，孺人闻其困，辄与受书谋，所以佽助之者，屡屡不倦。先大人损[①]馆，舍贫，无以为葬，受书既忧之，又窃闻孺人尝为余太息，遂竭力来归赙赗，余借以克襄大事。呜呼！受书之贤，固不可于今人中求之也，乃若孺人之所以佐受书者，即在古人亦岂可多得也哉。曩余试广文于莒州。广文一官，豪士之所不屑也，而受书视余不异于前日。洎余浮沉都下，备员史馆中。史馆者，古之所谓一条冰也，比来则困顿更甚，而受书视余仍不异于前日，岁时问遗与杂佩之赠而并至。

呜呼！受书之贤，固不可于今人中求之也，乃若孺人之所以佐受书者，即在古人亦岂可多得也哉！受书孝，孺人佐之孝；受书慈，孺人佐之慈；受书友且恭，孺人佐之友且恭；受书姻睦而任恤，孺人佐之姻睦而任恤。孺人生，乡之人颂之；孺人卒，乡之人悲之。巷不歌，舂不相，行于路者，莫不为之咨嗟而太息。况余被受书友谊之笃如此，睹受书之亡于内助也，伥伥乎何之，而能

① “损”，据前后文，应作“捐”。

不为之潸然出涕也哉！虽然，孺人不朽矣！鸡鸣昧旦，千古美谈，闳览博物之君子有继，汉唐之注疏而为之者，必将举其人之行事以实之，微孺人，其谁与归？呜呼！不朽矣！生顺没宁，而又何憾也哉！

祭郭母谢太孺人文

惟康熙五十二年，岁在癸巳。十二月，济南犹子何世瑾，长安道中遇有人自闽峤来者，甫一揖毕，未及交他语，亟把袂问吾友郭君莅任连江事，且曰："渠尹连江三月矣，治行必且，卓卓可称述。子姑略言之，海氛已日靖乎？民俗已日淳乎？操觚而挟册者，皆彬彬有士君子之风乎？向之所谓舞文弄法者，皆自悔其为害马之徒乎？"其人曰："吾未之闻也。"瑾于是乎疑之矣，吾友非依违不振者何居乎？顾未之前闻也。越数日，抚闽者以新任连江郭君丁忧闻，云其时则九月，云其地则蒲城。瑾猝于邸报中见之，愕然以惊，泣然以悲，不知其涕之何从也。既为位以哭，则又念吾友以初筮仕之身，抱捐介不肯苟合之节，一旦不幸，至于大故，家累数十口，登险涉水，困于资斧，何计扶柩以达于单父之里乎？为之咨嗟踌躇，肠九回而心不安者数月。逮今年上巳，太行王君家信至，则知归已逾月矣。瑾薄官京师，新又停请沐之命，不获执吾友郭君之手，以唁其终养未遂之心，乃遴一介之士虔以清酒庶羞之仪，赍奠于太儒人郭年伯母之灵曰："呜呼！以年伯母之妇德，母仪毫发无间。七十年来，远近之人共知之。执勤茹荼，而不得享其子一日天家之糈乎。以吾友郭君之积学力行侃侃，自持受业历山潍水之间，绳趋尺步，惟先民是程，游其门者近文章，砥砺廉隅，间出其绪，为地方有司民社计，硕谟石画，卓尔不群。大用之则大效，小用之则小效，中丞也，方伯也，观察也，以及监司以下，无不知有郭先生者。今既荐之于廷，为圣天子耳目股肱之臣。天子时方旰食海隅，思得良吏如龚遂者，劳来还定而安集之。一见郭君则天颜喜甚，立命乘传至连江，宣威布德，寻将超擢，荐陟卿贰。郭君于是乎移孝作忠，奉年伯母板舆以行，冀不负慈训，以不负朝廷遴选之人，朝夕引领，如望岁也。呜呼！孰谓其半途而遂抱终天之恨乎？瑾与郭君为同年友，三十年来交情如新，相见则互勉以濂洛关闽之旨。瑾固瞠乎其后也，而郭君之所就者远矣。他日服阕，自有所以霖雨苍生、黼黻皇猷者，而惜乎年伯母之不及见也，于斯际也，能无悲乎？瑾心知郭君之心，第不能文质言之，倘可邀年伯母之谅，吾朴诚以庶几乎，来格而来歆乎！"

祭邢母贾太孺人文

甚矣，中行之难也。贤者，过之；不肖者，不及也。然与其不及也，毋宁其过。盖吾闻过而贤者矣，未闻不肖之尚能过也。首阳之清，清而过者也，然可以廉顽而起懦。柳下之和，和而过者也，然可使薄敦而鄙宽，秦汉而后，过者鲜矣。非不能过也，物欲攻于外，忮刻萌于中，而固不肯过也。彼之所不肯过者，奔营于利禄之门，趋走于形势之途，甘心为鄙夫患得患失之为，而不畏人非，不畏鬼责。家有高堂屺岵兴悲，则曰："吾将以禄养耳，甚有亲死而不执丧，反称出继于他人者。"人心至此，尚可问哉？此吾于邢子退庵之事，而不禁为之反覆太息咨嗟称道而不绝也。退庵出于樊，退庵之兄出于贾。樊之殁也，其兄为之服三年之服。迨贾之殁，而退庵报服亦如之，然犹曰："报也。"乃若叔氏嫡出也，而其愿为之服也亦然。季氏非有所报也，而其愿为之服也，抑又尽然。或曰："过矣，先王制礼而不可过也。"退庵曰："然！然！吾家母子之恩，兄弟之情，有必过之，而后可以无憾者。"君子曰："是其渐有因，其植有根。"固退庵兄弟之皆贤，而亦由其先世以来，父若子，夫若妇，妻若妾，相守以伦理，相接以恩义，雍雍如也，秩秩如也。初不知人世间，更有何事可以易吾性之乐者，故一门之内无少长，皆能为厚过之行，而不忍自处于菲薄之地。噫嘻，观此举也，邢氏千古，贾孺人亦千古矣。

祭孙太恭人文

呜呼！太君之逝，山左之不幸也。山左为方二千里，户不下数十百万，有贤父母为之牧，有良节钺为之率，生息长养，乐且无疆。而吾顾以太君之逝，为山左之不幸者何哉？太君有子太守公，贤而多才，素抱先忧后乐之志，时时留心民瘼，一乡一邑有不获其所者，则必为之痛心疾首，引若已耻，借箸筹画，务置之衽席而后安，其治吾新也固然！逮至治蜀中，治海外，孤猿啼月，哀鸿断云，鱼龙出没，惊浪拍天。他人之所视为畏途，逡巡而不前者，公直以身任之，劳不坐乘，暑不张盖，百姓含哺鼓腹，而公犹怦怦于心，惟恐邻之赤子不若吾之赤子也。自公之去十余年，山左水旱频仍，皆引领以望我公之来，左右当道，诸大贤推心置腹于穷檐破屋之中，为之拯焚救溺，一如曩日。之所以治新邑，治蜀中，治海外者，果也。简任东都即值奇荒，多方赈恤沟壑辗转之民，一时有起色焉。而于是乎，东至于海，南至于河，凡利之未尽，兴害之未尽除者，举喁喁属望于公，谓公之将有以厦庇之也。余昨以给假归省，晤公官舍谈论之余，彼此都不及私。独时时以桑梓病苦之情，为公恳恳言之，公亦毅然无退色。今虽辞公来京，而息壤在彼，冀公之无宿诺也。曾几何时，而公遽以太君之忧去，是公之不幸，实山左诸邑之不幸也。谓之何哉？谓之何哉？太君丸熊画荻之训，余窃闻之最悉。盖日以清白望其子，以忠孝世其家者，乃长公。安期赍志以没，幼子筱修藏器待时。独太守公历试盘错，霖雨苍生，而今又如此，此余之所以重为忍怛，重为惋惜者也。吁嗟，母仪今也则亡，千里相望，徒尔彷徨！聊寄一觞，庶几来飨。

祭任母丁太夫人文

瑾丱时，即闻太夫人令嗣坦公先生之名。青齐以东，所谓天下无双，江夏黄童者也。岁辛酉，瑾方游泮，随众踏省门，而坦公已登贤书，为名孝廉，中式之文，不胫而走海内。时太翁先生官西台，激浊扬清，声振朝右，人谓此庭训之善，而不知其尤有母教也。瑾固已心仪之矣。又三年，瑾幸与计偕上公车，时于稠人中望见坦公之风采，轩轩霞举，心知其为圣世伟人也。独未暇与之握手定交，惟昧昧往来于胸中不置。已而坦公先生成进士，历任殿中侍御史，其激浊扬清，一如太翁先生正色立朝。时人于是又谓坦公之善继善述，而不知太翁即世，其朝夕之所得于母训者，尤为勤且悉也。呜呼！小人有母，忆生平教子之勤方，彷佛太夫人之所以教嗣君者，而独恨瑾之不才、不孝、不能立身行道显扬我母如坦公先生之万一。去岁冬至，我母弃不孝而长逝，坦公不以瑾为匪人，冲雪过唁，所以哀痛而赒恤之，不遗余力。于此时，既痛感坦公之不匮锡类，而尤慕太夫人之健饭无恙。计坦公之所以承欢膝下者，当永永无穷极也。

呜呼！曾日月之几何，而坦公亦扶母柩归矣。欲报之德，昊天罔极，鲜民何罪，同此风木之悲也。然而，坦公之所以显扬其亲者至矣，太夫人之嘉言懿行，所以流播于人间者，已不啻什倍于古人矣。视我母之恩勤劬劳，而不得享其子一日菽水之奉，太夫人真可以无憾于九原矣。呜呼哀哉！

卜葬日祭告先府君文

呜呼恸哉！自闰四月初九日，我父弃不孝等而长逝耶！经夏历秋，昏迷颠瞀，出则衔恤，入则靡至。逮至八月赴省，始恳孝廉谭君来为我父谋窀穸，孝廉以有事德水，匆匆而来，草草而去。乃又敦请文学李赓臣者，择于十月二十六日修圹。越十日，告竣。又择于腊月二十日庚戌，我父归原。渔洋公铭隧道之石曰："老骥伏枥，志在千里。志士暮年，壮心不已。无嗟不遇匪乔，伊梓汜乡之后，将复其始。”呜呼恸哉！此数言者，我父之知心也。但生无以养，死无以葬，昊天罔极，如世堪何。呜呼恸哉！人子之不肖，至世堪而极矣。人子之不孝，至世堪而无以复加矣。潦倒风尘二十余年，曾不奋志努力，稍慰父于万一，靦焉面目，自弃自暴，显扬之未能，菽水之不给，罪大恶极。昊天不宥，致我父郁邑侘傺，赍志以殁，屈指及今已经九月。蚤夜焚香，未知我父之果否闻也？旦暮上食，未知我父之果否尝也？出虽必告，入虽必面，未得我父之耳提、之面命、之倚门、倚闾而望之也。呜呼恸哉！无父何怙哉！无父何怙哉！然我父之柩在堂，犹如侍我父之膝下也，明日归原，长离膝下矣；犹如聆我父之咳唾也，明日归原，莫闻咳唾矣。呜呼恸哉！无父何怙哉！无父何怙哉！过此以往，日慎一日，惟偕两弟率诸子，勤于修积，苦于诵读，轻薄之言不敢出诸口，诈伪之行不敢萌于心。以无坠祖宗之堂，构以无负我父之勤劬。我父冥冥之中，佑启后人，庶无失德。倘有一日之进取，当别图所以侑先灵者，我父鉴兹。是为十二月之十九日也。呜呼恸哉！

旋里日祭告显继妣王太安人文

呜呼恸哉！儿违我母今五年矣。辛卯之岁，我母抵京，自春至秋，才逾六月。儿实不才，致令我母枵腹度日，又不能望色承颜稍宽我母内顾之忧，以致我母日夜思归。当此之际，儿已有靦面目不得自比于人数矣。九月十有二日，我母买车南下，儿随侍我母，送至涿州之南。儿牵我母衣裾，垂泪不忍告别。母谕儿曰：“尔且回京，待我至家，为尔外祖、外祖母养老送终，及为尔幼弟娶妇，事毕旋即北上，此时我心脱然，当与尔永图聚首。尔今毋以我故，稍懈事君之志，尔祖尔父，养汝教汝，正图今日，我心望汝，亦正在今日。况我来京不远，在即我年未老，侍养有日，尔当急回，勿罹谴责。”儿跪受命，呜咽不敢出声，惧伤我母之心也。呜呼恸哉！讵知此地此时，即与我母永诀之日耶！讵知我母车中之言，即为我母易箦之命耶！本月十二日，儿过涿州，旅人犹是也，而我母安往矣！桥梁、道路犹是也，而我母安往矣！车声轧轧犹是也，而我母安往矣！外祖、外祖母之丧已终矣，幼弟之姻已毕矣，我母旋即回京，永图聚首之言，依依犹在耳也，而我母安往矣！儿二十有二日奔至闾舍，进我母之门，不见我母也；登我母之堂，不见我母也；入我母之室，不见我母也；抚我母之床，不见我母也；开我母之箧，不见我母也；启我母之奁，不见我母也。问我母忆京与否，我母尚欲入京也。问我母垂危何言，我母终于无言也。儿自去岁来，夜夜梦见我母，团圞甚欢，忽而大哭，谓是思念我母，则然而不知我母之欲舍儿而去也。初一将夕，忽于灯前省视我母之面，谓是思念我母，则然而不知我母之将舍儿而去也。呜呼恸哉！鲜民之生不如死也，儿生六岁，先太安人见背，顾我，复我，恃我，母也；晨诵夜读，恃我，母也。弱而受室，壮而游宦，恃我，母也。欲报之德，昊天罔极。谁谓我母之一旦舍儿而去也。

呜呼恸哉！鲜民之生不如死也。前时乙酉，我父逝矣，今岁乙未，我母又逝乙[①]。为何祟乃尔酷戾，出衔恤也，入靡至也。

呜呼恸哉！鲜民之生不如死也。我母之德，人共知之；我母心事，人不及知，惟儿知之。儿妹极苦，儿当怜之；儿弟尚幼，儿当恤之。儿若得衣，妹若弟同之；儿如得食，妹若弟共之。妹若弟饥寒，儿当以身先尝之。有违斯言，我母实式临之。我母窀穸，明春将为母营之。可乎不可？我母其告之。

呜呼恸哉！

己丑告假祭祖文

维康熙四十八年十二月宜祭日，元孙世瑾谨以牲醴之仪，告祭于高祖府君之灵。曰：不肖孙世瑾恭值己丑会试之期，于二月三十日卯刻，发榜中式进士一百七十一名。嗣于三月二十日，奉旨于太和殿前殿试。二十三日传胪，钦取三甲六十四名，赐同进士出身。四月十一日，召对澹宁居，钦授翰林院庶吉士。十五日谢恩，国史馆分读《汉书》。五月初十日，教习堂率领入馆习书于五云。多处念惟高曾、祖父积德累仁历有年，所而皆怀才莫售，赍志以终，曾是不才，如世瑾，乃得滥竽朝右，逡巡知惧，常恐负恩于国家，蹉跎怀惭，窃虑坠声于门第，惟当勉寻旧学，矢同处子之守身，坚保初心，勿若狂且之自弃。不欺天地、不欺鬼神、不欺君亲、不欺僚友，诲饬子弟，必恭桑梓之邦，洽睦婚姻，且哀茕独之族。生逢圣世，未敢旷瘝，设遇急流，终当勇退。尚顾我，以复我。庶来格而来歆。

祭四舅文

呜呼痛哉！甥生及六岁，而我母见背，计今四十余年矣。思我母而不得见，即祭义所云思其居处、思其笑语、思其志意，而并无从，仿佛其万一。第时时于诸舅之侧，约略得闻我母之嘉言懿行，永矢勿忘，并示子若弟，以当我母之耳提之而面命之。夙兴夜寐，倘有幸自成立者，不及报我母，庶几报我诸舅乎。舅氏同怀凡六人，而六舅早亡，伯舅抱不世之才，发解东省，成进士矣，而经

① “乙”，据前后文，应作“矣”。

猷未展，赍志以殁。四舅与伯舅才相捋，腹笥具有万卷书，论古今人贤否，邑中事利害，若昆仑之来自天上，奔流到海，万怪惶惑而源委井井，不可以潢污行潦，杂乱而汩没之也。负性尤耿介，疾纨绔之士如仇，十年着一冠不至于敝不易也。然诺取予之际，斤斤乎前辈人之规矩，遇有顽钝、无耻、市井射利者，视其口将哆，辄坚塞两耳，疾趋以避之。当是时，群小哗然，谓我舅之不近人情。然而我舅之不愧于天，不怍于人，不忝于祖父，不负于朋友。相其志趣之所及，殆将廉顽起懦，移易举世之风俗，而还之太朴，讵止绳趋尺步，称一乡之善士而已哉。呜呼！孰谓吾舅其死矣！吾舅与吾父生平以古道相砥砺，不一蹈世人游戏、谑慢之习，晚年弥相笃重。癸未甲申之间，我父病，而我舅亦病，我父逝，而我舅寻亦相继而逝。呜呼！欲报之德，昊天罔极。痛念我父母恩勤，顾复育子闵斯，而不获享不肖一日菽水之报。期将移报我舅氏，而舅氏之修文地下者，已去其半。今之存者七舅、九舅及十一舅也，而穷困流离，卓锥无所。甥虽幸邀一第，而长安米贵，居大不易。荏苒四载以来，残杯冷炙，潜自悲辛。舅亡无沐棺之资，舅存无车马之赠。明发不寐，悠悠我思。《渭阳》之诗与《蓼莪》之诗而俱废矣。

祭莒州世父文

呜呼悲哉！吾思吾父而不得见矣。思吾父而不得见，苟得见吾父生平以来之所心相知者。与之处处，与之语语，犹仿佛吾父之仪型，即如见吾父于梦寐也。有如吾父之所心相知者，不在外人而在亲戚，又不徒亲戚，而且在伯仲之间。苟得见之，其想像吾父殆又甚焉。而孰知彼苍之难问也，理若数之不可知也。思吾父而不得见矣，即思吾父之所心相知者，而亦竟不得见也。吾父曩者家居，同心兄弟既落落如晨星，郁悒侘傺无与言欢粤。辛巳，至城阳一晤伯父，欢若平生，三日不聚，则忽忽其不乐，必率子孙出郭登堂酾酒，或遣平头奴子动问起居。盖吾父之与伯父如是，即伯父之与吾父亦然。此其中殆不可解也。意者其夙缘乎？未几，吾父以家务旋里，伯父悉率家人送之郊外，握手歔欷不忍言别，别后谈及辄为泪下。无何，遂寝疾不起。即易箦之前数日，犹依依以伯氏为念。然伯父此时固无恙也？呜呼悲哉！岂知我父弃世之月，即伯父捐馆之月也。意缘深聚，会生死无间，冥中相逢，当复欢若平生。然老成遽谢，典型无存，其如子侄辈何哉？此瑾之所以数月踌躇踯躅，而不忍一至城阳者也。今且至矣，亭榭如故，花柳依然，而思吾父而不得见，思吾父之所心相知者如伯父，又不得见也。彼苍者天，曷其有极？伯神如在，庶其鉴兹。

祈雨文

惟神，职司甘霖，心存好生。云行雨施，品物流形。如何数月，蕴隆虫虫。苗则槁矣，讹言其兴。妇子嗷嗷，叩我神明。哀此下民，相彼毕星。有淹凄凄，甘雨和风。俾霑俾足，俾盈俾宁。以享以祀，以报神功，洋洋在上，鉴我微诚。

卷七

寿文

代渔洋夫子寿黄太恭人序

余生平不喜为人作寿言，为其谀而无稽也。而独于北平黄太恭人则不然。太恭人者，封太史公芳洲先生之内子，而今督学山左昆圃使君之寿母也。昆圃之才甲天下，方其总丱，英英露爽，江夏黄童，誉满长安。一时先达诸公，惊若龙驹凤雏，争先睹之为快。当此之际，人谓黄氏有子矣。稍长，读书等身，荟萃六经之旨而成文，老学名宿为之避舍。其出而应试也，一见知于平原，再见知于日照，继乃见知于郓城魏公，而登贤书。最其后也，不佞以辛未抡才之役，暗中摹索，极加赞赏，而昆圃自是及第矣，承明著作之庐，翱翔有年。今且膺天子命，视学兹土，揽辔登车，慨然有澄清之意。盖未及逾年，而士习翕然，文风丕变，曩之所谓贸易有无、怀赀求售者，吁嗟乎面目之堪憎也，而今无矣。曩之所谓趋走形势、鱼肉乡曲者，吁嗟乎，吾道之沦胥也，而今无矣。曩之为有司者，仇视斯文、毛摘细故、褫革累累，加之以胥吏之睚眦，市井之揶揄，可为长太息者此也。而今以昆圃之扶，抑而为敛迹矣。曩之为制艺者抄袭雷同，寻行数墨，九经三史不一寓目，苟幸邀科名于万一，辄以诧。后起者谓此为元格，此为魁局，而究其腹笥之空空几何，其不同于牛马走也。今则以昆圃之黜浮崇雅，谢华启秀，通经学古之士，盖无一屈心而抑志者。青青子衿，其谁不倾？群言之沥，液漱六艺之芳润，戛戛乎陈言之务去，而甘心寄人篱下为哉？凡此，昆圃之所以作人造士、移风易俗者，固齐鲁诸生之幸，而亦不佞前后三四人之同幸，谓藉手可以报国恩，亦可以告无愧于桑梓耳。不然，使昆圃而若彼其之子也者，瞻徇阿比，检校锱铢，士习文风漠然不一置念，而沾沾惟利之是。视余虽退老田间，不敢与闻国家事，其亦何颜以对乡党之父若兄子若弟也。故见昆圃之作人造士、移风易俗，既为齐鲁之诸生幸，不佞，又窃自为幸，而又为芳洲先生幸，且重为今黄太恭人幸。古之所谓立身行道，扬名于后世，以显父母者，此也！此非太恭人之幸而谁幸哉？虽然，善不积不足以成名，善不积亦不足以余庆。人知昆圃之显扬其亲为可幸，而不知其亲之恩斯、勤斯、教之、诲之者，匪一朝一夕之故也，其所由来者渐矣。太恭人贵而能勤、富而能俭，当其事舅姑、相夫子，诚孝备至，声施寰中矣。懿行卓卓，美不具论。论其所以教昆圃伯仲者，昆圃有弟四人，而皆具旷世之才，恭人次第淬励之，不少姑息。昆圃以弱冠陟侍从，恩遇特隆，诸弟亦相继成进士，门第烜赫，而恭人处之淡然，未闻有纤毫骄矜之意形诸颜色间。昆圃建节兖[①]东，东国诸生沐浴昆圃之化雨，披拂昆圃之春风者，浃骨沦髓蔑以报德，咸愿迓板舆、制舞衣，为昆圃承膝下欢。乃昆圃一再迎养，而恭人断断不肯至官舍，惧以菽水累其清白，顾时从辇下遣苍头殷勤致诫，曰："勿染尔指，勿薰尔心。清风两袖，恪守官箴。"由此观之，昆圃之夙夜冰兢，行已有耻，不辱君命者，固昆圃之移孝作忠，而亦何莫非太恭人之载追载琢、玉汝于成也哉！然则六郡诸生今日之介寿称觞，谆求一言以祝太恭人者，即其所以祝昆圃，亦即所以祝朝廷也。家声不替，国祚无疆。举视诸贤母，一人之身，是岂犹夫泛述彤管，滥引钟郝，谀而无稽者哉。余故乐为之序，以志余得人之幸，且为后之居官尽职，无忝所生者劝。

寿文登于太孺人序代

康熙五十九年春，我族弟盐亭知县其瑸以母老乞假归养。御史中丞嘉其孝，特为具疏请于朝。天子览奏报曰："可"。当是时，西陲方有柔远之役，蜀中人挽输络绎，正赖贤父母拊循而噢咻之。盐亭数万家一闻使君有此命，奔走告诉，如赤子脱慈母之怀，相与攀辕卧辙不听其去，长官以为国家需才之会，如其瑸者，何可多得？试再留之，万一其意不果归，尚许为民借寇，且冀军门收臂指之效，即其瑸功名遇合，亦未可量。而其瑸径买舟东下，依依宋太孺人前，灌园鬻蔬，以供朝夕，时复顿足起舞，抗音高歌，为婴儿戏，太孺人顾而乐之，迄于今两年矣。闻太孺人聪明日以益，肢体日以健，鹤发童颜，寿将不止于期颐然者。盖惟太孺人自归我于门以来，积德累仁，内外无间，固宜膺兹遐福，如川之方至，而亦天之所以报施孝子，俾我弟其瑸得以展其爱日之诚也。由是我族人竞聚而言曰："贤哉母也！微此母，何以有此子；贤哉子也，微此子，何以显此母。吾族而有此母与此子也，吾族之盛事；国家而有此母与此子也，宁独非国家之景星庆云也哉！"众曰："然，然，则母今七十矣，盍寿？诸寿之不可无辞，以侑觞也。"因属余而为之序，余念及少年时，偶读潘岳《闲居赋》，至于暑退寒往、微雨新晴，潘岳方侍其太夫人，远览王畿，近周家园，既则席长筵列，子孙陆摘紫房，水挂赪鲤，慨然慕曰："如彼岳者，乃不愧人子也已矣。"久之，

① "兖"，底本作"二"，据下文《寿牟观察序》及查阅文献清代孟凌云的《重修文庙记》等记载，疑当为"兖"之误。

读《晋书》见其母，数诮之曰："尔当知足，而干没不已乎？然后知岳非真能绝意于荣宠，而甘心于色养者，彼其母顾未愿有其子也。"顾潘岳细人，何足论？窃尝论如王尊、温峤，其人者，固史之所谓忠臣，古之所谓豪杰之士也。而一则叱驭以趋，一则绝裾而走。天下岂有无母之人也哉？夫何恝然至于此极也。使早闻其瑱之风，亦可以汗颜而悔矣。余故乐得而书之以为宋太孺人庆，且以为当世之移孝作忠者劝。至于太孺人之贤，夫人胥已知之矣，余亦何庸喋喋焉。

寿肃宁广文贺立轩序代

余生平阅人多矣，顾无子将月旦之明，而有敬之说项之癖。昔在戊辰之岁，余以计偕入都时，则家兄谏臣方以衡文报最，再逢天子之命，重使督学京畿。余每相过从，必先问其所得人士若何，及一时司铎诸贤，果有尽职无愧者否？家兄则为余娓娓言之，甚悉，而首先屈指者，则肃宁司训贺公立轩也。且曰："若而人者，譬诸宝剑则世之干将、镆铘，要当大为世用，第以数奇未售，而今小试其端，则已矫矫不群，卓为人表。如其兴学育才，考礼序乐，类皆纨绔之子所不肯为。而亦由其才识霄壤，卒莫能窥其胸中之万一。则非惟不肯，实不能也。"余曰："然，信有之乎？古道日远，人情随波逐。靡以圣天子之至治，翔洽诞敷文教，而尤有慢视学校之职，至比于游戏三昧者，何图？今得此君，乃尔毅然复古意。其源远流长，应必有若谢庭玉树、王氏龙媒，振振绳绳以光大其家学者。"时吾兄谏臣，颇以余为知言，子亦且中心藏之，无日或忘。粤五年壬申，余谒选，得饶州。六月之任，释菜以礼先师，见有风采秀整、翩翩霞举而来者，问之，即向所闻于谏臣家兄之肃宁司训，而今且施教此邦者也。数年之所仰止，一朝而睹之，不觉相得甚欢，而且恨相见之晚。自是从政有暇，辄廷入署中，与之商略，其所以作人造士者。因得并读其所撰秩祀一书，援古证今，锱铢不爽，叹服之余，借志数语，俾付梨枣，冀使有志之士皆得有所矜式。此外，或与酌红螺之卮，歌白雪之调，见其子若孙，又无非亭亭直上，罗罗清疏者。暗思前日燕邸之言，若合符节，噫可羡也。今年乙亥冬，公又诞育仲孙，都人士喜形于色，相率制锦轴以庆，而路生某等累累来问序于余。余窃惟公之化雨春风、桃李滋妍，其在肃宁，则有若李君凤起辈，业已点睛破壁，借羽高飞。即今饶阳诸生，若田子岱等率皆吐纳风流，文思精进，行且乘风破浪。是非公之崇礼先贤、督修奎阁、敦诗说礼、振起文章之秀，其何能有此？此固宜其子若孙之振振绳绳，抑将龙跃云津、凤鸣朝阳，方兴而未有艾也。今既乐与公同官，又甚幸饶士之得所师。兹于其仲孙之庆，益以信吾兄谏臣之知人，而且自快余言之不谬也，爰涤笔而为之序。

寿年观察序

国家命观察使者巡行风俗，问民疾苦，所以绳纠吏治。宣布圣德，跻世于康宁寿考之域，此其位尊而任重也，审矣。顾位尊则虞其亢，而穷檐蔀屋之情，时有所不克周知。任重则惧其过烦，而胥吏又将缘以为奸，求其不刚不柔，果能敷政优优，百禄是遒者，盖已指不多屈。我兖东二郡，地处河济之间，衢当南北之冲，自古在昔，号称难治。乃者数载以来，狐鼠潜踪，民庆安堵，士习蒸蒸，翕然丕变。是固上有尧舜之君，深仁厚泽，浃骨沦髓，而其所以绳纠吏治，宣布圣德者，则实维我公也。公自下车以来，悉心咨访，无微不烛，向之舞文弄法以愚其官而荼毒其民者，觉则尽置之法无少假借。若夫下接属员，必谨大体。从前陋习，属员以逢迎取容上官，以姑息市惠，甚有密迩相接，狎若朋友者，公深以为鄙，自公事谒见外，罔敢以私干焉。至于优礼士子，作养尤深。近时士学不振，文风渐靡。公首重学校，严立课程，试卷必亲定高下，分俸给膏火资，并饬有司广文远近遵行。一时邹鲁间，彬彬然多文学之士，有先圣之遗风矣。其轻徭役也，禁火耗、严杂派，正供之外，不加分毫。至驿递草豆，近皆派及里社，万姓苦之，公一遵旧制，发帑银采买，而吾乡加派之陋规绝。其慎词讼也，事有枉曲者，虚公秉讯，民无冤狱，案无留牍，而吾乡健讼之浇风息。其通商惠工也，曩者道署之服食器用，皆取诸贾人，弊窦百出，公预为禁革，一丝一粒按市值以偿，而吾乡行户之供应免。今者，当公览揆之辰，二郡人士莫不跻堂称觥，愿效南山之祝。而吾则以为公之德足以答主知，公之名既已播四海，方将为股肱、为霖雨，嘉惠元元，覃及遐方。区区二郡之感恩而颂祷也，亦何足为我公道。虽然，天下之望公方切，而我二郡顾已先沐其泽也。则二郡人士之跻堂称觥，愿效南山之祝也，不亦宜乎！是为序。

卷八

杂著

书明月皎夜光诗

古诗十九第七首："明月皎夜光，促织鸣东壁。玉衡指孟冬，众星何历历。白露沾野草，时节忽复易。秋蝉鸣树间，元鸟逝安适。昔我同门友，高举振六翮。不念携手好，弃我如遗迹。南箕北有斗，牵牛不负轭。良无磐石固，虚名复何益。"此诗前人引，以为周家改正并改月之证。而吾乡梁邹张萧亭先生诗话中尤痛切言之，谓："白露沾草、秋蝉鸣树，此皆月建在酉所有风物。而诗云孟冬非夏之八月，即周之十月乎？"余旧闻其说，心窃疑之，而未有以解其惑也。今年七月，秋雨淋漓，卧病长安，谪壁上有明人书古诗十九首一幅，间从枕上玩之，恍然有悟。盖此继《谷风》而作，怨旧友无久要岁寒之义，故因时以起兴，明月促织，玉衡众星，据现在之景，白露、野草、秋蝉、元鸟则回指昨日；中间以时节忽复易贯之，谓日月几何，而蝉鸣他适，已非复白露、蒹葭之景，况用以兴昔者同门之友，炎凉移节，虚名误人，聆促织之唧唧，想蝉声之嘒嘒，慨然于中，聊以寄兴，反覆婉转，是为惊心动魄之作。后人自尔粗心，顾乃妄穿鼠穴，殊可笑也。因授儿辈录之，以见读诗者，但当咏叹淫泆，其味自出，断不可横生意见，唐突前人。"故说诗者，不以文害辞，不以辞害志，以意逆志，是为得之。"孟子诲我谆谆矣，奈何听之藐藐也，古今同然，良可浩叹。

康熙五十八年七月二十一日铁园札记。

莒州月课示

为严行月课，以励真才事。窃照本学，位虽寒毡，职属训铎，恭逢圣天子崇文之日，学政亦列有全书，兼承上台造士之恩，观风不遗乎下邑，念本学所司何事，敢不循分以储才，尔诸生自命何人，亦当顾名而思义。且城阳为夜诵之地，科第久盛于昔年，维制义实进身之阶，飞鸣方期于此日，苟能奋翮，何虑遗珠，但怪数载以来，大都皆蹈常袭，故亦有出群之彦，似未尽溯流穷源，障百川而东之，岂异人任回狂澜于既倒，端属吾徒，用是凛遵学政之条，特先月课之举。每逢朔望，偕我师儒，先拜庙以习礼仪，即课文而觇事业，诚欲培我风气，匪徒饰彼观瞻。惟谅师生一体之情，各抒彼此同心之雅。勿道里是阻，勿雨雪云劳，勿寥寥数人，勿草草塞责，勿以瑕瑜难掩，会文漫倩捉刀人；勿以福命自甘，闱卷视作敲门瓦，漱众芳之藻润；勿复数墨寻行，抽独茧之新丝；勿但依门傍户别裁伪体；勿尚风云月露之华，转益多师；勿轶规矩准绳之外。虽可扪奇历险，务须根柢乎六经。纵使秀外惠中，尤宜折衷于四子。求之秦汉，以励其气；求之唐宋，以畅其辞；求之成宏之精神，中边俱彻；求之隆万之位置，首尾皆通。蚤问津于东乡，乃知黜浮崇雅，次寻味于观略，何至外强中干。实大声宏，诸生自各收实效，拔旗树帜，本学只旁窃余晖。所望齐集而来，务期共成斯举，一堂较艺，预卜三战之捷音，数语品题，愿摅一得之管见。如或欺我，自有学规，须至告示者。

颁发学政全书示

为申饬学政条约事，照得学政之设，本以振兴文教，培养人材，以供朝廷之用，使任至重也。凡使者莅任之始，率先胪缉科条，颁示学官，意在提撕警觉，俾所示多士知所观型，用心亦良苦矣！奈何诲者谆谆，听者藐藐，砭愚订顽之辞，只为糊墙覆瓿之具。噫！岂果人心之难化与？颓风之难挽与？将毋告者，未必由衷闻者，适足为笑。殆如古人所云，以身教者从，以言教者讼，与国家宪章完具，造士多方。礼部所颁学政条约一书，首先责成提学，次及提调诸臣，次及儒学教官，然后以次及诸生儒，凡所以端士习崇正学、厘正文体，剔除奸弊之道至详且悉。为学使者，不务省身克己，谨守成法，而徒掇拾前人之格言，以新诸生之耳目。人心有灵，谁其许我？今使者忝荷圣恩，视学兹土，硁硁之性，既不能与时俯仰，碌碌之材，亦不善自为表暴，日夜悚惶，常恐陨越。惟有洗心涤虑，恪遵功令，矢与官吏生儒互相砥砺，实践躬行。假如使者不自检饬，径许诸人面斥使者，当痛自改悔，万不护短自弃。倘诸人狃于积习，肆无忌惮，使者亦必严加惩治，断不姑息隐忍，庶绝稂莠之滋蔓，拟看嘉禾之敷荣。谨将礼部颁行学政条约刊列于左，凡有斯文之任者，其敬听之勿怠。

为边华泉先生后求祀生公呈

为著作等身，衣冠绝世，恳批祀生，用崇文献事。窃照历城宏[1]治丙辰进士，边公讳贡，号华泉先生者，受性孤高，得天迥异，凝神四壁，躬安大布之衣，养拙东郊，口绝奇珍之味，掌垣孤立风采。且退阉威守郡，严明条牍，还成吏法，具起衰之力量，视学中州，扩足国之经猷。司农南部，贾太傅之疏章，切理妙有，开陈吕东莱之博议，会文别存见解。高吟抱膝，则黄初简逸之音，长句吮毫，乃大历沉雄之气。在昔，崆峒、大复曾叩调以齐名。厥后，沧溟、弇州实宗盟而问字。明湖莲放，香生海右。此亭历下诗亡韵老，济南名士，况读满床卷帙，恍如极渴饮河。所遗七世孽孙竟等，下佣卒隶，致使鲍山黄土作赤窟，以笑车轮无何，泺水白云，化素虹而环墓道。虽入庙久存其灵爽，谁任凭依。而后昆已堕其衣冠，咸伤妥侑。一衿奉祀，亦兴起于前贤，累叶增荣，总率由夫旧典。时感词华之擅代，幸推舆论之关心。

公举族长呈

为家法之蛊坏已久，族众之浇风渐炽，愿复公立族长，亟图更新，恳赐严加申饬，以垂永远事。窃照陈、何一族子姓繁衍，旧有族长之设，以为阖族之率。行之多年，著有成规，当道仁人，咸与奖励。嗣以族长病故，因之约束颓弛。强弱相形，便肆侵凌之举，众寡不敌。几多睚眦之徒，无端而聚众，挥拳谓豪杰不过如是。有时而携妓呼庐，欺老成若罔闻，知放利而行，蟊贼遂起于骨肉，受爵不让，干戈直横于萧墙。嘻，其甚矣，又何加焉？生等痛心疾首，窃思防患未形。因于本年元旦，齐集阖族人等公议。何世檀、陈化遐，德可服人，才堪御众，立为族长，遵行条约：一者讲信修睦，期勿贻玷于先人；一者杜渐防微，庶不上干于国宪。但恐无知之辈，藐为迂阔之言，伏恳恩准。公举力为整顿，切谕二人务期无偏无党，严饬诸众，各当不慢不欺。则族长行己立身，既可副鸣琴之雅化，即阖族回心向道，亦可几姻睦之仁里矣。

---

① “宏”，据前后文，应作“弘”。

跋成东冶诗

余自束发受书，即识所谓东冶先生者，闳览博物，君子也。私念吾邑有此人，承明著作之庭，殆将纵。其回翔乃迟，至三十余年而先生犹然寂寞之滨，穷居无事，撰述前代之遗迹，各为韵语以纪之。于是蕞尔之邑居，然山左名胜之区。然则新邑有先生，讵非新邑之幸也耶？惜也，其用之，仅在新邑也。

跋孙月峰左传

孙月峰批点之书，皆从小处起见。摘取一二字句以为工拙，了不识古人命意、行文之旨趣，书之最汩没人者也。亟屏去之勿观。丙申七月望后记。

跋史记论文

《史记》文章绝妙千古，而《论文》一书色色入细，尤为前代评林之所不及。苟能好学深思，心知其意，不患笔阵之不横扫千军也。置此书案头十年矣，尚无一句成诵者，扪心中夜可愧、可惧否也？虽然，韩子有言矣，古之君子，其与人也宽以恕，其责己也重以周。我徒知责吾弟之不肯读书，而我之于此书犹然展卷茫如也。吾弟视之不知以为何如？嘻！其可愧也，夫亦甚可惧也。夫《诗》曰："我日斯迈，而月斯征。夙兴夜寐，无[①]忝尔所生。"

跋秦始皇纪

六百一十年暴主强臣之声势，终乃不直楚人一炬。何如积德儿孙者，至竟犹有《麦秀》《黍离》之感也。某曾咏祖龙一绝曰："前殿阿房已作灰，五松夜雨长莓苔。童男载过三山去，赢得鲍鱼一石来。"吁可鉴哉！

跋乐书

少时读礼乐诸书，私怪以太史公绝世之才，不能自成一家言，而剿袭荀子《乐记》以终篇，似于柳州所云洁字之意未尽。又阅评林诸刻本，见前辈老宿亦往

① "无"，据《诗经》原文，应作"毋"。

往多所指摘，因以为实获我心，而我之所怪于史公者，未尝谬也。今年五十余矣，覆取《史记》读之，乃知史公全用春秋笔法。定哀之际，多微辞。譬如列置数人于此，史公不直斥其妍媸美恶，索一古镜悬其前，令其人照面自见，不愈于生，今反古灾及其身乎？余之痴盲无知，妄意古人之文不足论，前辈老宿亦复尔尔。所谓好学深思心知其意者，古今来真不可多得也。为之怃然！

跋李司农所藏董宗伯真迹后

忆癸酉之岁，客以董宗伯书谢希逸《月赋》见遗，云得之邹平张忠定公家。朴拙古老，与当时所流传者都不相类，视诸邑中一二善书者，皆曰赝也。余以拙于书，固不敢与善书者辨。已而，质诸忠定公孙萧亭。萧亭见之曰："嘻，吾家旧物也，君安所得此？"余曰："此不为赝乎？"萧亭曰："焉得赝？思公馆于吾家久，窃尝见其几坐凝神，乃复有此种笔意焉得赝？顾世人弗知好耳！"余以此重若拱璧，未几为大力者负之，趋今三十年矣，时时往来于胸中未能忘也。顷，于司农斋中见此帖，恍然如逢故人，携之以归，展玩数日。比于旧日所曾得者，虽未必尽似，要亦中郎之虎贲也。心欲有之，而司农爱惜不肯予，遂复之。或怪此帖亦属寻常，两人何笃好乃尔？盖司农嗜好，自与世味酸咸殊，而余则拙者之效也。书之以当识者之一噱。康熙六十一年春王正月识。

花押铭

正而心，诚而意，意取乎清明如天，心期乎宽平如地。毋涉倾侧，毋近险陂，毋敢颓唐，毋似嬉戏。参前倚衡，须臾弗离。钦哉，钦哉！尚不负于吾身，不负于国家，以辅弼乎圣帝明德、新[①]民、止于至善之义。

福字箴

昔在黔时，蒙赐御书福字，进子孙而教之曰："抑知受福之有道乎？"诗曰："嗟尔君子，无恒安息。靖共尔位，好是正直。神之听之，介尔景福。"三复此言，可以知福矣。箴曰：上毋负我君恩，下毋欺我本心。前毋忝我祖父，后毋累我子孙。俯仰之间有天地，梦寐之中有鬼神。先民有言"其严乎"。是故君子戒，慎乎其所不睹，恐惧乎其所不闻。

---

① "新"，据前后文，应作"亲"。

家谕

尔等资本庸钝，又且少不更事，今我薄宦长安，尔辈叔侄在家，惟宜小心和气，谨持门户。除遇有亲知，人情不可怠玩失落外，常日闭户静坐，按日课读，将我向来所派工课，务期烂熟胸中，赏奇析疑，互相问难，时时如对严师，如受夏楚，不可顷刻放心。古人有言，怵他人之我先，惟陈言之务去。此非因循苟且，务外求名者之所能也。寝食于九经，沈酣于三史，浸润于韩、苏、欧、曾，如蜂之酿蜜，日日采集众花，而又不留花之痕迹，方得绝妙滋味，方得无穷受用也。至于作人之道，具在小学，一语一默，切宜遵守古训：闲邪存诚，万不可高视阔步，放言大语；万不可侮慢尊长，戏弄卑幼；万不可干预外事，议人短长；万不可挑拨是非，涉迹词讼；万不可同人饮酒，看人赌博；万不可昵近狭邪，轻信媒巫；万不可唱曲赶会，漫谓释闷；万不可着棋弹筝，自号风流；万不可华言异服，混迹市井；万不可悭鄙刻薄，剥削孤寒；万不可敬富嫌贫，见利忘义；万不可纵仆虐婢，慢友疏亲。宁使人谓我拙，而我不可欺天；宁使人谓我痴，而我不可负心。上以对越祖宗，下以培植子孙！念之，慎之，切勿袖如充耳也。

然灯记闻

渔洋夫子口授：七月初四日晚，师云："学诗须有根柢，如三百篇、楚词、汉魏，细细熟玩，方可入古，脱尽时人面孔，方可入古。为诗且勿计工拙，先辨雅俗，品之雅者，譬如女子靓妆，明服固雅，粗服乱头亦雅；其俗者，纵使用尽妆点，满面脂粉，总是俗物。古诗要辨音节，音节须响，万不可入律句，且不可说尽，象书札语。韵有阴阳，阳起者阴接，阴起者阳接，不可纯阴纯阳，令字句不亮。为诗各有体格，不可泥一，如说田园之乐，自是陶、韦、摩诘；说山水之胜，自是二谢;若道一种艰苦流离之状，自然老杜。不可云我学某一家，则无论那一种题，只用此一家风味可也。为诗须有章法、句法、字法，章法有数首之章法，有一首之章法，总是起结血脉要通，否则痿痹不仁，且近攒凑也；句法杜老最妙；字法要炼，然不可如王觉斯之炼字，反觉俗气可厌，如'气蒸云梦泽，波撼岳阳城'，'蒸'字、'撼'字何等响、何等确、何等警拔也。为诗先从风致入手，久之要造于平淡。为诗总要古，吴梅村先生诗尽态极妍然，只是欠一古字。论世诗要蕴藉，又要旁引曲喻，使人有风咏不尽之意，不可只将旧事排说。为诗须博极群书，如十三经、廿一史，次及唐宋小说，皆不可不看。所谓取材于选，取法于唐者，未尽善也。律句正要辨一三五，俗云一三五不论，怪诞之极，决其终身必无通理。为诗结处最要健举，如王维诗‘回看射雕处，千里暮云平’何等气概。诗要洗刷的净，拖泥带水便令人厌观。为诗用语要典，不可杜撰。诗要清挺、纤巧，浓艳总无取焉。为诗须要多读书，以养其气；多历名山大川，以养其眼界；多亲名师益友，以充其识见。”瑳问曰："是则然矣，但寒士僻处穷巷，无书可读，而又无缘游历名山大川，常恨不得好友与之切磋，则奈何？”曰："只是当境处，莫要放过，时时著意，事事留心，则自然有进步处。”说毕，叹曰："吾县风雅衰极澹庵，汝当努力。为诗学要穷源溯流，先辨诸家之派，如，何者为曹刘，何者为沈谢，何者为陶谢，何者为王孟，何者为高岑，何者为李杜，何者为钱刘，何者为元白，何者为昌黎，何者为大历十才子，何者为贾孟，何者为温李，何者为唐季，何者为北宋，何者为南宋，析入毫芒学焉而得其性之所近。不然，胡引乱窜，必入魔道。”一日论及方山谢公诗，曰："方山清漪可爱，但少嫩些。七言律宜读王右丞、李东川，尤宜熟玩刘文房诸作。宋人则陆务观若欧、黄、苏三大家，只当读古诗、歌行、绝句，至于七律，必不可学。读前诸家七律，久而有所得，然后取杜读之，譬如百川学海而至于海也。此是究竟归宿处。若骤学之鲜，不踬矣。”

七月初六日薄晚，乘凉院中，瑳执古乐府中《江南可采莲》一诗进。质曰:"如此诗寄托何在？”师曰:"此不可解，然但见其古，或者当时尚有阙文，亦未可知。因言古乐府原有句、有音，在当日句必大书，音必细注。后人相沿之久，并其细注之音，而误认为句。附会穿凿，至于摹拟剽窃，毫无意义，而自命为乐府，使人见之欲呕。如南中某公作乐府有‘妃呼豨，豨知之’之语，夫‘妃’‘呼’‘豨’三字皆音也，今乃认‘妃’作‘女’，认‘豨’作‘豕’，一似豕真有知，岂非笑谈？唐人乐府惟有如太白《蜀道难》《乌夜啼》，子美《无家别》《垂老别》，以及元白张王诸作，不袭前人乐府之貌，而能得其神者，乃真乐府也，后人拟古诸篇总是赝物。”瑳曰:"李杜诸作固无假，窃然第未见其中有如古之所谓无字之音不识，被之管弦，其音将何如？”师曰:"恐亦未必可被之管弦。”瑳曰:"古乐府之所谓音，即如今之工上四尺乎？”师曰:"然。”又曰:"如伯牙《水仙操》一序妙绝，然其诗，则殊不可解，料是其中有缺讹处，此等处必欲以意求之则凿矣。又如‘逢逢白云，一东一西，一南一北’，此亦‘鱼戏莲叶东，鱼戏莲叶西，鱼戏莲叶南，鱼戏莲叶北’之类，料是其中有缺处。然在今日，但见其古，如杜子美《杜鹃行》四句，便是从此诗脱化得来。”又曰："学诗先要辨门庭，不可堕入魔道。”七月初八日，登州李鉴湖来谒，问曰:"某颇有志于诗，而未知所学，学盛唐乎？学中晚乎？”师曰："此无论初、盛、中、晚也，初盛有初盛之真精神、真面目，中晚亦有中晚之真精神、真面目。学者从其性之所近，伐毛洗髓，务得其神，而不袭其貌，则无论初盛中晚皆可名家。不然，学中晚而止得其尖新，学初盛而止得其肤廓，则又无论初盛中晚，均之无当也。”瑳近曰："然则三昧之选，前不及初，而后不及中晚，是则何说？是非欲人但学盛唐，而不及中晚之意乎。”师曰：“不然，吾盖疾夫世之肤附盛唐者，但知学为九天阊阖、万国衣冠之语，而自命为高华，自矜为壮丽。按之其中毫无生气，故有《三昧集》之选。要在剔出盛唐真面目与人世看，以见盛唐之诗，原非空壳子、大帽子话，其中蕴藉风流，包含万象自足，以兼前后诸公之长。彼世之但知学为九天阊阖、万国衣冠等语者，果盛唐之真面目、真精神乎？抑亦优孟叔敖也？苟知此意思，过半矣。”

卷九

万寿颂有序

皇上御极之五十二年，万邦协和，黎民丕变，下及穷荒僻壤之区，昆虫草木靡不咸若矣。郊天告庙，神灵乐康，风雨晦明，调和应节，想郅治者，于以瞻唐虞也。春阳三月，适当万寿，臣蒙被恩泽，与群臣日侍紫宸朝下，幸际熙熙之世，亲望穆穆之光，乃其班行。又在太史，是宜吐为歌诗，扬扢圣德弗容，以词义弇陋而默也。辄依古作颂，用扬圣天子文武神圣，润色鸿业，以昭垂四方，传示无极。

皇帝即位，丕承烈祖。乃圣乃神，允文允武。至德懋昭，炳耀四宇。格于上下，受天之祜。曰旸而旸，曰雨而雨。百灵效顺，薄海歌舞。良苗更新，瑞谷维庾。帝日念哉，父老作苦。蠲租赐复，普天乐土。蔼蔼吉人，东庠西序。天纲罗之，为邦之柱。野无留贤，上有圣主。四方向风，梯航无阻。重译来庭，雕题凿齿。群工于于，股肱心膂。询兹老成，嘉猷硕辅。维彼鹰扬，有力如虎。乃心王室，庶绩咸举。佥王更黜，靡有遗侣。熙熙阙廷，肃肃宫府。维帝大孝，锡龄黄耇。问安视膳，奉皇太后。浃于九族，濡及九有。击壤有歌，黄童白叟。荣光有耀，南冥北斗。丰美润泽，和气敷受。金茎湛露，成此春酒。天赐皇帝，与天齐寿。

恭祝万寿四十韵有序

臣闻圣王，御极会陈，五福之畴，哲后保和，遂献三多之祝，后先揆一。今古心同伏，遇我皇上德懋，建中化成久道，仁者必寿，如日升而月恒大哉！无名直天高而地厚，兹逢甲子，初周之岁，正值乾坤交泰之时，际会休明，幸睹唐虞之世，揄扬盛美，愧非班马之才，愿效嵩呼赓里颂。

帝德超千古，天心眷一人。无疆开寿域，有道布鸿钧。智勇兼文武，钦明乃圣神。体元先立极，基命独修身。载籍东西列，盘盂左右陈。威仪真秩秩，制作更彬彬。惕厉功逾密，优游性益纯。永思勤继述，深爱笃彝伦。致慤禋常肃，承欢膳必亲。至诚通岳渎，大孝格苍旻。恭己居青琐，当阳御紫宸。衮衣明藻火，黼座焕丝纶。濬哲推英断，神明好下询。百官严黜陟，庶物广陶甄。治岂皋夔赞，才仍元恺抡。设科遴杞梓，特诏选麒麟。将略颇同牧，儒宗洛与闽。岩廊门大辟，黉序气长伸。蔼蔼皆英彦，芸芸悉子民。赋轻知禹俭，刑措见汤仁。讲学时临辟，披图只绘豳。赐爵恩最渥，宪乞典尤频。敷政均荒服，输诚尽率滨。戈挥苞蘖靖，干舞有苗驯。风偃寰中草，雨清徼外尘。王猷垂史策，睿算迈臣邻。化洽维端拱，年丰更省巡。采风占俗美，问野恤农辛。峰度莲花掌，河由瓠子津。山川经历历，原隰甸畇畇。盛世祥符集，兴朝瑞物臻。衔书来赤雀，吐箓降苍麟。香穗如张锦，甘泉苦饮醇。金茎仙露满，玉叶庆云屯。凤历颁三月，龙飞届六旬。流虹传令节，就日乐芳辰。海岳争呈颂，共球竞献珍。乐闻韶濩美，礼睹会同新。簪笔臣何幸，摅毫意未申。惟将九如句，稽首万年春。

上谕表章朱子会议尊崇之典恭纪

帝治崇先哲，皇猷景巨儒。紫泥宣北极，丹诏出中枢。忆昔澜会沸，沿流说更诬。哲人方挺拔，吾道不崎岖。直把微言剖，还将大义刳。春风悬玉尺，秋水映冰壶。罗李欣联袂，濂开信合符。笙簧铿鹿洞，声教失鹅湖。徽国追崇古，成均礼秩俱。加封膺玉旨，佥议矢嘉谟。要使新恩沛，还于旧典逾。盛朝严正学，声教轶唐虞。

钦定佩文韵府书成恭纪

龙章丹陛启，凤藻紫宸宣。特阐图书秘，还惊翰墨鲜。高深资往籍，博雅寄成编。沈氏分声细，阴生汇韵偏。漫夸心似发，讵拟笔如椽。我后征群彦，新函萃古篇。采珠穷碧海，斫玉罄蓝田。蜜羡千花酿，裘看百腋联。诸经丝竹竞，列史羽商传。积锦倾长吉，藏书夺孝先。奇探邱索外，奥集典坟前。罗尽周天宿，穿来满屋钱。舛讹勤讨核，援据谨淘湔。有宝皆登也，无珍不录焉。开编征美富，展卷破拘牵。快睹多才会，欣瞻睿照悬。丝纶辉舜日，简册布尧天。圣籍原无匹，王言更肃然。千官膺锦轴，百尔奉云笺。风教驰陬澨，春吟接夏弦。

正月辛吉皇上躬行祈谷礼成恭纪

三农劳睿虑，万乘出明禋。紫陌严清跸，瑶坛卜吉辛。卿云凝碧落，湛露洒芳尘。河柳迎芝盖，林花拂彩轮。鹓班依豹尾，虎旅肃勾陈。雍穆钦三献，馨香礼百神。奉璋森济济，纡佩只逡逡。苇籥豳歌满，函钟雅奏频。至诚昭对越，峻德感苍旻。布谷来何早，瞻蒲色更新。年丰应大有，人瑞遍长春。试看如梁处，华封祝圣人。

恭和御制自鸣钟诗

九重长振教，万国共朝宗。晓日临仙掌，春风戛玉钟。鸡人方婉转，天籁已春容。乍觉衣冠肃，俄听律吕雍。何尝施寸撞，无复待微冲。响绕天门柳，声环北阙松。莺歌浑似和，鹤唳欲相从。雨霁龙吟阔，花开凤调浓。徐徐通禹甸，赫赫遍尧封。瞻象来重译，闻音度远峰。顺时同七曜，警惰报三农。巧制膺宸翰，千秋羡卓踪。

恭和御制春日内苑赐宴诗

好雨清明候，和风袚禊辰。那居王在镐，锡燕水之滨。忘分笙歌接，推心笑语频。液倾仙掌露，香荐玉河蓴。夹岸鸣黄鸟，冲波跃紫鳞。日薰芳草绿，月照杏花新。丹地情先洽，茅檐泽更均。万方宏乐育，一气荷陶甄。圣德深如海，宸章妙入神。卿云同烂漫，花屿共嶙峋。臣醉惭何补，天高意转亲。明良庆交泰，拜手咏常春。

恭和御制时巡近郊悯农事有作诗

凤辇乘春出，风光满玉京。溪滨菖叶绿，村角杏花明。农事谁能缓，田家自有程。好风千笠动，细雨一蓑轻。牛背翻新燕，陇头听早莺。其耘同亚旅，播谷各纵横。亲见天颜喜，无闻野老惊。牧童瞻翠葆，馌妇识霓旌。恻恻巡游意，依依作苦情。如天零湛露，率土湿香粳。多稼曾孙庆，丰年景福成。还会劳帝力，载耒事躬耕。

恭和御制气融催丽景诗

上苑春光好，非关羯鼓催。和风先报柳，协气自生梅。轻燕衔泥去，远鸥泝水来。游丝飘紫陌，灵雨洒苍苔。莺啭龙池晓，花明凤阙开。韶华良可悦，拟进万年杯。

恭和御制水仙花诗

擢秀君门里，翛然白玉姿。月明花淡淡，风静叶垂垂。凡卉须春焰，伊人在水湄。世情夸翠带，绮语艳金卮。自与兰为友，只堪桂作师。纤尘终不染，肯负九重知。

初夏雨后畅春苑道中作

出郭逢新霁，垂鞭信马蹄。林端初有日，沙落净无泥。鸟语含风软，柳丝拂面低。不妨随意歇，流水小桥西。

万年宝历八首恭纪

凤历编成日月辉，万年天子处彤闱。斗间瑞气通黄道，河上荣光近紫微。甲子远过三古纪，羲和高指五云飞。太平盛事[①]欣无极，畅听歌声满九围。

帝心昭格本精诚，燕寝端居肃旦明。制就璇玑参北极，吹来玉琯彻西清。宫壶昼响莲花漏，殿陛春开蓂荚茎。保定早知天祚永，雨旸时若颂升平。

创守兼资迈百王，圣神文武法先皇。显承谟烈鸿基远，开拓边疆宝箓长。孺慕心同春露永，苾芬诚荐寝园香。九重孝治光天下，锡类深仁遍八荒。

心传精一绍唐虞，宝箓瑶函媲典谟。戛玉敲金探月窟，蟠龙舞凤跃天衢。珍藏蠹简收秦火，俯念芸香重鲁儒。秋实春华俱采撷，千年沧海少遗珠。

天威赫濯震皇州，方略神奇出圣谋。三箭恩深分虎竹，九霄寒彻赐貂裘。洗兵鲸海沧波晚，放马龙沙碧草秋。玉塞金城绵万禩，遐荒重译尽朝周。

端拱垂裳帝力洪，百僚忠爱万方同。花迎鹓鹭金铺晓，柳映貔貅玉帐雄。太液恩波风浩荡，承明春色日和融。九成乐奏箫韶曲，三祝嵩呼翊圣躬。

九天雨露沛嘉师，击壤歌风乐盛时。薄税频蠲青雀舫，祥刑不扰白云司。圜扉瑞表芝三秀，大野人歌麦两岐。禹甸春深同阆苑，桃花烂漫万年枝。

荡荡无名轶放勋，强将蠡管测思文。如天如日瞻皇极，非雾非烟仰庆云。四表晴光来北阙，三春淑气入南薰。小臣献颂知无补，长愿千秋奉圣君。

---

① “事”，据前后文，应作“世”。

壬辰春畅春苑赐诸臣食于澹宁居恭纪

日丽风和上苑春，蓬莱高敞碧嶙峋。三公启事尊皇极，百职承恩近圣人。青脯自天霞片片，白鱼入馔雪津津。琉璃碗注茶膏嫩，玛瑙盘堆菜甲新。槛外花香侵御案，炉中烟袅绕龙鳞。千官久沭天波润，万里尤欣帝泽匀。盛世明良原一德，熙朝雨露更无垠。微臣果腹惭何补，愿效华封祝大椿。

相国安溪夫子暂假归里御制诗送之恭和原韵二首

盛世调羹有大儒，一时拜手匹三谟。怀归只为亲恩重，爱国还看圣泽敷。姚姒都俞真一德，孔颜授受本同符。帝心缱绻宸章焕，日俨中天月映途。

仰止宫墙绝伪儒，每于六艺见讦谟。闲关封事武功峻，造膝昌言文德敷。谈易直当追虑后，怜才不独识王符。情深雪后程门夜，翘首征书指越途。

恭和御制四季何尝离太和

保合方知帝载恩，好从河洛问真源。春来消息看花蕊，秋尽生涯识菜根。柔遇刚时纷有象，阴含阳处更无痕。八荒一气鸿钧转，良夜澄观可默存。

御沟泉合如环素

五云深处碧泉泓，每到凝寒结素诚。含蚌常随明月满，辟尘如抱玉壶清。晶莹皓气浮天阙，淡泊贞心接禁城。岁岁恩波此中贮，惟将冰镜报升平。

钦命补进二折恭纪二首

品列台班右，书呈帝座旁。那知焚草后，敕上旧封章。

讵有回天力，重邀圣主知。题名非所望，鲁直实堪师。

恭和御制泉声映柳覆春亭二首

几处泉声泻亭角，一行疏柳袅檐丝。等闲识得春风面，正是清明上巳时。
云影天光岚外晴，太平时节好山行。两间茅屋千株柳，点点飞花荡水声。

恭和御制湖光山色入诗笺

烟横瀑布花开处，风蹙波纹月上时。云汉天章相映发，诗中有画画中诗。

卷十

五古

夏渔洋夫子招同门诸子雅集用赵州倡五月卖松风人间本无价之句为韵得价字

鸟起星欲沉，尘飞月当下。凉飔挽不留，炎气纷相射。比来奉清言，卜昼仍继夜。仿佛长松里，万壑秋涛泻。风生两腋间，萧然不知夏。吹物岂无心，报琼讵论价。以此托心期，登仙比羽化。又如顾长康，佳境得食蔗。侈然腐鼠味，鸱吓何足咤。

司徒王夫子招同门诸子饮集分韵得镜湖五月凉

捷足向长安，争驰白发迸。舌上觊生毛，下刁乃作姓。先生面西山，萧然发孤咏。清高不受尘，萝月挂明镜。大雅久不作，凭谁剪榛芜。我读渔洋诗，奇秀视西湖。十种暨三昧，大声而疾呼。从兹染翰者，何当有迷途。东南有巨浸，其派厥惟五。学如不观澜，无乃作诗苦。从登夫子堂，豁眼望旗鼓。富贵何足云，要使穷今古。昨夜风雨驰，波荡鼋鼍窟。缩颈纵高眠，畏听鸡头滑。承惠野香亭，诗思清人骨。得意欲忘言，散发弄阶月。我来值长夏，炎飚殊未央。酌我清冷水，兼之白雪香。晏坐遂忘暑，挥尘生微凉。何如褦襶子，追逐热中肠。

呈太史黄夫子

追惟受书日，我年才束发。立意如飞将，射石当羽没。不然不下帷，勃窣于理窟。侧身望金门，排登在倏忽。讵知十年来，献玉频遭刖。路鬼方揶揄，笑我谋身拙。归卧南山南，疏林荫清樾。朝议重丝纶，被诏赴丹阙。名纸毛欲生，未能事干谒。惟有大司农，渔洋夫子。龙门日高揭。赋诗掩刘曹，致主同稷契。振衣千仞冈，襟期洒冰雪。许我厕高流，真契本磁铁。然灯授诗律，飘飖类仙诀。有时话桑麻，亲戚足情悦。冠盖虽纷纭，交欢但目睫。何意玉堂客，犹不忘蹇劣。谓我春闱时，得子实心折。无端成弃置，相思那可说。闻兹发三叹，豁然释蕴结。知己良不易，况复蒙采撷。平生一片心，放歌对明月。

咏蝉

六月红尘涨，端肱坐草堂。时倚池边树，披襟自徜徉。同志两三人，醵金醉一觞。有觞谁作侑，高蝉叫我旁。甫至音犹涩，徐来韵且长。此唱彼已和，仿佛笙与簧。由来蜣螂质，何以发宫商。吾观元妙化，乃知清也刚。咄咄鸣彗子，职惟洁身藏。渴不拾人唾，饥不飧人粱。敛翼栖乔木，昂首饮天浆。弋者安所慕，浩歌任翱翔。俯视檐下鼠，盗食日踉跄。嗤彼黍上雀，饱腹身已殃。

长夏

长夏何煊赫，红紫争超越。矫矫幽谷兰，含情待秋月。

旋里留别幔亭先生

我本麋鹿姿，迂僻成偃偏。检校七不堪，仿佛嵇生懒。偶来京洛游，世路谁青眼。终赖素心人，诗酒共游衍。方期数晨夕，与话平生撰。那知春明门，翻作回车阪。仰视浮云驰，握手何缱绻。岁宴望君归，为我破苔藓。

秋日拟归留别子未太史

士有三日别，当使人刮目。如何十年来，顾我犹碌碌。念兹盖有由，听我为君告。我家孝水傍，水涨如飞瀑。飘飖经夏秋，陆处亦无屋。追呼尚在门，剜尽心头肉。晨起提长镵，携儿掘黄独。高堂缺甘旨，日晏未啜菽。平生所交友，云雨竟反覆。此辈无足论，管氏适三逐。却疑造化儿，作意轰荐福。世态工巧笑，龋齿容可掬。我独何为者，不解自炫鬻。因诵古人言，思之久且熟。以是遂蹉跎，穷巷但雌伏。偶为京洛游，谁当辨雅俗。卓哉太史公，好客无拘束。并醉荆轲酒，同听渐离筑。手把渔洋诗，与我再三读。珍重君意厚，跫音响空谷。其如秋兴浓，归思犹转毂。明湖漾清流，白山送新沐。策蹇此中去，回首看斗宿。中秋月明时，千里共心曲。

夜雨怀安期湘南并送小修

白露月下团，流萤起还灭。屋角秋云飞，北风正骚屑。凉雨西南来，使我衷肠结。追思桓台上，交友尽时杰。兄弟两三人，真契如磁铁。跋扈实有徒，当筵事媒孽。讵知岁寒心，重肯笑蹇劣。萧萧鸿雁至，柳色怆离别。俯仰五载余，风光成一瞥。廉吏袖如冰，人情逐炎热。东篱菊又开，谁与酬佳节。愿因生羽翼，去去随车辙。沽酒忆郫筒，买鱼知丙穴。还取傲富儿，西岭千秋雪。

题王笔山小像

君是羲皇人，为官偶然耳。枫落菊花黄，烟霭暮山紫。松风溪上来，琴声作复止。道德五千言，峭然以目指。问此意如何，渊明曰尔尔。

代李厚夫游方山作

我本山中人，未惯折腰步。偶然出山来，依然他山住。乘兴入方山，方山有奇趣。青青石上苔，冉冉松间雨。雨后瀌瀌鸣，瀑流万壑注。云从檐下飞，鸟向掌中聚。积雪满山腰，云是五台路。长者千载人，披拂若平素。驯虎亦何难，虎怒由人怒。念此澹忘归，月上侵衣屦。

送次辰任犍为

我年未束发，不解作诗义。入学才鼓箧，宵雅欲三肄。恭闻南华伯，分符向蜀地。是地古蚕丛，汉家方置吏。初言蜀道难，后歌蜀道易。难易胥由人，何关山水事。山水本奇辟，俗物自败意。王尊为忠臣，叱驭不知避。人见其艰险，我见其妩媚。妩媚道云何，潇洒毋滋累。累者只为名，累者只为利。名利两秤停，于中利尤嗜。利重则欣欣，利微则恚恚。恚恚无已时，设法从狙伺。或猛若虎吞，或迅若鹰鸷。或毒若驯狐，或奔若渴骥。或转蜣螂丸，或师蜘蛛智。或如卜钻龟，或如射决眦。或至拂染须，或至奉溺器。或恐野鹜争，或恐前鱼弃。或以竿牍通，或以苞苴遗。或指天日盟，或指肺肝示。或用椎控颐，或听人牵鼻。或犹燕处堂，或犹鼠入厕。扪心不知惭，靦颜不知愧。惟对兹山灵，乍如负芒刺。世上游官徒，纷纷多此类。所以元道州，作诗刺彼其。奈何彼不省，竭蹶图委积。毕竟何所得，空尔为债帅。纵使贻子孙，亦供猪奴戏。千载何易于，高风邈谁次。我伯继其踪，蓄念在抚字。眼见峨嵋旁，处处有滞穗。退食自公余，摊书作鼓吹。披襟子云亭，千峰横紫翠。且住为佳耳，犍为可卧治。鱼舅与月竹，况复饶兴寄。今闻达天庭，征书须臾至。岳岳大司空，峨峨大理寺。君当复其始，赋此聊言志。倘逢卖浆翁，论易庶勿秘。

七古

河工告成

东风吹春满几甸，万乘乘春到花县。河流如带绿波平，堤岸森森疏筑成。傍河无限蓄畲好，稚子苍头同皞皞。昔年丹陛勤宵晨，永定未定愁吾民。春流无恙春光里，翠华忽临元首喜。一带河声走白沙，沙飞点点随桃花。桃花水涨耕夫语，绿满新渠花满树。布谷声声唤早耕，短簑驱犊前村去。春风著波沦涟起，散作千家万家雨。野老秋看好禾黍，又望翠华来野墅。

春日省耕

燕山春晴日初吐，东风吹绿东郊树。一片桃花屋角明，几株杨柳村边聚。野老驱牛向何许，烟簑草笠携耕具。麦陇惊看锦雉翻，平林乍听新莺语。宿雾初收试短犁，行行饷妇提筐筥。翠华忽然天上来，田家作苦天颜开。四野力耕耕有侣，万顷黄云早堪据。重来华实满郊原，不辨春时饭牛处。

喜雨

暮春之月月离毕，至诚有祷天心符。触石兴云偏五岳，砰雷笑电群龙趋。飞甘洒润连阡陌，喷泉急溜酣笙竽。既优既渥既沾足，乐事不数玉与珠。黄云翠浪浩无际，绿柳红桃皆画图。圣人御极泽万物，先春祈谷勤舞雩。三十六雨应期至，阜财解愠南风俱。南风之薰薰不息，老农击壤歌帝力。

芜蒌亭怀古

太行山色绕平芜，渔阳上谷皆雄图。新室自焚更始醉，萧王不作执金吾。莽政渐除燕地喜，何物卜者称帝子。肉眼未识攀龙鳞，公孙一饭归真主。芜蒌亭南日欲暮，父老犹传将军树。低徊不见抱薪人，惟看野鸟自来去。

寿邑侯崔元公夫子

粤在壬戌春将暮，吏民矫首思叔度。一朝惊道使君来，儿童尽骑竹马去。欢迎夹道陟桓台，亲抚疮痍辟蒿莱。弹丸新邑福星照，风流奚啻召杜才。天心何为忍降割，秋夏之交闻轰雷。几宵滂沱倒银汉，阳侯怒溢黄土堐。兼之萌水与笼河，浪翻涛涌无回波。釜有游鱼灶底蛙，无室无家更无禾。我侯款段巡淮涡，亟陈侠图缓催科。彩凤御来蠲赋诏，调琴制锦释民疴。从此膏雨桑麻润，因之黉宫振木铎。木铎振兮滋桃李，四野桑麻百室喜。昔也无襦今五裤，仿佛中牟表三异。南极一星丙夜明，尽跻公堂称万馔。余忝扶风门下士，请以卮酒为公辞。婆其心兮仁其普，清且涟漪若玉壶。自天佑之何须祝，瞻彼南山松馥馥。

长歌一首答余霖苍

屋楼山下云蒸起，一日变化行千里。飞来天上作甘霖，苍狗白衣何足齿。昔我小草游城阳，承君握手日徬徨。有时检书烧烛短，有时看剑引杯长。有时联骑云门去，云门寺里朝还暮。白头老僧解谈禅，据地一吼君先悟。老僧谓尔为人杰，骏马崚嶒当冰雪。不鸣则已鸣惊人，掣电方看汗流血。君闻此语感而泣，狐兔跳梁山鬼立。狰狞小吏最相轻，何缘啄拾鹦鹉粒。岂知天道陂当复，放尔归耕耕且读。但恨尔我非云龙，不得上下相驰逐。以是送君更忆君，十年消息苦难闻。锦水春风花淡淡，蓟门烟树叶纷纷。何曾不觅置书邮，沉者自沉浮者浮。臣朔虚奉一囊粟，谁能为买山阴舟。忽者足音破苔藓，有人自诧黄非勉。布君尺素致君诗，诗怀潦倒六朝谓蕴籍为潦倒。书缱绻。缱绻情深奈何许，鞭棰欲就宁龃龉。邵武伟人李伯纪，煌煌事业留钟虡。君当努力步前矩，我有四子亦长成。仁义礼智为其名，待汝明年凤池上，与汝斯迈月斯征。

送邑侯王公

我桓作吏闻最良，百年前有赵含章。继之者谁史与马，风清月白共潇洒。泾阳诗名称第一，未免武健纲犹密。只因爱读春陵行，除荒救民民隐悉。众人有母说襄平，十载汪洋农废耕。精卫空尝竭心力，安流总须赖桐城。桐城才气能旁午，施为通似千钧弩。卖剑买牛兼买犊，荷花风送稻花雨。从兹坐啸郎士元，太白逸兴寻田园。何尝苛政猛于虎，但有狐鸣中夜喧。喧声夜夜振原隰，舌在讵能逆耳入。西郭樵人鬻薪归，东湖渔子倚船泣。云收雾散日中天，帝命临轩今大贤。阳鳊多情却惆怅，社鼠绝迹难夤缘。夤缘绝去揽芳芷，要与公门树桃李。自公余事多诗人，目短曹刘七才子。才子为政谁可攀，旷代风流心既闲。花开十丈锦秋水，琴翻一曲渔洋山。

送王符任阳曲

翠微山下秋气生，琉璃河边人送行。山河渺渺碧云远，风雨萧萧班马鸣。马嘶人去几千里，把酒高歌为君起。种花且得向并州，击筑何须傍燕市。与君家世本山东，圣代科名先后同。观政三年子为宰，校书十载余成翁。眼中未见如君好，小山名噪长安道。高怀雅称水曹郎，伟才岂止吾门宝。去去离情对落晖，池塘春草梦依稀。天涯莫遣音书断，汾水年年有雁飞。

送李枚臣任昆陵

我朝德教周八纮，煦妪节族闻韶韺。诸臣内外勤宣布，宸衷鉴别恩尤洪。当年仰止我夫子，冰壶讴颂腾瑶京。凤翥鸿渐感师说，未伸仰答心为怦。君有令德畅贻厥，忠贞世笃孚舆情。自公委蛇鸣谦吉，正直神听终和平。睿简贤良守吴会，瑚琏粹质抒光晶。讵借攻错效他石，第愿莛撞钟声鍧。昆陵雄峙大江渍，阡陌绣缬称富盈。罨画溪流涓涓泚，善卷洞开玉柱明。比闻数岁叠水旱，至尊旰食忧黎氓。伫想龚黄劳抚字，噢咻促把春犁耕。士操柔翰赖嘘拂，礼陶乐淑惟菁英。郡饶老吏习奸黠，溪壑欲满私财倾。罗织无端恣劫掠，呼群逐队势如鲸。敛派积弊须汰涤，愿民不至罹独茕。郡有义举旋废坠，施槥育婴谁复行。祝公督率使再振，千门万户资幪帡。伯仲之间任彦升与孔休文，五风十雨开祥祯。鄙人傫直玉堂署，仰见河汉星芒莹。福曜正入斗宿分，锡山无锡泰阶平。会将超擢列台省，飏言拜手歌载赓。

寿周荪庵

乐莫乐兮新相知，娄江周子天下奇。一石之才得八斗，何刘沈谢供指挥。家世风流众所羡，高堂龙马海鹤姿。秋莼未老橙橘熟，鲈鱼切鲙如银丝。洪厓偓佺尽好友，婆娑花下浮金卮。蓟门相望三千里，白云片片东南驰。却笑山中采芝客，五色盈袖空尔为。

和王慢亭先生出居庸关

曾说居庸险，未涉居庸地。读君居庸诗，如探居庸闭。居庸之关关势雄，翠壁丹崖飞向东。乍看惊涛出塞上，欻来鹏背摩苍穹。奇峰下瞰洋河水，俯看云蒸更波诡。西望尤怜土木城，北狩当年一弹指。游子经秋倍怀古，慷慨还为拔剑舞。诗成月落惊鬼神，关门飒飒风吹雨。

桃园山庄行为御之先生赋

桃园昔传避秦处，鸡犬桑麻绝尘世。渔舟一别竟杳然，令人千载想其际。山庄奇绝烟霞姿，武陵仙迹纷参差。青桐荫砌苔痕绿，老树当窗花满池。雪韵红酣俱骀荡，药栏蕙圃更幽奇。兴来楼上倚晴空，碧霭吹嘘啸天风。不然临阁看山色，万象顷归指顾中。先生雅意爱岩居，不羡终南径有余。我闻桃园情跃跃，何当鼓枻访仙庐。

趵突泉歌

济水伏流几万里，直下王屋一见耳。天地浮沉无时已，银潢脉脉何清泚。人世磥砢势不止，顿令平地波矗起。碎玉琮琤砌作垒，一派澄泓洞见底。激浊扬清者谁子，并州剪刀应相似。平分奇趣知尔尔，世上此泉宁有几？

将进酒

将进酒，发高歌。歌声振金石，我舞婆娑。婆娑舞何为？舞为祖也。寿喜瞻极，润八十秋。而颜孔华，而发孔秀。意曰紫芝，匪祖所右，虽有丹砂，匪祖所漱。我闻在昔，惟仁者寿，松柏之茂，其叶馥馥。孰奏埙与篪，我伯若父，有孙嬉嬉祖兮乐。胥祖曰，咨咨尔子，思令名谢，有凤兮荀，有龙尚冀。与京祖曰，咨咨吾孙，汝勉旃若画，鹄兮无类鹜，健翮摩天，式如金，式如玉。惟祖之度，以引以翼，于我乎。是谷是日也，天且雨。雨儵儵兮白云，长秋水泱泱。取彼琼浆，称我兕觥，万福攸同寿而康。千秋百岁奏云和兮，与日月兮齐光。

行路难

行路难，人情似波澜。执手腔也热，回首盟已寒。今人论交推管氏，当日分金鲍可瞒。我闻毁销骨，不道嗅如兰。无端惊按燕王剑，相呼勿赦毛中瘢。吁嗟乎！行路难。

潘节妇诗

山可移，水可折。日月何皎皎，贞心终不灭。丈夫纲常未足数，闺中射义如强弩，殷勤植后承若敖。竹箭松筠潘氏女，君臣大节夫妇同。蛾眉亦有修髯翁，折腰龋齿徒为容。噫嘻！君不见，剧秦美新五代冯。

秦烈女诗

烈女，饶阳人，秦氏女也。冰雪为姿，松柏成性。以未笄之岁，守不字之贞。何意强暴，近出门中，竟以洁清完名地下。曹令女之誓志割鼻，王凝妻之被牵断臂。今古虽殊，风节靡异。呜呼！狂澜日倒，兰蕙为萧。相看拂须之流，大都呈身之辈，岂如兹女，涅而不缁。第恐事久传讹，无以廉顽起懦，敬作数言，用志不朽。

我爱子卿节，更爱常山舌。丈夫死后余千年，谁人尚有心头血。滹沱之水流汤汤，有女高风并太行。剧怜轻尘栖弱草，成仁取义凌秋霜。君不见陈仲妻，一旦陨崖不陨德。又不见韩玖英，宁可投秽不从贼。自古竹箭皆有筠，何曾毕命有难色。

吁嗟乎！闺中人乃如此。世上多少贪生徒，折腰龋齿称男子。

卷十一

五律

春溜含新碧

河上冰消日，春光染碧浔。于中涵帝泽，此处见天心。薄暮云初起，微风月半阴。冲霄看直上，遍作九州霖。

秋菊有佳色

问讯东篱菊，秋来最擅场。枝枝迎晓露，色色映斜阳。讵与蕙为佩，肯同萸作囊。只应酿春酒，斟酌遍遐荒。

送次辰任犍为

见说华阳路，休歌蜀道难。桐新花作凤，城老锦为官。驿树临江水，人家傍药栏。峨眉山月上，应照玉壶寒。

又

到日寻名胜，草堂乐事偏。藤梢侵竹径，橘刺结茅檐。窗映千秋雪，门通万里船。诗成饶逸兴，为寄薛涛笺。

题小人像

脱帽摊书日，披襟啜茗时。自知静者乐，那避世人嗤。松子风前落，苔花雨后滋。岭云如可赠，抱膝是吾师。

出师

庙略方怀远，熊罴出禁营。腾书诛后至，刻日戒前程。挟纩军心奋，登坛将令明。虏闻应破胆，亟走受降城。

闲居

不须询世径，把酒惟狂歌。庭鲜荆棘影，门无车马过。蹊苔容屐齿，棋局隐山阿。寄傲南窗下，此情竟若何。

与临淄邑侯郝宪文

击毂连帷地，人称召父才。千村迎雨露，万井辟蒿莱。花影随春放，琴声带月开。双凫飞帝阙，寻召试盐梅。

送人之任

分符名胜地，若个似钱塘。雪霁烟霞岭，春深有美堂。人迎慈父雨，家接令公香。他日归青锁，封章满皂囊。

送曦翁出宰堂邑

齐鲁才名旧，东南雨露偏。横经原马帐，飞舄自尧天。聊作乘风啸，好参玉版禅。石帆山下水，应复号廉泉。

送李宁候

此去滇南路，卿云日又多。碧鸡鸣玉案，金马渡榆河。振藻蛮烟息，陈诗瘴雨和。驱车行万里，鼓吹尽弦歌。

挽畅素庵给谏

自失中州彦，谁人尚典型。问年悲夜壑，怀古叹晨星。惨淡焚余草，凄凉志后铭。招魂无处所，吟望雨冥冥。

送张含九之任感恩

闻道琼州路，花梨满绣堤。云逢山近远，月涌海东西。摘叶堪书句，担瓢欲过溪。还应似苏子，载酒访穷黎。

仲游书来招同阿弟诸子读书洄村山庄实相国孙文定公别业

见说平泉墅，翛然绝垢埃。青山当户入，流水过桥来。经国千秋业，著书八斗才。到来想前辈，事业正三槐。

又

志不在温饱，平生慕古人。如何廿余载，鹿鹿走风尘。我友尺书至，呼儿及早春。砚田行欲剃，生意勃津津。

送河间太守代李象先作

瀛海股肱郡，求贤荷圣□[①]。褰帷双阙下，露冕五云中。□[②]扈无阳鱎，安栖有泽鸿。从来叨樾荫，更此仰帡幪。

送王揆一进士任济南学博

老厌承明直，宁贪一字师。济南名士地，偃蹇最相宜。山色朝来爽，湖光雨后奇。吟成怀杜甫，袒洗北亭涯。

怀李象先

忆向青门别，又逢朱夏来。可能忘北阙，只是乐南陔。清暑荷衣扇，承颜竹叶杯。江云空望远，海上乃蓬莱。

---

① 原文此字漫漶不清。

② 原文此字漫漶不清。

由保定抵都晤孙莪山先生

落魄属吾曹，行吟续楚骚。棋枰三月旷，笔阵一生豪。茅店鸡声苦，长安酒价高。翰林官自达，何意识同袍。

又

行路难如此，开筵旧弟兄。我犹怜素宦，君自爱狂生。说剑纵横甚，论文感慨成。不知金马客，别后若为情。

甲申送余霖苍归里

送君从此去，破浪渡长江。击楫歌犹壮，论文气不降。鸡林应有价，江夏本无双。努力乘风客，何劳问睡龙。

赠孙小修

天下无双士，人间第一流。爱君如谢朓[①]，愧我似羊求。对月西堂酒，看花北渚舟。往来殊不厌，一笑失穷愁。

送刘乐三任泰和

匡庐峰下路，此去好弦歌。山谷祠犹在，整庵集未磨。勿为扰狱市，只合缓催科。报政三年最，君王问泰和。

韩侯岭

讵作真王计，谁贪走狗名。臣心原不负，后妒本无情。猛士一朝尽，大风连夜惊。剑山当落日，突兀恨难平。

---

① 底本作“眺”，应作“朓”。后文也有作“眺”，俱改为“朓”。文中尚有多处此类情况，不一一出校。

送人游天台

遥想存神岳，冥搜事远行。平原骑马稳，泽国放舟轻。射的帆如璧，江阴水绕城。金庭倘到眼，认取赤牛横。用孙兴宗赋中意，《天文书》："牛宿六星赤色。"

寿贾千仞兆凤太夫人七秩

甓社湖中月，光辉满十洲。翠华闻驻跸，翟茀唤登舟。礼法三迁古，才名两到优。堂高看戏彩，多祉复何求。

潘节妇

风雨萧萧夜，寒蛩四壁鸣。丸熊情暗澹，截发事峥嵘。皎日心同皎，清霜行更清。采风良史在，应续柏舟名。

五排

西山积雪

西岭千秋雪，天清色更妍。凝华金阙下，绚彩凤池前。皓质凌层嶂，冰心结峻巅。琼林纷烂漫，瑶草何芊绵。鹄立秋云白，鸿飞晓月鲜。讵同堆柳絮，原异堕梅钿。滉漾银河接，氤氲玉笋联。光辉宜远照，万国庆丰年。

玉河冰泮

春风盈上苑，和气作霞蒸。日暖千门柳，晴开二月冰。乍如金镜晓，疑是玉壶澄。响激锵琮珮，流澌裂缦绘。液分仙掌露，派衍凤池凌。鱼跃鳞堪纵，鸿飞羽渐升。花源红片片，云叶碧层层。燕拂天香度，虹连紫雾腾。曙光迎彩仗，夜色焕觚棱。帝泽于中贮，恩波此日增。卷舒非沼沚，清澈辨淄渑。取次为霖雨，年礼纪瑞征。

月傍九霄多

皎月来东海，飞轮入太清。逶迤鳷鹊观，汎滟凤凰城。下瞰千门晓，旁临万象明。长河分泾渭，列宿映纵横。藻掞天孙锦，光涵斗极衡。蓂开朝雾散，晕霁晚烟晴。彩笔花争丽，青藜炷并呈。八荒瞻玉烛，五夜耀金茎。逵白鸿思渐，林疏鹤欲鸣。桂枝何袅袅，蟾魄自盈盈。合璧符皇化，圆辉叶政平。千秋陪日驭，朗照岁功成。

我爱夏日长

三冬原足用，夏日又氤氲。雨霁花光冷，风和草色薰。卷帘斜照入，散轶瓣香焚。选理遵工部，鹅群识右军。从容穷史略，俯仰溯皇坟。流水侵阶碧，鸣蝉隔树闻。庭槐何烂漫，池柳自清芬。夕秀殊金粉，朝华逼縠文。展书浑未倦，即事亦多欣。极目三台上，裔皇尽五云。

润物细无声

旱魃尔何物，忧心劳我君。九重方致祷，八表已同云。霡霂中宵静，廉纤达晓殷。轻轻风作絮，淡淡水成纹。渍麦丛生浪，霑花蕊似醺。自今岁其有，帝泽度无垠。

七律

为有源头活水来

澄怀元气日氤氲，真趣滂然绝垢氛。活泼泼时知道脉，流融融处识天君。烟销碧溜含明月，雪霁晴川度晓云。解道此中无限乐，春风鼓瑟许为群。

鸡鸣紫陌曙光寒

五更仙仗绕明光，曳履趋陪鹓鹭行。乍觉疏钟云外冷，徐看皓月漏中长。鸡人欲歇莺初啭，曙色才分柳半黄。多少儒臣香满袖，诗成歌舞庆垂裳。

秋风生桂枝

凌秋擢秀五云边，耻共春花色斗妍。别有天香风细细，自来蟾影月娟娟。丹心不作罗浮梦，辣性长随鹤发年。应与椒兰称好友，一生调燮圣人前。

菡萏溢金塘

清时佳气五陵多，夹岸红霞尽玉荷。色泛银河迷晓月，光添连烛晃朝珂。田田不碍鲦鱼戏，的的方成子夜歌。渌水芙蓉新俭府，藕船十丈任婆娑。

寿渔洋夫子

琅琊山北铁山西，中有真人应摄提。热客不来三径草，伪诗裁去一丸泥。朝端事业皋夔并，海内文章李杜齐。惭愧庸奴徒仰止，持觥何处得攀跻。

奉和海宁夫子见赠元韵二首

圣朝养士重穷经，瑞映奎躔聚列星。九万云霄新雨露，三千礼乐旧模型。亭亭玉笋从阶碧，点点藜光照夜青。惭愧腐儒何所似，摊书亦到第三厅。

燕许文章压俊英，帝心简在望非轻。直因馆阁储材意，转益门墙立雪情。东箭南金师轨范，春华秋实对休明。恭迎寿考敷主化，云汉为章烛夜檠。

送泽州相国予告归里

太行拔地峻遥岑，酿气成云郁作霖。出岫便为天下福，归岩不负一生心。疏公雅望垂青简，贺监高风烛翰林。书史谁能图胜迹，天章叠叠王恩深。

送许大宗伯予告归里

竟遂初衣解组还，尚书逸兴邈难攀。不贪曳履星辰上，只爱陶情水石间。几片云霞随马首，一声欸乃过江关。到时百尺楼中坐，却望西湖放自[①]鹇。

---

① “自”，据前后文，应作“白”。

送阎泗山旋里

不为莼鲈便欲归，脊令原傍旧林飞。三年老梦生春草，一夕离愁望落晖。入舍正逢秋月满，开樽应对菊花肥。可能忘我思君处，宣武门西白板扉。

送郭宁斯任连江

君子之交淡如水，真成兰味又谁俦。高才未屑逢时技，薄禄犹怀素食羞。不履不衫惊世眼，一琴一鹤邈前修。天光云影江村路，扫断人间万斛愁。

翰林院重修喜赋

氤氲佳气凤城东，阆苑重辉玉树丛。栋里霞飞双阙下，阶前花暖五云中。哦诗应许声冲斗，燃杖还期色映虹。馆阁储材今日事，欢逢寿考原呼嵩。

将出山北上留别荆庵和尚

台角风清意自闲，萧然雨雪满空山。十年宰相经行处，方丈维摩定慧间。今日无心云出岫，他年飞倦鸟知还。拈花待与丰干约，好为应门莫闭关。

喜雨

肤寸云升岱岳东，一朝灵雨遍寰中。晴翻麦陇添新浪，翠绕桑阴点旧业。布谷鸟鸣三殿晓，樱桃花发万年红。即看介寿称觥后，春酒还分醉社翁。

历下亭

历亭亭畔水粼粼，水底山容索笑新。载酒人酬杜工部，看花诗吊李于鳞。水经注就才犹健，谓观察喻公。梁父吟成思入神。杜甫得兼《梁父吟》。不有使君勤梦谢，阿谁酬唱到湖滨。

再入莒州学舍二首

落拓名场二十年，萧萧白发渐盈颠。南人几入平津阁，北客虚乘太乙船。旧种榴花红似火，新生荷叶小如钱。重来鸥鸟曾相识，惭愧襄阳孟浩然。

短啸长吟不计年，华颠今已作冯颠。茫茫世事三杯酒，飒飒秋风半夜船。学剑学书成底事，呼牛呼马许谁怜。屋楼山色浑如昨，杖策登临一慨然。

中秋望月三首

海天爽气彻瀛洲，万里风光接素秋。爱客人如孔北海，矜操雅似徐南州。词源倒涌三江水，笔力真空十二楼。记得坡公诗句好，十千沽酒试相酬。

酬向花前醉覆卮，天风吹下步虚时。十年风雨连床夜，九万云霄破浪期。莫以刻舟求楚剑，可能濡笔润唐螭。好生夺得吴刚斧，折取月中桂一枝。

头角峥嵘气食牛，看君年少破烟楼。家声旧厌苏廷硕，国器新惊李邺侯。取次翻书红雨夜，殷勤染翰碧池头。从今水击三千里，背负青天汗漫游。

送郎公任城都三首

十年垂阴锦秋湖，袖卷清风又渡沪。仡女踏花迎后部，僰僮结袂效前驱。怀人曲折三巴水，吊古峥嵘八阵图。想到前筼山上坐，千秋雪影照虾须。

借寇当年事已违，临觞携手话依依。将因蜀道联师集，公师事渔洋于诗最细。直泝江源过秭归。打箭炉空秋草绿，筹边楼在瘴云稀。时清待献升平颂，屈指仙郎入琐闱。

应向凌云载酒行，遥从天外指双旌。山如螺髻蛮云散，水作金沙瘴雨晴。立马花边严节度，问奇亭畔蜀诸生。谁知垂老相思切，夜梦迢迢过锦城。

送邑侯王公

髫年饱听使君名，才识风流一座倾。月到铁山分霁色，弦临锦水奏新声。诗才自爱霜枫晚，棠叶偏连玉树清。鸾凤枳林原暂下，征书辄拜若为情。

送薛石梅西游义渠

风度如君第一流，相逢草草又秦州。素心自合同王粲，逆旅谁当荐马周。石梅以西游不入秋闱，因有是句。苜蓿葡萄环古塞，鱼龙鸟鼠对新秋。好因羌笛西风里，遇景修成五凤楼。

送黄桐止太守任浔阳

颍川事业久峥嵘，五马传家有令名。案上玺书褒治谱，邮中廉吏识舆情。黄花绿水三江渡，红叶青山入桂城。试看赐车高一丈，沙堤又筑待君行。

送冀雨亭督学江西

滕王阁下夜光浮，六一堂前宿雾收。欲识庐山真面目，来寻白鹿旧风流。江边紫气萦星节，天际飞花傍客舟。侧席如今劳圣主，作人莫自负清修。

送周丹山

送君归去五羊城，愧我重来别恨生。折柳魂销残腊影，放船春兴一江清。功曹主簿窥诗卷，木客山都识姓名。想到高堂称庆后，避人深处唤乡乡。主簿乌名也。

甲申送余霖仓归里

休向王门再曳裾，且从倪老带经锄。世人自好绝交论，我意犹怜晒腹书。三顾凭谁空北冀，一帆送尔渡南徐。君归但学任公子，东海投竿得大鱼。

代外祖上济南吴太守

中朝风度最知名，偶借东南帅百城。砥节从来推伯起，持心今日见文清。劳山北向含甘雨，济水东流绕惠声。衔命他年多旧好，倾心沙路马蹄轻。

寄怀王十二清远

揖别三峰又一年，惭逢初度旷周旋。八月二十二日为清远寿。日长骨瘦每支枕，时予方病卧燕抵。愁泛情多不受禅。秋月仍圆燕市里，寒砧急响旅人前。何当沽酒从君话，烂醉米家书画船。

酬安青士寄讯山居之作

七里滩头千万山，吾庐更在万山间。呼儿移竹才开径，谢客吟诗且闭关。云去月来风细细，鸟啼花落水潺潺。瓦瓶贮得三升酒，待与骚人破醉颜。

上督学黄夫子

谁使狂澜一日回，重瞳亲遣探花来。斗间剑气平分彩，海底珠光静结胎。伯仲声华齐万石，夔龙事业重三槐。蓬莱紫气年年盛，燮理还推宰相材。

送次辰任犍为三首

治郡谁当如次公，玺书新下未央宫。囊琴襆被千峰里，燃烛垂帘五夜中。谷鸟双飞迎晓日，巴瞳踏臂弄春风。从知剑阁题名后，画毂斑斑又向东。

分符漫说六千里，为政须宗十二渠。霖雨既承天上诏，经纶好展腹中书。花时邀客郫筒酒，雨后投竿丙穴鱼。弹指三年应上考，燕台早晚下征车。

雍州南去古梁州，叱驭岩疆亦壮游。汉相功名筹笔驿，唐贤风度荔枝楼。千年坐镇雪山顶，万国朝宗东海头。愿得家声追太保，谓家大司空。麝香邛竹復何求。

为友人寿

肝膈如君第一流，翛然逸兴既丹邱。才名旧说乌衣巷，风度争看鹤氅裘。茶灶笔床红叶里，香炉琴荐碧池头。骚人倚月吟诗处，应有麻姑进酒筹。

送周圣西游蜀

此去休歌蜀道难，相将好友罄交欢。新添乐府传蛮檄，旧种花城号锦官。金雁驿中原醉酒，碧鸡祠畔更濡翰。知君宾主风流甚，欲向江头把钓竿。

寿郭来虞郭时需次寓慈恩寺

探囊莫赠安期叟，握手清言酒一卮。天上银河初渡后，人间丹桂欲开时。行春会作甘棠阴，说法每成白社诗。待使八荒登寿域，共君去访水仙师。

赠王清远二首

石帆不减竹林游，帘卷青山对碧秋。诗思风流如谢朓，天倪潇洒梦庄周。传经有日多锋颖，祖道无缘更挽留。君是玉皇香案吏，程门蚤辨动离愁。

家世乌衣出宦游，皎如玉树在新秋。才名此日凌韩杜，文献从前法孔周。载酒人来凭月旦，看花客过任延留。情知起草明光殿，月照阑干总莫愁。

东郡送别陈孝廉

南城城下款柴扉，把臂连吟兴不违。却恨江淹遂赋别，尤怜楚客送将归。夕阳欲下风声树，明月如来雨溅衣。最是骊歌听不得，陈郎行处草菲菲。

送崔公任冀州三首

贾傅英才重洛阳，来从稷下著循良。十年饮水无兼味，五夜悬鱼有异香。久使愚民依父母，偏于蠹役厉风霜。信都指日褰帷去，截蹬留鞭未可忘。

见说循名达建章，更传凭轼向东阳。道经德水蛟螭静，地到恒山雨露长。囊有赠诗千首富，橐无宝剑百金装。一琴一鹤飘然去，留得生祠博奉尝。

关西夫子才名最，小试烹鲜十二年。卧阁花深春雨后，行车麦秀夕阳前。济南此去琴为友，冀北行看月满天。借问宦囊清似水，冰操留话锦秋船。

送邑侯孙公擢任刺史二首

我爱龙眠风物好，依稀乍梦到龙眠。今朝却送龙眠客，目断行云落日边。一片秋山含暮雨，数重别思入江烟。他年小筑期相傍，得便从君理钓船。

海屋相逢忆去年，称觞介寿共陶然。狂生磊落拟何逊，学士风流似郑虔。茶灶笔床晴雨外，香炉琴荐夕阳前。重来好事浑如昨，惭愧无由送酒钱。

午日京邸偶感

帝里繁华自有余，节逢端午更何如。交游尽在公卿第，问馈应推许史闾。市上菜佣夸服艾，门前儿女佩灵符。旅人今住扬雄宅，问字兼叨酒泛蒲。

寿侍御马幼实先生

重阳节后雨斑斑，姑射仙人驻妙颜。晨起卷帘看白鹤，晚来拄颊对青山。箧中谏猎书犹在，海岸忘机意自闲。却忆三层楼上客，青云与日可重攀。

庚子春日读张圣宣制艺赋呈

借得山中屋数椽，蔷薇盥手读君篇。不烦绳削真三昧，富有波澜隘百川。竹翠鸟鸣春雨后，花飞蝶舞夕阳前。长卿也要凌云去，乞取阿龙指上禅。

答青州张太守

盘空苜蓿忆当年，雪夜谁曾送酒钱。骑马频遭官长骂。莒牧结邻只许老僧怜。荆庵激扬终赖冰壶炯，推解难忘雨露偏。珍重环青台上月，狂奴不拟负陶甄。

代孙淑陶上侍御某

饥走燕山岁月驰，西风萧飒鬓如丝。闲倾白堕春前酒，愁咏襄阳雪后诗。骢马欲来行且止，青山未买去安之。仙霞驿路三千里，叱驭当年绕梦思。

又代上郎中某

踏遍长安十丈尘，臣今未老不如人。弹冠也效贡公喜，曳杖谁容原宪贫。短布单衣才至骭，残杯冷炙自伤神。岁寒剩有归来赋，怅望青天列宿陈。

代上大金吾某

出入苍头夹道呼，先生官是执金吾。存心独爱窗前草，结客偏怜屋上乌。一饭谁能忘旧德，三秋我自识迷途。归来欲倚将军势，风雨重阳恐负租。

九日宴集赠冀雨亭

记与仙郎邂逅时，射书台畔雨如丝。鸣鸠乳燕催尝酒，绿柳红桃待赋诗。自去湖湄搴杜若，每从天半忆峨嵋。重来京洛黄花晚，共醉何妨倒接篱。

赠沈绒三二首

千载怀人滟滪堆，那知交臂日边来。追欢未觉风霜劲，守岁能忘玉漏催。孙楚小修。悲歌声似吼，方干彂文。戏谑势如雷。何休亦自清狂甚，起共巡檐索笑梅。

谁似东阳沉隐侯，诗名书法足千秋。春来携客听黄鸟，雨后呼童狎白鸥。骨瘦我尝求药饵，天寒君自解貂裘。交情余子年年异，总作人间第二流。

送张比部给假归省

张仲人传孝友名，从君绳武振家声。承恩未负蓬池脍，念母常存碧涧羹。几点云霞随雁影，一帆款乃过江城。鸳湖春草年年绿，好傍轻轩载酒行。

送刘继斋任粤西

好是武林江上行，况因黄霸作干城。山从白石蛮云散，水积丹砂瘴雨晴。淮北棠阴犹蔽芾，平南花事正峥嵘。即看起草明光殿，可似从前太瘦生。

代张介眉侍御送门人何鉽任四明

鹗荐当时最妙年，抱琴初试七条弦。盛时特选居民上，吾道凭携到海边。千里云山巴子国，一城烟水越人船，循良会洽朝端望，早晚鸣驺待着鞭。

寄大中丞李峨村先生

枢衡高指五云边，公望公才属大贤。齐国山河雄百二，鲁生礼乐萃三千。峥嵘事业华不注，清白家风趵突泉。闻道沙堤新筑就，重操金镜圣人前。

寄正定太守卢讱庵先生山东单县人，戊辰进士，由礼部郎中外升

一带青山抱郡楼，数行白鹭满汀州。挥弦已足解民愠，把酒还能销客愁。月到讼庭人寂寂，草生官舍鹿呦呦。待将无尽滹沱水，飞洒甘霖遍九州。

送邓蓼伊册封安南

诏通南极恩光远，轫发云中道路赊。万里越裳驯白雉，九重天语润黄麻。龙门夜夜霑新雨，铜柱朝朝绚彩霞。珍重交州风土志，续成雅颂媲皇华。

送李河阳任应城

长白山头云气过，书楼百尺倚嵯峨。携将渌水鸣琴曲。化作阳春白雪歌。圣主临轩求治亟，良工脱颖象贤多。先生为中丞令，子饶有前辈风流。寻看报最彤庭日，骢马重来响玉柯。

榜后感怀上德清夫子二首

残冬风雪向长安，折臂方知道路难。去年入京时，途中坠骑伤手。燕市和歌人渐老，齐门萧瑟剑空弹。君恩才许红绫饼，世事犹嗤苜蓿盘。余补广文未就，人共笑以为痴。不是持衡逢陆贽，途穷依旧误儒冠。

每逢初度宿文场，余生二月初九，困棘闱九次矣。惭说光芒万丈长。相马纷纷

谁伯乐，论文的的属欧阳。尽教嫩柳先春发，自有寒花晚节香。只是昊天恩罔极，蓼莪愁读不成章。

寿牟东山副宪

右军池畔晓云横，诸葛城头夜雨晴。千尺桃花明昼锦，一帘冰月照长庚。才从北阙称天保，又向南山祝大觥。圣主贤臣同入颂，氤氲佳气绕蓬瀛。

饶阳感怀二首

酒颠未许作茶颠，谁识襄阳孟浩然。不分榴花红似火，生憎荷叶老如拳。禅心合是沾泥絮，诗思真成上水船。却忆古桓台上月，双双紫燕照书眠。

酌水亭前夜雨时，天涯兄弟重离思。销愁白堕三杯酒，拨闷青莲五字诗。料理病身尝药遍，揩摩睡眼检书迟。二句用坡老语。何尝稳把明湖钓，醉放扁舟任所之。

再用前韵戏柬

倦客朝朝苦拄颐，阿谁解似郑当时。牢愁不伴中山酒，落拓空为小杜诗。黄盖银瓜君自好，莼羹鲈脍我尤思。狂生剩有归来兴，惭愧逢人说项斯。

丙子仲夏客寓饶阳李年伯官舍喜九轩同门至自鱼邶夜集西轩语及还里书此奉别

街鼓冬冬夜欲阑，西堂烧烛罄交欢。只因榻下留徐稚，却使舟来问戴安。雨后天光云际出，风前花影月中看。劝君且醉今宵酒，一曲骊歌行路难。

送余考功四首

秋风忽起绛纱帷，便拥锋车赐告归。官笔写成平子赋，御香薰着老莱衣。天边雀扇仍回首，海上鸠筇且息机。多少英才待湔袚，知公未忍闭岩扉。

风流谁得比裴王，冰鉴今推吏部郎，彦辅清言如拨雾。元晖高致欲凌霜。鹤厅时啖汤官饼，兰省宵添侍女香。从此诸曹尽南望，幔亭光气自飘扬。

悬水河津百仞余，何期得御李膺车。只缘将种频携剑，却为师门再读书。

讲道三春风入座，谈经五夜雪侵庐。白云时系归心切，久矣先生赋遂初。

公卿祖帐谒皇都，独上扁舟过五湖。篱菊正酣元亮酒，江莼堪煮季鹰鲈。遥看北极心何限，自洗中裙色不渝。身在庭闱功在国，东山珍重旧髭须。

重阳前三日昆圃先生初度

仙骨从来第一流，偶然小草亦丹邶。东山得副苍生望，北海应分王母筹。跻寿无妨餐柏叶，称觞何处典鹴裘。相邀采菊东篱下，待看白衣送酒不。

赠莱阳李明府

使君为政籍香名，掩映冰心海若清。皎月万家分霁色，薰弦千里奏新声。年来共喜棠阴茂，日下犹闻凤翙鸣。谓雨苍。早晚相逢官阁里，待将樽酒话生平。

送崔冀州三首

使君家世应金瓯，千载清标此宦游。辕固里中新政绩，齐桓台上古风流。农民妙得丰年玉，胥吏间如野水鸥。才说莺迁先问讯，几时建节到青州。

抱靴童叟怨将离，琴鹤萧然得去迟。但有绳床还挂壁，自来黄犊更留儿。铁山鸟啭云稠处，锦水花鞶月上时。怪得新民争借寇，草虫犹自动讴思。

载酒相攀出郭扉，几回勒马复牵衣。生来培植如师少，别后交游重我稀。驿路梅花舒望眼，城边柳色绕行旂。春风两地情尤切，翘首遥天数雁飞。

寿某丞

长白山前暮雨晴，范公祠畔晓云横。美人兴在双松树，仙吏诗传五字城。自有奇勋封万户，漫劳国宝济苍生。豳歌一曲风流甚，拍手洪崖载酒行。

赠广文李先生

年少才名擅汉庭，丰裁玉立自亭亭。看花客过翻书帙，问字人来醉醁醽。向日河汾原订史，于今高密更传经。鳣堂见说新迁秩，芳径还余带草青。

刘芳青入泮

自从载酒子云亭，许尔才名播汗青。郢匠运斤工远势，庖丁游刃出新硎。芹香细绕宜男草，花萼平分入梦铃。他日玉堂清夜里，怀人多在第三厅。

范夫人贞节诗丙戌冬日

翠柏苍松迥绝伦，年年劲骨抗秋旻。冰霜饱历丹心苦，甲子重经白发新。膝下彩衣争烂漫，阶前玉树自嶙峋。圣朝早晚褒奇节，紫诰回鸾次第陈。

卷十二

五绝

花灯诗五首

绣球

最讶天孙巧，圆辉映玉盘。分明花似雪，照处不生寒。

莲花

秀出层台上，亭亭不染泥。未须秋露冷，流照满苏堤。

牡丹

瑶圃非凡艳，天香定染衣。凭君午后看，敢共月争辉。

秋葵

信有阳春脚，秋葵亦瓣装，赤心和漏永，留取向朝阳。

芙蓉

绮帐拂霞红，九子相注射。争指锦官城，风光不如夜。

集陶和友人韵十首

清净处

心远地自偏，寂寂无行迹。白云宿檐端，乐与数晨夕。

傲山

悠然见南山，兀傲差若颖。衔觞念幽人，不眠知夕永。

鸥波舫

纵浪大化中，逍遥自闲止。瞻望邈难逮，问君何能尔。

槐砌

坐止高荫下，遥遥望白云。漉我新熟酒，鸣鸟声相闻。

悬居

世路廓悠悠，趋舍邈异境。此中有真意，素月出东岭。

烟雨廊

茅茨已就治，闲雨纷微微。回泽散游目，凉风吹我衣。

松风岩

青松冠岩列，回飔吹我襟。东方有一士，欣然方弹琴。

野香桥

晨去越河关，忽逢桃花林。冷风送余善，遥遥沮溺心。

小奄画溪

叩楖新秋月，落落清瑶流。有客常同止，伯牙与庄周。

漱玉泉

亭亭琅玕照，清风澄余滓。遥想荷蓧翁，素心正如此。

七绝

题王玉斧石桥书舍

芦花枫叶点茅庐，姑射仙人好卜居。日暮石桥红树里，一湾秋水半纶鱼。

题高某小照宁晋

抱膝含饴自弄孙，更无凤字与题门。苔花满院松风起，随意听潮坐绿痕。

东阿道中

稚麦刻刻翠欲齐，四围山色傍人低。花明柳暗前村路，布谷春鸣日正西。

题友人小像

一编常当对息微尘，白石苍松共作邻。何事远峰来眼底，出山人是入山人。

赠汪两三

城上青山落晚霞，一湾流水雁行斜。因君刻画成幽趣，绝胜江南二月花。

忆得

忆得去年访戴日，酒阑逐队兴何豪。而今强作阿中客，那有鸿书破寂寥。

杂咏

肩舆服马公卿地，徒步书生何所为？欲逐红尘紫陌里，只愁污我旧须眉。

余年未冠早已耳云沧先生之名越二十年始相见于饶阳公署数日又将别去以诗见赠因为绝句奉答四首

历落嵚崎数钜公，半生心迹寄枯桐。携来好句流传遍，也复怜才到阿蒙。
拈得涪翁一瓣香，诗名书法两堂堂。只今白雪楼前月，未许沧溟独擅场。
禅宇清风午梦回，同君小住共茶杯。他年古寺添诗话，又说寒山拾得来。与先生同游慈氏寺，禅喜竟日。
负笈过从廿载情，相逢意气各峥嵘。那堪腊月一杯酒，更与匆匆唱渭城。

题西城唱和诗二首

坐对青山得句新，石帆亭北净无尘。苔花满院松风起，君是羲皇以上人。
澹澹白云天半起，萧萧红叶一林飞。输君消受诗中画，况有兰芽映竹扉。

代内哭秉义女作三首

频岁不离阿母手，相亲谁道竟相违。尔魂不识九泉路，一夜月明何处归？
尤怜饥渴凭谁诉，梦里分明向我啼。苦雨凄风来枕上，那堪重听五更鸡。
才使独眠永夜呼，如今还解索娘无。一抔微土娇儿睡，长听牛童唱鹧鸪。

题友人月明林下图

月透疏林雪映眉，闲凭红袖写乌丝。分明香在梅花上，却是山人总未知。

送李仙庵太史归里二首

红尘堆里觅丹梯，槐柳森森梦欲迷。可似故乡风物好，双柑斗酒听黄鹂。
维摩身现宰官身，苍狗浮云总未真。撒手悬崖君自在，休嗟臣老不如人。

函三别去奉怀四绝

一鞭轻出横门道，不恤长安有旧游。膝下彩衣君自好，何年顾我到皇州。
天涯霜雪霁寒宵，梅放茶香更寂寥。侵晓紫藤风送响，疑君高咏浙江潮。
桓台台下郑潢沟，曲曲清波绕舍流。回首金门方一笑，苦风苦雨认瀛洲。
君归我亦欲归耳，归计不成奈我何？凭向湖村渔父道，终须来听打鱼歌。

秋日至寿阳同年李明府下榻留款三阅月冬初言归明府饯余东门外其子若孙送至数十里乃别晚抵平定却寄二首

同年五十有三人，白首相逢情更亲。明到长安还对酒，而今且莫叹沉沦。
重阳雪后海风寒，童稚相看行路难。挥手前途各努力，春花二月好弹冠。

晓渡漳河却寄饶阳署中诸子弟二首

风物萧萧近暮秋，蓼花枫叶满渔舟。寸心凭寄漳河水，好向曲阳村畔流。
一帆风送水潺湲，游子经秋发棹还。抵岸不堪回首望，层层烟树隔重关。

送湘南孙明府之任四首

一曲骊歌魂黯然，悠悠红旆向西川。使君自爱千秋雪，江革凭谁割半毡。
秋风一棹绝纤埃，轻过瞿塘滟滪堆。到见浣花溪上月，少陵消息忆重来。
笔床茶灶未言贫，惯与湖山作主人。移取笼滨疏凿手，房湖景物一时新。
相忆无烦问置邮，大江长是水东流。自然双鲤频频寄，十样蛮笺出益州。

丙戌中元日示家弟及诸男二首

翩翩浊世佳公子，肥马轻裘最少年。何似金台云五色，胪声高唱圣人前。
得失纷纷莫漫疑，文章千古更无奇。眉山有约应须记，熟读深思子自知。

九日登高送王懋公西归

征车早晚傍慈闱，不用登临怨落晖。管取一樽王母酒，菊花插得满头归。

集词名为孙忆斯作三首

摘得新香出队子，画屏秋色雨淋铃。春光好谒金门去，饱看梅园芳草青。
满庭芳草少年游，昼锦堂如桂殿秋。何似苦吟青玉案，空传水调踏歌头。
醉太平时贺圣朝，应天长忆少年豪。碧窗梦觉青门引，更喜迁莺别样娇。

哭鉴平先生十绝句

於陵卧病君归日，历下寻源我去时。两地相思无限恨，那堪重赋断肠诗。
佛山寺里携诗卷，孝水桥头把酒杯。好事于今长已矣，招魂何处待君来。
节近重阳举寿尊，九日为君初度。思君昨日到君门。笔床冷落残书卷，只向西风拭泪痕。
他乡潦倒对金壶，漫有清歌兴已孤。入夜与君相梦处，君曾识得故人无。
百花池畔雨如尘，抱膝窗前别泪新。记得茅斋深雪夜，仝君闲赋卧山人。旧曾赋得雪满山中高士卧。
夜台消息定何如，好友逢谁共卜居。我欲裁诗一问讯，九泉无计达双鱼。
不堪回首死生余，况是无缘挽素车。一榻残灯两行泪，箧中寻得去年书。
遮莫荒鸡下五更，胶胶角角月中鸣。离人此际听不得，十二年来祖别情。
遥怜风雨暗荒邶，恨煞凌云志未酬。几度问天天应否，从今无复过西州。
悲歌一曲渺天涯，月落乌啼两鬓华。北极台高重眺望，李郎今夜宿谁家。

题蒙木集二首

四角生寒七月时，秋风吹雨落金卮。问余何事频相访，爱看西城别墅诗。

辘轳轻雨终须歇，蝴蝶寻花亦漫争。何似东坡老居士，苦藏难没是诗名。

晓李楚珍二首

对酒高歌行路难，把君新句向更阑。分明浊世佳公子，何事才名让建安。

已看翡翠兰苕上，未掣鲸鱼碧海中。二语杜诗。肯向前贤寻好句，如君可是出群雄。

井陉道中

槐花满地雨潇潇，瘦马凌□[①]渡板桥。回首苍岩山上路，朝来疑是在青霄。

井陉关

鸟道雄关气象新，丹崖翠壁自嶙峋。山花山鸟无名数，闲傍青山笑旅人。

寿阳苦寒三首

烈烈西风送晚晴，纤纤凉月堕高城。才知五月披裘好，却是严陵浪得名。

溥溥白露欲为霜，欹枕支寒懒下床。热不因人成底事，却随泛梗听鸣蛩。

辘轳侵晓水溅溅，鸥角鸦鸣旅梦悬。怪得夜来寒透骨，直庐原傍九重天。主人馆余于堂之西偏为行宫，之东露井银床，与南书房风景不异，每当盥毕，负手绕廊，似破晓寓直时也。

由行唐向西安抵寿阳寒甚次昌黎壁间韵四首

秋风未动向长安，才到芹泉驿名透体寒。不信饥能驱我去，冰心原共月光团。

逢人西笑望长安，谁解陶然耐岁寒。一过屠门君始悟，晚香露满菊花团。

---

① 原文此字漫漶不清。

斋心安处便身安，热不因人况岁寒。此去河津薛文清公会几许，只今川月印团团。

雪深一丈卧袁安，何事经霜已畏寒。未肯输他筋骨在，且看坚坐老蒲团。

方山谒李长者祠二首

空林晏坐已神全，天女提壶尽偶然。但使此心无虎在，诸君长者名何必愧通元。

古柏千章绕佛庐，金刚泉名一滴水成渠。就中多少西来意，蛇足华严论未如。

出关再寄寿阳二首

戍楼高处暮云间，鸟倦飞来愁固关。赖是多情李长者，行人轻过万重山。

回首方山与晋祠，寒鸦流水重离思。关心更是佳公子，看我骊驹在路时。

咏史二十五首

畸人爱洗许由耳，高士争牵巢父牛。不是重瞳明四目，光华复旦几春秋。《虞纪》

黄河万里自昆仑，率土难忘四载恩。何物有穷称善射，翻令五子泣中原。《夏纪》

盟津河畔雨潇潇，虎旅三千绕巨桥。太白高悬旗上客，可堪回首望鸣条。

蕲蕲麦秀黍油油，咫尺桥台一望休。纵使牝鸡能再唱，不知消得几多愁。《殷纪》

妲己还从长夜饮，龙漦一笑便倾城。两人相遇拟相妒，恐是前贤畏后生。

侯生亡去又卢生，何处神仙是赤城。自有真人君不见，竹冠贯酒腊嘉平。

前殿阿房倏作灰，五松夜雨长莓苔。童男载过三山去，换得鲍鱼一石来。《秦纪》

学书学剑总无成，枉火秦宫杀子婴。地下若逢吴父老，岂宜重问八千兵。

骏马名骓日向东，绣衣王者果英雄。乌江亭长檥船待，何不归乡咏大风。

一阕悲歌夜未央，大江东望气茫茫。谁知苍梧千载后，舜目重瞳泣数行。

汉军四面皆楚歌，虞兮虞兮奈若何。同是一班亡国恨，行人休吊马嵬坡。《项纪》

击筑歌诗泗水滨，故乡富贵更谁论。须知约法三章者，不是无端叱咤人。

风起云飞游子悲，当年亦是沛中儿。王家老媪今何在，可向刘郎问酒赀。

陵戆陈平智有余，绛侯不识一行书。安剑自是君王策，只有喑姬怨未除。《高帝纪》

扁鹊不医赤帝子，厕中人彘可能啼。那知祓罢归来后，苍犬终当制野鸡。

诸吕亡于箕帚妾，乃翁好相竟何如。早知媪怒为长计，但与田家挽鹿车。

芒砀云生岩石间，斩蛇老子自龙颜。卿家子弟缘何事，少长匆匆欲闭关。《吕后纪》

庚庚兆得大横奇，王者于今不受私。二十四年天下计，百金尚惜露台资。

破斧东山诛管蔡，槛车蜀道杀淮南。早知斗粟无兄弟，西向何劳让者三。

霸陵东望是蓬莱，阙下声传进玉杯。太息洛阳人不用，治安空负少年才。《文帝纪》

汉家圣主推文景，毕竟阳陵德未优。元子后妃俱不惜，独怜王信趋封侯。

丞相安知狱吏尊，将军争似外家亲。七诸侯破亚夫死，社稷臣非少主臣。《景帝纪》

五利仙人希佩印，九重天子慕长生。何如尔我交相易，却恨丹砂炼未成。《武帝纪》

天马西来奉至尊，甘泉童女伺黄昏。汉家制度高三代，还仗公孙并叔孙。

戆臣诽谤罪当诛，圣主包荒贯下愚。终是相公能读律，昌言弼教似唐虞。《乐书》

遣仆

覆雨翻云莫怨渠，从君碌碌待何如。炎凉自古寻常事，杯水可曾容大鱼。

都官诗录以自警

一卷疏芜一百篇，名成未敢便忘荃。何如海日生残夜，一句能令万古传。

礼村阻雨寄笔山同门三首

槐树阴浓午梦闲，笔山深处即箕山。无端更渡滹沱水，风雨萧萧入故关。

旅舍萧条旅思长，愁云苦雨又他乡。何如得树轩中坐，看取雏飞绕凤凰。

朝雨轻尘拟早晴，淋漓到夜已三更。从今识得游人意，更莫匆匆唱渭城。

赋

寒夜读书赋以读书万卷，下笔有神为韵

钦我皇之懋勉，惟体天而行健。启百代之典章，集万邦之黎献。金相玉琢云汉长，此昭回璧合珠连。誉髦从来竞劝念，古训之有获固将。黾勉于三馀，如不学则面墙畴，敢蹉跎于九万。尔乃键户下帏，载事诵读，继晷焚膏，无间寒燠。凭霜飞与冰结，且倾笥而倒簏。缥缃累累，诚不免于蛙窥。签轴煌煌，但期满于鼷腹。当斯时也，炉火微红，窗风如吼，严霜折绵，劲气凝酒。城头觱发，鲸鱼亦畏而迟声，墙隅栗烈，鸡人似怯而缄口。匪桓之□[①]，乃致哂于猬毛。无宋之方，空自惭于皲手。彼映雪者，其谁欲御寒于何有。顾以才本樗栎，幸列簪裾，且滥竽于金马。每寓目于石渠，二典三坟，灿若珠玑之错落；六籍七略，纷如云霞之卷舒。苟于是焉，因循亦奚异。夫簻篨分阴必惜，爰披寻乎四部之目，冱寒未惮用，占异乎五车之书。则见夫《易》有阴阳，《诗》有正变，《尚书》敬天而勤民，《春秋》瘅恶而彰善。欣喜欢爱，至乐以和神人；庄敬和顺，大礼以别贵贱。关闽濂洛，遥望洙泗，而朝宗荀、列、申、韩，总视老庄为会弁。觇得失于九流，较纯疵于万卷。他若史推马班，诗尊鲍谢，各号峥嵘，互称蕴藉，吐白凤而燃青黎，泛溟渤而劈太华，力扛百斛之鼎，字值千金之价。不觉心醉，欲比饮醇。渐入佳境，岂啻食蔗精方，骛于八极，漏巳闻夫三下。然后嘘冰呵砚，含毫舐笔，薄采春华，广拓秋实，沉潜于月窟天心，检点于蜂腰鹤膝，务酌古而准今，期升堂而造室。俄则和气盎盎，生意津津，瓶梅展蕊，庭柳舒新。星回于天，莺将鸣于上林之苑，阳出于地，鱼渐跃于玉河之滨。盖鸿钧既转，遂与物而皆春。是惟圣道之化成，岂独文章之有神。

日华承露掌赋以题为韵

郁建章之嵯峨，美露台之宏敞。抑阊阖之琼浆，有仙人之高掌。倬彼云汉，酿成雪液，千杯映兹，羲和檠出霞标十丈。凭虚御风之致，遂煜爚于人间。餐沆饮瀣之奇，竞陆离于天上。若夫皇州春暖，旭日朝升，剑佩迎花，千官陪列于砖影。旌旗拂柳，万户引首于觚棱，散照林中，惊萍实之累累。凝辉关下，

① 原文此字漫漶不清。

艳阖扇之层层。盖名晕于焉，矫翼宜时藿，莫不倾承。尔乃春和景明，云归雾聚，濯濯金茎，盈盈玉露。菁英可掬，恍如晶盘之珠。纤埃不侵，疑是瑶台之树。晞阳则湛湛足歌，隆照则瀼瀼莫喻。况复蓬莱高迴，鴳鹊耸出。晨曦照曜，居然人在冰壶。亭午徘徊，奚啻玉满琼室。以是碧柳千条，共分辉于仙掌。可知文莺百啭，亦借华于春日。猗欤阳德，普照无涯。烛入纮而焕彩，冠三才以扬葩。进相如以毫挥，难禁合作。授交通于摛藻，尚愧生花。敬簪笔以拜手，赓复旦以光华。

春松赋以修干垂阴乔柯飞颖为韵

矫矫苍松，为国之干。耸百尺以凌云，挺千寻而摩汉。霜寒木落，既不改其菁葱。鸟语花香，独自表其璀璨。尔其为状也，疏叶郁郁，长条森森。旭日东升，掩映扶桑之景。玉轮夕照，遥连丹桂之阴。谷风吹兮天籁，栖鸾鸣兮好音。若夫岱宗南崖，庐山北岭，沐甘液而抽荣，霑霖雨而擢颖。麈尾错落，如游麋鹿之群，铅质峥嵘，恍如金石之矿。当斯时也，夭桃竞艳，秾李争奇，弱柳飘丝而交舞，轻杨拂水而倒垂。翠叶素茎，极一时之烂漫。红葩紫蒂，纷五色之葳蕤。乃有骚人，逸兴偏多，既春华之婉娈，藉春草之婆娑，载酒听黄鹂之弄，踏臂为陌上之歌。寄柔情于嫩叶，发清韵于纤阿。然是，骋姿虽丽，赋质则微，徒夸轻倩，只斗芳菲。每因风而自落，忽与尘而俱飞，惟植节之未劲，遂有负于春晖。曷若兹松结根岧峣，落落出群，亭亭高标，子皆似栗，木果成乔。春日迟迟，翱翔通遐龄之鹤，众木欣欣，俯仰薄径寸之苗。懿春松之丛翠，符君子之嘉修，承雨露之滋润，匪蔓葛之绸缪。视兰芷之犹变而不芳兮，见炼刚之可化而为柔。我自守吾贞，以贯四时兮茂矣，其八千岁为春，八千岁为秋。

赠诗附存①

五言二十韵年眷邵基

宇宙文明启，河山挺异姿。天宽仪凤侯，谷邃长兰时。脉接尼山奥，源承泗水支。文推燕许笔，赋羡马班词。天禄书长展，石渠秘久窥。金声斯作矣，王振以成之。庆洽乾坤奠，欣无覆载私。归朝闲凤阙，入直暖螭墀。獬豸兰台肃，

① 下注“由浙江学政擢任两淮盐使时邵某等各赠诗”。

鲲鲸瀛海滋。珊瑚生铁网，宝玉贡龟兹。士奋趋鹏路，人欣集凤池。菁莪时雨化，桃李惠风施。颖露冰壶朗，阳回黍谷吹。湖波难比洁，海市莫争奇。搏象资双臂，悬鱼凛四知。栽培皆异卉，灌溉尽神芝。云路惊飞隼，泥涂耻伏雌。雷门羞布鼓，雪案感囊锥。京国违清麈，钱江接令仪。春风良满座，饥渴慰追随。

七言律二首 年晚王彝经

岱岳钟灵毓大贤，绣衣冠豸五云边。抡才甫领文章印，裕国旋操转运权。浙水珊瑚无剩美，淮南鸿雁有安眠。试将舟楫盐梅德，指日调羹更济川。

玉立翘瞻大雅身，春温秋肃范群伦。好将邹鲁诗书泽，来洗江淮靡丽尘。鳌奠海山窥镇静，斗旋枢轴见经纶。阜财解愠南风曲，歌遍唐衢蔀屋民。

五言古一首 年侄李元直登州

登山勿回顾，终当陟其颠。力耕勤以久，何忧不逢年。古道尚直方，而今不复然。谓当善斯世，胡为绳墨牵。以兹相慕效，巧宦有薪传。夫子岂不知，雅志在曩贤。甘此冰与蘖，谁能饮狂泉。廿载承明庐，白首穷且坚。臣清畏人知，淑问迥昭宣。天子思骨鲠，荐服侍御筵。总马方振辔，选骏更着鞭。乍返豫章棹，旋放浙江船。清风满瓯越，优诏下九天。非此清见底，孰可委利权。乘轺理鹾政，烦苛一时蠲。臣门虽如市，囊不名一钱。时方明四目，纶阁相招延。薄海望霖雨，姓名上凌烟。乞米忆畴昔，冷署共周旋。十年归子舍，力尽南山田。幽怀劳梦寐，凭风达短笺。极目维扬道，淮水清且涟。

七言古一首 吴兴门人朱敦棣

泰山万仞直矗天，肤寸之云绝奇特。云去云还属太虚，山前山后多栽植。不吐光芒万古青，森森花树殷殷色。共沭山高雨露深，愿托山根与山侧。圣朝文鉴推钜公，东海家风自不同。手持绣斧来浙右，清风峻骨高崆峒。吴下阿蒙绝少伎，角尖蔗尖差可拟。马勃牛溲不弃捐，樗材化作南山杞。敢言季道遇林宗，簸之扬之惭糠粃。自辞霅水向珠岩，玉节东驰远棐几。屈指西来未有期，瞻望无殊于陟屺。岂意恩纶来一旦，广陵潮隔如天汉。暂辞绛帐镇熬波，此信传来惊里闬。单舸迎风长水头，兄弟失依凄以惋。时家孟、成卷同到苏恭送。人生大节惟在三，此道谁能置冰炭。船到城隈询老翁，翁言帆去如飞翰。昨午辞庙别诸生，路去胥江已过半。听翁语罢泪沾衣，何必猿啼肠始断。当今天子急贤良，欲借盐梅靖一方。煮海官山遍地足，感戴君恩深且长。争乃臣心正似水，玉为骨格雪为肠。两淮已借寇公去，两浙士气遂不扬。忆得苕溪骊唱时，士子攀辕酌满卮。仙舟夜住升山下，纪纲传命力相辞。恩同江海无涯底，陶铸勤加我兄弟。柳舒梅绽岁籥更，许令前来拜戟棨。成卷传命，令同敦棣于新正到苏叩谒。盼望新年恨日长，羲和鞭日何迢递？今朝翘首更回肠，天堑长江何弥弥。惟江之北多名山，平山堂上多幽闲。昔日欧阳养士地，千古高风不可攀。我今自恨还自喜，夫子之德同伯起。春风到处是栽培，江北江南尽桃李。惭愧童子有何知？辄愿渡江来纳履。不嫌肘现因掣襟，却恨水流与山峙。伊人宛在溯且洄，每一低徊徒三徙。临风再拜抒悃忱，碧幢望断仁云里。

附[1]

后序

新城《何端简公遗集》，予守济南日，尝允其裔孙孝廉承壮之请，而为之序矣，然未遑卒业也。癸巳秋，之官滇南。将行，承壮奉其缮本，属为订定。发而读之，殆收诸散佚之余，而非出公手订者也。或谓公文门径易窥，示人以平实，殆不欲以文鸣世者，吁！以斯论文，见亦褊矣！夫登千仞之山者，不薄视乎九达之逵；珍径寸之珠者，不吐弃乎太仓之粟。是以素王赞易，不踵姬圣奇词。弟子纪言，坦夷是亲，孟氏七篇，往复便便，辞达而已矣。杨朱、墨翟、管夷吾、晏婴、老聃、韩非、庄周、列御寇之徒，骋俶诡之词，穷高远之辨，入神出天，张皇幽渺，岂不欲上掩浑噩，俯视周孔，言轶咎陶，词穷游夏哉！而顾孑行孤鸣，以方论孟，霄壤迥绝，非词之不足蹈道者鲜也。近世为文，厌常娱新，采猎僻奇，敝轩袒裼，饰巩缀锦，以相晃曜，聱牙刺吻，乏思艰词，诵读乖滞，探索渺茫，爽雕衍谈，迷乱耳目，肉腾骨销，自诧雄骏，訾疵佶闲，以为凡驽，横骛别驱，开径塞冲，瞀乱是非，于是为甚。今取公文读之，清粹和美之音，悠然可听；平正通达之论，昭然可寻；日用饮食之质，确然可守。博通时务，维持风纪，靡事奇特，自闲巨规，盛世之昌言也，正人之笃论也。大雅卓尔，其庶几乎。予今年春途经贵州，公之旧治也，见苗俗丕变，宛同内民，慨想公伟绩，愈念公文不可以无传，乃取而订之。稍为芟汰，得文十卷、诗及附著四卷，都为一集，邮归承壮，付诸剞劂，而传之其人。嗟乎！周人之思召公爱其甘棠，济南于公之文能无爱乎！顾或群言淆杂，罔知折衷，瓜肥瓠实，自炫奇宝，以予表章公文，卒无当于好奇之心，且谓予之阿私所好也，亦非予所遑恤者已。

道光甲午冬十二月，馆后学庐陵王赠芳谨识于滇南鹾署。

---

① 此为编者加。

书后

新城《何端简公诗文集》十二卷，始表章于庐陵王霞九先生。道光庚子，余获观东莱，粗为搜补，其未备嗣。长山李星白、侯官陈叙齐覆加校订，剞劂成书。以余会与校雠之列，而属序于余。夫端简公之人与文，霞九先生前后两序言之详且尽矣，余不能再赞一词，因忆其辨论文内之《尚书古文今文辨》而慨然也！盖《古文尚书》之横被排议，于考证家数百年矣，今借端简公之辨，而特为申之，尝读《史记·儒林列传》，伏生故为秦博士治《尚书》，秦焚书，伏生壁藏之。其后兵大起，流亡。汉定，伏生求其书，亡数十篇，独得二十九篇。述《尚书》存亡者，自此始，考秦焚书在始皇三十四年，自兵起至汉定上下十二三年。书壁藏既久，兵起弛禁亦数年，及汉定求书存者二十九篇，不少一简，亡者数十篇，不遗一简，截然划分无混杂。则书之亡也，似非穿窬之盗，草草窃取也。盖必旧学能读是书者，乘伏生流亡未归，而潜搜以去，至其亡者皆平易，而存者皆难读，或全书数千简不能尽取，择其易读者取之，未可知也。抑或未壁藏之先，早经分别难易以教人，迨破壁以藏，不在一堵。及其亡，亦适亡。其平易一堵之藏，亦未可知也。是虽悬揣之词，然当日亡书事，理不外乎此。是以齐鲁之间，言《尚书》者无异词。及孔安国以伏生二十九篇《今文尚书》，读孔氏五十八篇《古文尚书》，然后一书而有古文今文之别。今文缺而古文全，后世通行之五十八篇，即孔氏古文之原书也。自汉暨唐，读书人信古不疑，亦无异词。宋儒推求精细，《古文尚书》之平易，《今文尚书》之难读，朱子曾以为不可晓，又尝疑孔安国之书序不真，谓格致极轻，似是晋宋间文章，并未以《古文尚书》为伪也。乃自宋至今，博学而精于考证者，于汉初藏书、亡书之由来，不求甚解，而执其考证所见，以《古文尚书》为采缉，补缀之伪书。震于其名者，群焉附和而不敢辨，信古而好辨者，众议非之。而五十八篇《古文尚书》竟欲剖为半真半伪，可乎？不可也。且夫采缉者《尚书》之成语，见于《逸书》者也。《逸书》之成语非伪也，以平易之，《尚书》为伪，而《逸书》不伪之成语，依然平易也。采缉之成语不伪，而以补缀之平易为伪，是欲作伪者，为难读之词补缀于平易之间，将使读者以补缀之伪为真乎？抑何以别采缉之真非伪乎？反复求之，无一可者也。彼精于考证者，又何不用其考证于藏书、亡书之间，以解数百年之疑，而贻侮圣言之咎耶？六经皆圣人之言，与天地无终极。畏者自畏，侮者自侮，顾其人自居何等耳？何辨焉？然而不能不辨者，欲折衷而归于一是也。何端简公之辨，始为人疑亦疑之词，自谓可存而不论，既而曰：圣君贤相之治本诸道，圣君贤相之道本诸心，今文古文之词气，虽或不同，而存心同，行道同，取其所以同者，以立法于天下，垂教于万世，而帝王规模事业具在于此。议论正大，非章句之儒所能及。所谓折衷而归于一是者，其在斯乎？真《古文尚书》之功臣也，故详叙所见，书于文集之后焉。

道光甲辰暮春望日山东登莱青道后学王镇撰。

书后

新城何端简公，山左济南之名臣，实我朝之大名臣也。功勋未竟而薨，文章亦散佚不传。西江王霞九先生守济南时，访公遗集。公裔承壮字礼堂，与兄承泰字保之，以兄弟数十年搜讨抄录者，分订二册以进。先生命抄胥写之。岁在癸巳，先生招瓘及弟琅，同修府志。才五月，而先生升任云南鹾使，濒行时，出公集序一篇，命礼堂送志局，载《艺文志》中，其抄胥所写则装入行箧，携之赴滇。中秋后一日，由鱼台舟次有寄志局书。九月望日，又自邗江寄志局书，谓："何端简公勋业彪炳，而遗集未付剞劂，年代稍远，传抄多讹矣。少暇为之厘定，今未遑也。"又谓："山左风气醇厚，先辈以来，类不以著述炫鬻生平，亦不自收拾人物志中，宜取其著述有关于政治得失、郡国利害与夫可以基化，如重修家训序，皆摘叙入本传中。"谆谆恳恳，不下数十百言。瓘兄弟既未读公集，明年甲午，礼堂捷秋闱，酬应纷繁，而先生厘定之本尚未寄局，不能不悬笔以待。乙未闰六月，秒瓘兄弟事竣，辞局归矣。今岁四月廿日，诸孙言客来，亟出延之。客曰："余新城姓何，名道凝，承家君命，奉上先《端简公集》二册，乞为覆核，并乞为之弁言。"瓘手接之，以年老目昏不能骤读。客去，取而核之，果是霞九先生所厘定者，分文十卷，诗及附著四卷，附加后序，洗还公集面目之真。公本无集，身后百余年，保之兄弟始有所搜辑，尚属荒稿。自今以后，公集乃有定本矣。公本轶群之才，九岁号"神童"，十九岁中康熙甲子科乡举，其后困于礼部试者二十有五年。年四十四岁始成进士，入翰林，又浮沉于翰林院者十有四年。当是时，列圣御宇，褒崇正学，上衍汉唐经传富博之绪，下探宋元性理之微，各有多人并极其盛，亦各出其所学，佐成无前之功烈。三代以后，未有伦比也。公以岁月多宽，力修其业，以雍正二年骤跻高位，明年跻巡抚，十一月擢侍郎，六年署直隶总督，七年正月公薨，勋业无双。齐侍郎召南已详之。今集又成，则在集言集可也。公文之寿世不朽者，《尚书古文今文辨》也，《三礼同异辨》也，《三传得失论》也，《六宗说》也，跋孙月峰《左传》也，跋《史记》《乐书》也，张横渠《仁体事而无不在论》也，书《明月皎夜光诗》也，与夫《江苏征催应行变通疏》也，《江西麻棚寄籍民人疏》也，《古州生苗愿受约束折》也，《奏请清理军田苗户就近归并管辖折》也。而治国由于家齐，则又有家谕也，《重修家训序》也，《不贺寿说》也。又有《策问》一首，责侯生教信陵窃符却秦，陷信陵以无君之罪往复四百六十言。瓘读公集，不暇食息，稽古居今可以观理，和平中正可以养心。公集所载，无一非幽兰崇惠、奇玉特珠。今第举其尤关于义教之大者。霞九先生黜异端、扶正学，于文字则恶隐怪，道中庸，后公百余年而一揆，若合符节集，非公不能作，非先生亦不能厘定也。后序云，以予表章公文，卒无当于好奇之心，且谓予之阿私所好也，非予之所遑恤者已。璀于先生厘定本，亦云。

邹平举人成璀书后。

国史馆列传

何世璂，山东新城人。由举人授莒州学正，康熙四十八年进士，改庶吉士，散馆授检讨。五十九年，充山西乡试副考官，寻授山西道监察御史。雍正元年二月，充江西乡试正考官。七月，提督浙江学政。二年，迁两淮盐运使。三年，擢贵州巡抚。

训谕曰：“尔不可惟务虚名而废实事，不可但求洁已而不奉公，不可以生事为振作，毋偏柔善以盗宽仁之誉，毋事姑息以邀属员之感，毋徇友朋之情，毋受权要之托。尔之操守，素为朕知。再，武备不宜懈弛。南蛮虽蠢，然亦人也，若实意抚恤令其知感，营伍整肃令其知威，可保无事。恩威不可偏用，鉴别属员不可尽以科甲为人才，而他途为小人。凡事虚衷秉公，勿蓄成见，平心以待，何事不得其理也。”时广顺州建营等处建营房，狆苗以妨已出入堵石阻梗，前署巡抚石礼哈、提督马会伯商之，总督鄂尔泰进兵勦除。世璂疏言：“狆苗固凶肆，亦有弱强良顽，不可骤行进勦，恐大兵所到玉石难分。臣仰体皇上好生之德，札嘱提臣严饬将弁，毋恃勇躁，进先宣布皇上德威，令归诚就抚，倘怙恶不悛，即与督提二臣相机行事。得旨，鄂尔泰非寻常督抚可比，其才既优、心复公诚，类斯等事，当听其指挥，不可另立己见，掣肘以失机宜，嗣官兵攻破谷隆、长寨、者贡、羊成等处，擒首恶阿革、阿捣及从充川贩等。”谕曰：“狆苗扰害，石礼哈署巡抚时即奏称应勦，何世璂则奏称应抚，言武员好大喜功，贪图议叙。且狆苗药箭铦利，地势险阻，不易成事。曾下旨令其招抚，并不能有所招抚。何世璂从前见事不明，性又懦弱，未必能审完此案。著交鄂尔泰讯究定议，并安插抚恤。”上以世璂书迂，未能振作，欲易他人抚黔，谕鄂尔泰据实奏闻。鄂尔泰奏:“世璂虽拘谨，然于官方民事，实心实力，勤瘁干办，而知人解事，亦出扬名。时上仍请留黔，俾臣得同心协力，依次料理。五年二月，疏言镇宁州属康佐司土官薛世乾，以罪革职，子幼不能承袭，请将地方归镇宁州管辖，下部议行。闰三月，疏请开羊角、柞子、白蜡三矿厂，及白果树小河一盐井。又言黔、粤以红江为界，南属粤之西隆州，北属黔之普安州，而粤有十余寨，插入江北，粤侬勾引潜匿，劫争多事，欲杜争端，莫若先正疆界，划江而理，沿江设汛，以杜粤侬往来，则引匿焚掳之患可息。惟谬冲之花衣，本属楚省靖州辖，逼近五开，负固出没行劫，今既归黔省，无论其村寨是楚是黔，臣等谨遵擒拿盗贼，无分此疆彼界之谕旨，随咨督提二臣，俱会楚省，督抚臣擒剿，然后委勘定界，以专职守。”上嘉纳之。是年，贵东道李日更劾世璂：“隐匿民难，宴宾误政；接见秀才讲书课文，以大吏而行教官之事；滥准词讼，沿街收控，以宪臣而行有司之事；又护庇属员，详揭亏空仓粮者多不参处。”上恐其中有别情，下其奏于鄂尔泰，令据实核覆，并调日更来京询问，会世璂别奏三事。上谓其巧诈，并调世璂来京，欲令与日更对质，而鄂尔泰言日更所奏皆虚，且多矛盾。实因去年奉旨保举人才，日更求世璂保举，不允，蓄怨诬劾。六年二月，谕曰：“何世璂所奏三事甚属巧诈，如乌蒙等凶苗悉行剿抚，黎平接壤之谬冲等苗陆续就擒，实鄂尔泰之功。今世璂攘为己功，且陈述其调度之策、善后之方，大言不惭，莫此为甚。又如贵州官庄学租米谷，名为散给贫寒，实为巡抚司道衙门供应。石礼哈奏，将来变价以充各官养廉，欲与众官公用此米谷也，盖不但沽名而且并收其利矣。又世璂奏通省收成丰足，与李日更所奏悬殊，日更所奏或过甚，然岂全无影响。世璂粉饰陈奏，隐匿显然，俟世璂到京，大学士九卿将此询问，令其明白回奏。”世璂至京，上览奏，以世璂、日更二人所奏，琐屑不必质对，并谕曰：“何世璂谨慎老成，但过于柔善，不宜巡抚之任。”著留京以侍郎补，寻补刑部额外侍郎，改户部右侍郎。四月，调吏部右侍郎。五月，命署直隶总督。七年卒，遗疏奏恳封赠祖父。得旨：“何世璂老成谨慎、端方廉洁，署理直隶总督以来，实心供职，应得恤典，该部照例议奏外，著加礼部尚书衔，并于司库内赏给银一千两，为伊归榇之费。所请祖父封典，著照特加礼部尚书衔给与。寻赐祭葬如例谥‘端简’。”

皇清诰授资政大夫吏部右侍郎署直隶总督事务特赠礼部尚书谥端简新城铁山何公墓志铭

雍正七年正月辛未，署理直隶总督事务，吏部右侍郎，新城何公卒于保定官署。天子闻之震悼，特加礼部尚书衔，并赐白金千两为归榇资，又命柩发之日，省城官吏齐集奠送，所过地方文武官员亲往奠醊，并遣人护送。其山东经过州县亦着地方官照看，到家日准其柩榇入城治丧。又以公遗本请封祖父，特允，如其所请。公遭逢圣主，蒙被恩荣，于斯极矣，其生平志行事，业皆足仪型当世，垂示后来。为为人臣、为人子者劝。如古人所称三不朽者，无疑也。二月丙申，柩发保定，其诸孤哭，命使者以状来求为志石之词。勷也，旧辱公兄事，知公实深，其何得辞。按状，公姓何氏，讳世璂，字澹庵，一字坦园，号铁山。先世枣强人，其迁新城。自讳古用公始，历传至讳国鼎，字中含。以文行重于里党，尝有睦族之约，著为家训，以族之老成忠信者为长，仿周礼，党师族，正法以行赏罚，族以大和里中言家法者宗焉。中含公，生子二人，其仲讳毓光，字仲弢，则公考也，与兄观光齐名，称二何。公生有异质，五岁入塾，所授书无弗若旧熟者。六岁居母李太夫人丧，哀毁如成人。丧中，父督之，不使废诵。其明年，遂能于制艺。邑名宿王宛西赠之有“七岁尔能文，应号甘露顶”之句。家贫，少藏书，时时借之亲党，一过目辄能举其辞，兼晓大义，即还之。以是，书无不读。年十六，补博士弟子第一，明年试高等，食饩于庠。康熙甲子，公年十有九，遂以第四人魁礼经闱，义流布盛，为一时名辈所推，计偕入都，卿佐中有时望者，咸愿得公出其门，公未之屑也。独以诗谒乡前辈渔洋先生，一披卷，大异之，谓良有别才，乃尽授以所得诗法。然公以是久困礼闱，乃处之泊如，虽屡空，不以系怀也。尝读书青州之云门寺，与诗僧荆庵时时倡和，及别归，留一章云：“台角风清意自闲，萧然雨雪满空山。十年宰相经行处，方丈维摩定慧间。今日无心云出岫，他时飞倦鸟知还。拈毫待与丰干约，好为应门莫闭关。”其胸襟潇洒可概见矣。岁辛巳，授莒州学正。州山城荒僻，士不知学。公至，设为教规，先品行而后文艺，宽导其向学，而严饬其不率者，士习为之一新，论者谓胡安定之，为人师不是过也。乙酉丁父忧，附身附棺，诚信无悔，泣血三年，居宿外舍，远近悦服，称何孝子。既除服，携子弟辈读书山中，一以明理躬行为程，若将终身焉者。己丑登第，主司李文贞公深器之，谓与其同乡高第蔡闻之世远，皆不愧理学醇儒。先是戊子秋，部补公曹县教谕，以会闱期近，未之上也。及其改庶吉士，睢州前辈汤孟升寄之截句云："山左何郎骨格清，髫年文字重新城。那知两度寒氊后，又向蓬瀛逐队行。"公恬淡不事夤缘，于是诗为有征也。是年，请假祭告祖父，以勉寻旧学，坚保初心，不欺天地鬼神，不欺君亲僚友，恭敬桑梓，哀恤茕独，无敢旷瘝，惟当尽瘁为祝，其立志卓然如此。壬辰，授官检讨。乙未十二月，丁继母王太安人忧，竭力尽礼，哀动观者，一如前丧，孝子之声由是益著。庚子，奉命主山西乡试，时称得士。事竣归廷，论交推寻分属庶常教习事。皇上御极之元年正月，特旨改山西道监察御史，协理山东道事。公以职司言路兼有积销之责，时时署押，乃为箴自敬曰："注意于清明之天，措心于广平之地。毋涉倾侧，毋近险陂，毋敢颓唐，毋似嬉戏参前倚衡，须臾弗离"云云。寻密疏言事，上深嘉之，遂命为江西主考官，得人如山右时榜首周学健、榜末裘思录尤有盛名，世谓"前茅后劲"。及行，地方官以举人坊金五千余为舟车用，公坚不受，曰："此朝廷德意，所以体恤士子而作其忠勤，岂可为私囊负国家耶！"因属主者尽给诸举子，无少扣者。复命之日，特差视学浙江。既抵任，风清弊绝，向之有学能文者，咸获知遇。又时诲以正学循循善诱，士论翕然，选拔入成均者，皆一时名隽。至武童之试，尤精心校阅，所录入者，射法策论咸中程度。于学租则悉以所收散赈，毫无染指。浙人以为廉敏清和，前此未有也。甲辰七月，奉特旨："著浙江学院何世璂，于八月内来至两淮办理所交事务。"公闻命，即日渡江，生童挽缆攀留者以万计，所司以上命晓之，乃退。既至淮，寻奉旨补授运使。公与巡盐御史噶[①]尔泰悉心筹措，前此蠹弊为之顿清，国储无亏，商民之众无不被泽。尝于公署题联云"淮海风流扬州诗，兴众皆悦之姑舍。"是江都道谊文正事功，吾未能也，愿学焉。时今大司马云贵广西总制鄂公为江苏布政使，以公事来淮，指是联语公曰："君于浙、于扬政绩昭昭，在人耳目，实无愧斯言也。"雍正三年十一月，奉旨："贵州巡抚员缺，着两淮运使何世璂补授。"寻又奉旨："着速赴贵州巡抚任，不必来京陛见，亦不必俟张坦麟，到日交代。"公既拜命，即买舟而南。明年四月，受事以苗疆重地，深惧弗谙，因折请圣训，得朱批，指示周详曲尽，仍令效法总督鄂尔泰之居心。鄂公名儒重臣，素知公，乃以地方事宜条分缕析致公，以仰承圣意，公敬受而笃行之。于时长寨、乌蒙、镇雄、泗城、谬冲诸蛮，夙称负固者，以次讨平。盖以主兵者鄂公智勇兼足，动合机宜，而公悉心供亿，以资饱腾用，能克日成功，公功殊足述也。公又致书制府言："天子圣神，文武万方，率俾苗蛮虽蠢，虑无不诚服向化者，但服饰未同，耳目不一，虽格心者众，或末由自伸诚，使剃发编籍，一依内地，量给银牌衣物，示之鼓励，则生苗即

① "噶"，据前后文，应作"鄂"。

为驯民，可以自此久安无事。”鄂公深然之。于是移知提镇，各饬所司殚心通行。不一年，苗寨来归者不下万余人。又黎平、都匀、镇远间有里外八万古州，土沃人稠，物产尤盛。制府鄂公谓乘谬冲既靖，群苗方震时，可令贤能官轻骑驰入，相其形势，冀得窾要。公力赞其谋，因委黎平太守今黔抚张公广泗偕游击冶大雄，协图之，并书商鄂公，言：“古州一开，则附近九股生苗，及诸种苗人可次第就抚，东通湖南，南通广西，商旅无滞，百货流通，实黔省至计非他事可比。”鄂公益以为然。适所属监司有不得于公者，屡章言公，上知公有素欲，益以章公贤而大用公。既命言者入质，仍特旨召公，公至具疏自明。上察其公正而言者，所摭琐屑不足质，乃罢言者。授公刑部额外侍郎，未几，调户部右侍郎，寻又擢吏部右侍郎，仍办理刑部事。公克敬由狱，夙夜惟勤，数蒙温奖为“读书明理人”。会直隶总督员缺，遂特命公往摄其事。公恋阙情挚，恳辞不得，因恭奏：“臣有一分心力，则尽一分；有十分心力，则尽十分。至心力所不能勉尽，惟皇上圣明洞鉴。”又数蒙召见，训以畿辅要务，谆切周详，复恩赐频仍。公感泣跪奏：“臣昔在黔，蒙赐御书福字，跪领之下，伏念诗称：‘靖共尔位，好是正直。神之听之，介尔景福。’可知臣子迓福有道，必时时不忘靖共，念念期于正直，然后可受皇上宠锡之福，而无愧敬作一箴用。”自儆惕曰：“上毋负我君恩，下毋欺我本心。前毋忝我祖父，后毋累我子孙。俯仰之间有天地，梦寐之中有鬼神。先民有言‘其严乎’。是故君子戒，慎乎其所不睹，恐惧乎其所不闻。”奏毕，皇上大悦，谕：“录出进呈，随陛辞之任，所与俱者，掌书记、幕友二人，从者六七人，官署萧然，如当年司教时。”又以协理刘公在任日久，精勤谙练，请同署办事，以符古人和衷之义。自是通怀商确，百务咸理，时时钦承训旨，务以察吏者安民。不数月间，刑清政简吏畏，民怀时则帝德洋溢，时和年丰。公近逢景运，宣达德意，虽公余退食，不自暇逸，而从容举职，亦自庆不世之遭也。戊申除夕，手书二联曰：“无害人之心，无穿窬之心。”知皆扩而充之矣，方不愧居仁由义，获乎上有道，信乎友有道，非义袭而取之也。愿勿忘明善诚身，无为其所不为，无欲其所不欲，行有不慊则馁矣。己欲立而立人，己欲达而达人。非曰能之，愿学焉。盖公于诚意正心之学，有所得于中，而精神志气实足，配道义而塞天地者。不谓公之遽以疾终也。先是上念公精勤自力，虑以过劳致疾，于正月十八日面谕顺广大巡察御史索琳、邵基，戒公无用心太过，及二使宣旨，则公已先一日逝矣。呜呼！明良相得千古为难，公恭遇圣君恩若父子，然至于如此。方当盐梅舟楫，使勋名烂如，照耀古今，而未竟厥用。惜哉！公生以康熙丙午二月庚申，至是得年六十有四。配徐氏，长山县学诸生讳明纪女，诰封一品夫人。子男子四人，体仁，雍正丙午副榜贡生，娶同邑伊氏；秉义，雍正甲辰恩科举人，娶长山李氏；崇礼，县学生，娶复州卫黄氏；蕴智，业儒，娶宛平朱氏。女子二人，一适齐东张思谦，一适益都张虞修；凡子女婿适皆名族也。孙男子五人，女子八人，曾孙女一人。今以雍正七年十二月初二日葬于孝水之南，惟公忠孝廉洁出自天性，言立德建，粹然大儒洵应于铭法，无愧辞者。铭曰："风流名士，理学醇儒，经济能臣。有一于兹，已云有立，卓然传人。惟公兼之，于此三者，其立则均。文章尔雅，问学深邃，事业嶙峋。遭逢盛时，立身行道，扬名显亲。吾顺吾宁，臣忠实竭，子孝亦伸。白山嵯峨，云湖潋滟，佳此新原。帝锡之宅，于万斯年，既固且安。来者其述，信而有征，视诸铭言。"

赐同进士出身朝议大夫通政使司右参议加一级，今致仕，德州同馆弟孙勷撰。

墓表

惟我皇上御极以来，丕厘庶物，光绍前谟，其于内外臣工，简厥修能，别其猷守，严饬官箴，用昭劝戒，一时公卿大夫无不争相濯磨，励精自效，名臣踵兴。而吾友铁山何公，尤矫然特起，卓立群伦，以诚笃无欺为本，以清正和平为用，忠孝得之，往[1]情经济，原于学问。故其敬上恤下，爱民好士，通商裕国，兴文布武，辑边绥彝之道，莫不行之有条，施之有渐，循分尽职，称物咸宜，不希名而名自至，不冀勋而勋自高。是以上沭[2]主知，下孚舆望，生荣死哀，中外胥服。呜呼！此古所称君子人也，予心识之久矣。雍正癸卯，予司藩江苏，公视学两浙，吴山越水，击柝相闻，而光风时雨，讴吟之声，早已传来邻境。明年，上嘉其操，调理两淮鹾政，道经阊关，过从倾倒。扣其胸中，殊有本源，躬行实践，耻踏浮华，求之儒臣，殆不多得。明年，予奉命总制滇黔，而公亦特简黔抚，时予以清理苗疆，岁往巡黔，如长寨、泗城、乌蒙、镇雄、谬冲、归化、古州、八万、清江、九股之属。与公手口擘画，凡予言无不惬公意，而公亦时为予慷慨指陈，罔所瞻顾。盖其志同道合，故意相得，心相欢也。既别，则邮筒往还，不绝于道，而只字片纸交从，一腔血诚中流出，每有一事而论至数千言一函，而书至数十纸者，共此忠君爱国之忱，不厌精详而按之，无一闲剩句也。

洎公奉召入都，三历卿署总制直隶，忽以考终卒于保定，返葬新城。圣心悲悼，恩恤频加，保和殿大学士张公撰神道碑文，文华殿大学士蒋公志其墓，而公之诸孤复相语曰："知我先大夫，无有如少保西林夫子者，虽远在万里，必得一言，以表我先大夫其不朽。"遂寓书呼号，并述行状以请，予哭而受之。其时，边务倥偬，又以闻音哀咽，未能一辞以报也。及辛亥冬，予荷恩命入觐，公之叔子崇礼复亲来都门，匍匐以请。而予仰承圣眷，朝夕侍顾问，寅入戌出，归第时漏声率已频下，惟就宗祠，与诸同父连床聚话，不一二时复起趋朝。欲一省先墓，且靡及矧暇以笔墨相酬答乎，独公之墓表不忍更缓，乃刻烛拭泪以成之。

公讳世璂，姓何氏，字澹庵，一字坦园，号铁山，学者称铁山先生。先世

---

① "往"，据前后文，应作"性"。

② "沭"，据前后文，应作"沐"。

直隶枣强人，远祖讳古用，迁济南新城，十传至祖讳国鼎，文行重乡党。生二子，长讳观光，次即公父，讳毓光，皆名诸生，称二何。祖父俱以公贵，并赠礼部尚书，祖妣孙、妣李、继妣王，皆赠夫人。公生五岁，日诵数千言；六岁母卒，哀毁如成人；七岁工制艺，乡先辈王宛西见而奇之，赠以诗曰："七岁尔能文，应号甘露顶。"遂有神童之目。家贫少书，每至邻塾，取经、史、子、集以次借观，过目辄不忘。出试童子，冠一军，旋食饩。甲子，年十九，以第四人魁礼经。辛巳，授莒州学正，严条规训以正学，士皆有仪法当事，咸闻而叹曰："胡安定教湖州，许鲁斋掌文学，不是过也。"父赠公，春秋高，迎养于官，赠公卒，返柩居庐，三年不内服除。举康熙已丑进士，安溪李文贞公得公卷，谓有儒者气象，榜发，公往谒，每以理学属之。选庶吉士时，继母王太夫人亦春秋高，旋请假省母，为文告祖父有四不欺之语，详家乘谓："不欺天地、不欺鬼神、不欺君亲、不欺僚友也。"辛卯，迎母京邸。壬辰，授检讨，充《大清一统志》纂修官，覃恩加一级，追赠父母如官，封继母王太夫人。既而，母思东归，请随侍母，不许。乙未，以讣闻，哀毁诚敬如丧，赠公时服阕，充山西副考官。癸卯，上之。雍正元年，擢山西道监察御史，协理山东道事，以职司言路，铭以自警，曰："正而心诚而意，注意于清明之天，措心于广大之地，毋涉倾侧，毋近险陂，参前倚衡，须臾弗离。"是年，覃恩加赠父母如官。充江西正考官，前后得人称极盛，例以孝廉，坊金为赆，公峻辞以拒。复命之日，天颜大悦，叹曰："如何世璂，公明兼至矣。"即日，授浙江学政，厘积弊、杜苞苴、正文体、端士习、崇实学、黜虚名，恤孤寒、拔明经、奖诱士类，孜孜不倦，一以诚意正心为鹄的。试未竣，迁连使榷盐两淮，勾稽上计，公私大便，而家不名一钱。旋擢贵州，巡抚敦趋。适予以平苗，军兴旁午，得公毕筹画，转输资给用，能有成功。黔故入滇门户，旧止羊肠一线，纵则千有余里，横止数里，多不过数十里。官道之旁，四望岭外，尽苗窟，盘踞于川粤楚黔之中，据其腹心以扰边界，摽掠劫杀无虚日，为民患甚剧。今皆归中土，设流官、输租赋、入版图，拓地千里数倍于前者，公赞襄之力居多。六年二月，公入应召，示以谤书一匣，且曰："朕知卿无以也"。授刑部额外侍郎寻晋户部右侍郎，转吏部仍管刑部事。每奏献，上目送之曰："何世璂信读书明理人。"召署直隶总督事，以老病辞，不许。入对称旨，上嘉悦。时盛暑，汗流被体，中使解衣，赐赍甚厚。公感泣，力疾赴任，属吏望风振肃，公虚心延访地方利弊，推诚置腹，谆复开导，恪遵谕旨，以察吏弭盗，为安民要务，事无巨细，必躬必亲。自旦至昏，日不遑暇，精气以耗。明年春，上遣御史往谕："何世璂，夙著勤劳，今年已高，恐用心太过，宜节养精神，以规远大，毋亲细事。前请陛见，以地关紧要，朕故未许来也。"既至，公已先一日卒，是公之一诚感动上彻九重，早知其精神匮竭不能久留矣。

上阅协督刘公奏，知公病剧，遣太医驰往调治。遗疏寻入，恸悼弥日。诏曰："何世璂老成持重，端方廉洁，实心供职，畿辅重地，正资料理，忽闻溘逝，朕心深为悯恻。"遣官致祭，赠礼部尚书，给帑千金为归榇资。上亲谥曰："端简公。"丧还，命所过地方文武官员，亲往奠醊，并遣人护送入城治丧，给与全葬，敕建丰碑。其遗疏所请祖、父封典，各加赠礼部尚书。呜呼！上之所以知公者，周于隐微心腑之中，而所以酬公者，及于先世祖考之列，岂独一身之爵，秩与身后之赉予，光于道途耀于闾里，以为泉壤之荣已哉。而公之所以事主者，终始一诚，之死匪懈，卒以显其亲，所谓忠臣孝子者，可不谓兼之与。公博学多才，既工宋儒诸书，复长于诗歌，多淳古淡宕之音。同郡渔洋王公论诗主神韵，每乐与公语，参风雅、核源流，尝题其诗后，谓妙出天然，盖相契尤深。当其屡困公车，安贫力学，啸歌自如，湘南孙令叹曰："此固穷君子也。"及其身膺显仕，澹泊之风依然，儒素往住见之，吟咏如箴如铭，益可知其涵养深厚云。公生于康熙五年二月初九日申时，卒于雍正七年正月二十六日午时，年六十有四。元配徐氏，长山生员明纪女，诰封一品夫人。子四人：体仁，丙午科副榜贡生，奉特旨补授浙江诸暨县知县，调任于潜奉化黄岩，娶伊氏，同邑岁贡生作楫女。秉义，甲辰科举人，娶李氏，长山原任青浦县知县玢女。崇礼，候选州同，娶黄氏，复州卫原任莒州学正骥女；继娶王氏，同邑原任刑部尚书士祯男启涑男候选七品京官兆鄭女。蕴智，监生，娶朱氏，涿州两淮盐运使司一凤女。女二人：一适齐东廪生张思谦；一适博山张虞修。孙八人：淑洙，县学增广生，娶焦氏，章邱监生汝士女。淑溥，娶张氏，齐东廪生思廉女。俱体仁出。淑津，娶王氏，惠民现任江南大通道云铭女，秉义出；淑潞，监生，娶刘氏，临朐原任雷州府知府正远女。崇礼出。淑淮，聘张氏博山监生虞宽女，蕴智出。淑汉，聘王氏，同邑监生兆鄂女，秉义出。淑济，聘赵氏，长山廪生兴祖女，蕴智出。淑渭，未聘，崇礼出。孙女五人：一适景州甲午科举人李基塙，一适齐东生员张为己，一适海丰王信圭，一未字，俱体仁出。一未字，蕴智出。曾孙男三人：桐，聘张氏，淄川现任临朐教谕作哲女，淑溥出。芬，未聘，淑津出。松，未聘，淑洙出。曾孙女五人：淑洙出者三，俱未字。淑溥出者一，字齐东生员张为己之子可荐。淑潞出者一，未字。予以表公之墓，公夫人子女孙曾得书，以卜其后之炽昌，益以信公之德泽必久而弥光云。

诰授光禄大夫太保一等伯保和殿大学士兼兵部尚书前总督云贵广西等处都察院右都御史年家眷同学弟鄂尔泰，再顿首撰。

皇清诰授资政大夫吏部右侍郎署直隶总督事加赠礼部尚书何端简公神道碑铭

雍正七年正月辛未，资政大夫吏部右侍郎署直隶总督事何公，终于官。天子闻之，轸悼遣官致祭，诏礼臣，议恤典，加赠礼部尚书，赐帑千金。上亲定谥曰："端简"。丧还，命所过郡县、有司奠醊公，于是可谓极哀荣之盛典矣！案状：公讳世璂，字澹庵，一字坦园，铁山其号也。生有异禀，人目为神童。七岁工制艺，里中宿老深叹异之。家贫，不能得书，每于邻塾携经史归，过目辄成诵。为文顷刻千言，学使拔冠军，旋食廪饩，甲子魁，乡荐，数上公车，不第。安贫力学，虽裋褐不完，藜藿自给，而读书精舍，萧然自得。常慕范文正公先忧后乐之言，以经济为务，盖其器识过人远矣！辛巳，授莒州学正。莒故山僻地，士鲜知学。公至，则严立学规训，以明经砥行，士皆循循雅饬，虽安定之教苏湖无多让焉。己丑，成进士，安溪李文贞公主试，得公卷，谓有儒者气象。撤棘后，知公素养，每以理学称之。选庶吉士，授检讨，充《大清一统志》纂修官。恭遇圣祖仁皇帝万寿覃恩，得晋一阶，赠封考妣。旋丁继母忧，服阕，起原官。庚子，典山西试，士论翕服。皇上御极元年正月，特旨授山西道监察御史，上疏奏事称旨，赐赍有加。二月，命典江西试，所取亦极一时之选。前此，主试辄以士子坊金为赆馈，公曰："朝廷经制，所以奖励士子，岂可以私废。"公拒不受。复命，当上意，有"至公至明"之谕，即日命视学浙江。公既清节素著，夤缘请托一不得行，弊窦剔除务尽，而又不以苛刻，为明其整饬士习也。每与诸生讲论诚意毋欺之学，终日不倦，闻者感动。学租悉以散给贫诸生，不毫发染指。公明廉干，浙人心悦服之。试未竣，有诏命至淮上。去之日，士子挽舟泣留，几不能行。寻授两淮盐运使。盐政蠹坏久矣，而公自矢清勤，惟以恤商裕课为务，积弊顿清。地方养廉取给日用而已，节省赢余留充公用。是岁，海潮泛溢，宸衷轸念灾黎，发帑金三万分赈，公承宣为最力云。三年十一月，擢贵州巡抚。时滇黔总制鄂公以忠勤干济为庙堂倚重，方极意绥辑民苗，以仰副圣天子一视同仁之意。公与协心一力，于地方利弊详悉经画，长寨、乌蒙、镇雄、泗城、谬冲诸苗次第剿抚。羽檄交驰，公筹运粮饷，士饱马腾，克日奏绩。又为化诲生苗之法，令剃发、衣服如制，赏银帽以示鼓励，一岁中，所化苗寨不下万余人。盖圣世承平日久，声教远敷地方，大吏能宣布朝廷德意，以是卉服椎髻之氓，向风慕义，愿为内属者，所在多有。而公之尽心经理，相度形势，为严疆久远计，尤极周详曲至，未尝一日不尽厥心也。六年二月，被召入都，天子知公恪谨纯白，有古大臣风范，于是眷公益厚，即擢刑部侍郎，改户部，复改吏部。一岁屡迁，优奖特至。未几，直隶总督缺出，天子念畿辅重地，惟公清正可任，遂以命公。公年虽六十余，而刻苦劳勚早衰，多疾病，陈情不许。下车之后，与协理侍郎刘公和衷共济，延访境内事，详悉无遗，恪遵训旨，以察吏弭盗为安民要务，实心殚力，一一清厘，属吏望风震肃。己酉正月，巡察御史至，传旨谕以“用心勿太过”。盖圣主深知公事必躬亲，巨细不遗，虑其年高，精力不胜，而公竟以是尽瘁。比御史以正月壬申至，公已先一日终矣。呜呼！公起家寒素，位至封疆大吏，一以诚恪洁清自励，苞苴请谒之事，绝不得干。其于国政民隐，夙夜访求，熟思审处，一破因循苟且之陋习。以是上结主知，下孚物望，卓然为一代正直之臣，公盖可以无遗憾矣！

公至性纯笃，龆龀失恃，事继母得欢心。丁赠公忧，哀毁骨立，远近称为孝子。念祖父母未邀封典，每言及，辄流涕，遗疏上请，终蒙恩赠，岂非移孝作忠者欤！公于诗学，独能抒写性情，以淳古淡宕标举宗旨，同邑王尚书深爱重焉。其后仕宦留题，如箴铭体，多可述而志者。公生于康熙五年二月初九日，卒于雍正七年正月二十六日，享年六十有四。先世枣强人，远祖讳古用，始著籍济南之新城；曾祖讳坤；祖讳国鼎，生二子，长讳观光，次讳毓光，公父也。祖父皆赠如公官，祖妣孙氏、妣李氏、继妣王氏皆赠夫人。元配徐氏，诰封夫人。子四：体仁，丙午副榜，特授浙江诸暨县知县；秉义，甲辰举人，崇礼，县学生；蕴智。女子二，一适齐东廪生张思谦，一适益都张虞修。孙七人：淑洙，县学增生，淑溥，淑津，淑潞，淑江，淑淮，淑汉。孙女四人：一适甲午举人李基塙，一适生员张为己，一适王信圭，一未字。曾孙女一人。体仁等卜以十二月初二日，葬公于孝水之南原，请余文其隧道之碑。因叙述梗概而系之以铭。铭曰：儒术之尊，岂惟身荣。一德一心，为帝股肱。朝仰令仪，野怀善政。典重酬庸，易名锡命。矫矫何公，和而不同。宁澹为志，清节是崇。视学筦盐，风清弊绝。绥抚边疆，威行信结。受诏来京，一岁三迁。屡决大议，其言炳然。天子知公，更委重寄。奕奕黄图，郇膏远被。非公之贤，何以劝忠。尽瘁事国，恩礼始终。获上治民，惟诚斯格。翼翼小心，天威咫尺。人亦有言，清慎与勤。勤施清节，惟慎乃成。绩著旗常，星归箕尾。棠树留阴，载歌乐只。泰山峨峨，泗水汤汤。佳城葱郁，丰碑煜煌。昭兹来许，子孙勿替。恩厚宠荣，以克永世。

赐进士出身光禄大夫经筵日讲官起居注少保兼太子太保保和殿大学士兼管吏部户部尚书事仍管翰林院掌院学士事加二级年家眷弟张廷玉，顿首拜撰。

传

公讳世瑾，字澹庵，一字坦园，铁山其号也。新城人，七岁即工制艺，家贫，每借读邻塾经史，过目辄成诵，称为神童。康熙甲子乡试，冠其同经，数上公车不第。安贫力学，常慕范文正公先忧后乐之言，慨然以经济为己任。同里王尚书以诗名海内，见公深爱重焉。授莒州学正，立学规训，士以通经砥行，莒人始知向学。己丑，成进士，改庶吉士，座主李文贞公以理学目之，授翰林检讨。庚子，典山西乡试，士论翕服。雍正元年，特授山西道监察御史。上疏称旨，赐赉有加。命典江西乡试，所取极一时之选。前此，主司例以士子坊银为贶，公却之曰："朝廷所以奖励士子，可以因私废公耶？"复命，世宗有"至公至明"之谕，即命视浙江学政。公清节素著，浙人闻即相庆曰："天赐清官也。"公至，廉明仁厚，屏绝夤缘请托，与诸生讲论诚意不欺之学，终日不倦，蔼如经师。选拔明经，取实学不徇虚名，学租悉散赡贫生，人皆感悦。试未竣，召命至淮上。去之日，士子挽舟泣留，几不能行。后杭州十学生员公呈，请入名宦。寻授两淮盐运使，盐政蠹坏日久，公自矢清勤，以恤商惠民为务，数十年积弊厘剔顿清，所得养廉取给日用而已，余节以充公用。会海潮泛溢，世宗发帑金三万，以赈灾黎，公承宣最力。三年冬，超擢副都御使巡抚贵州。时西林鄂相国总督滇黔，大著威声，方剿定长寨、乌蒙、镇雄、泗城、谬冲诸巢，公筹饷有方，军需充赡，群情慑服。公与鄂相国谋，又为化导生苗之法，令剃发、衣服如制，赏以银牌，岁中向化者踵至，以是卉服椎髻之氓，愿为内属者，所在多有。又有黎平、都匀、镇远间古州八万一寨，南通广西，东通湖南，土沃人繁，物产亦多。公谋诸鄂相国，此寨一开，附近九股黑苗可以次第剿抚，实为黔省久安长计。旋令黎平知府张广泗抵其穴，相度形势，得其窾要，经画甫就。雍正五年十一月，召入都，世宗知公老成谨慎，端方廉洁，有古大臣风，擢刑部侍郎，改户吏部。一岁屡迁，优奖特至。直隶总督缺，命公署任，公以衰病辞，不许。上索生平得意文章。因奏："昔在黔蒙，赐御书福字，进子孙而教之曰：'抑知受福之有道乎？'诗曰：'嗟尔君子，无恒安息。靖共尔位，好是正直。神之听之，介尔景福。三复此言，可以知福矣！'为臣者，时时不忘靖恭，念念不忘正直。毋夤缘，毋粉饰，毋党同，毋伐异，毋因循，毋姑息。不侮鳏寡，不畏强御。励蹇蹇匪躬之节，持燕燕居息之诫。夫然神听和平，天鉴在兹。箴曰：'上毋负我君恩，下毋欺我本心。前毋忝我祖父，后毋累我子孙。'先民有言'其严乎’。是故君子戒，慎乎其所不睹，恐惧乎其所不闻。”天心大悦，命录出进呈。至保定，下车与协理侍郎，和衷区画，昼夜恪勤，延访境内利弊，大小必悉，属吏望风震肃，而公已积劳病矣。己酉岁正月，世宗以公年老，虑用心大过，遣御史传谕。未至，一日而卒。世宗闻轸悼，遣官致祭，赠礼部尚书，并给祖父封典，赐帑千金，诏丧所过郡县、有司祭奠，赐谥“端简”。公至性纯笃，事继母得欢心，居父忧哀毁骨。立自为诸生，至封疆大吏，一以恪诚自矢，立身待人，始终不苟。士无贤不肖，言及公，皆服其和而介，为不可及云。凡宦署留题，如箴铭、题跋，一字一句，后皆奉为格言至论。入直隶江南浙江名宦，祀乡贤。

乾隆壬戌孟夏望日翰林院检讨受业齐召南拜撰。

新城后志传

何公世瑾，字澹庵，一字坦园，号铁山。先世直隶枣强人，远祖古用迁新城，十传至国鼎，文行重乡党，生观光、毓光，皆诸生有名，称二何。毓光元配李氏，生世瑾，五岁，日诵千言，七岁，工制艺，乡先辈奇之，赠以诗，有神童之目。家贫少书，于邻塾借观，过目即不忘。试童子，冠一军，旋食饩。康熙甲子，年十九，以第四人魁礼经。辛巳，授莒州学正，训士以正学，皆有仪法。丁父艰，居庐三年，不入内。服除，举康熙己丑进士，安溪李文贞光地得其卷，谓为儒者之文，以理学目之。选庶吉士，请假省继母，祭告祖父文，有四不欺之语谓："不欺天地，不欺鬼神，不欺君亲，不欺僚友也。"壬辰，授检讨，充《一统志》纂修官。乙未，丁继母艰，服阕起原职。庚子，充山西副考官。癸卯，雍正改元，先是世宗在潜邸，素知其人。是年正月，擢山西道监察御史，协理山东道事，因职司言路，复铭以自警，上疏奏事皆蒙可。秋，充江西正考官，得人称极盛，临行却绝士子坊金为赆馈陋例。既至，上大悦，叹为公明兼至，即日授浙江学政，厘剔积弊，杜苞苴，正文体，端士习，崇实学，而黜虚名，甄拔明经，恤及孤寒，奖诱多士，孜孜不倦，一以诚意正心为本。试未竣，迁两淮盐运使，勾稽上计，公私大便，而家不名一钱。旋擢贵州巡抚黔省，故入滇门户，旧止羊肠一线，纵千有余里，横止数里，或数十里。官道旁，四望岭外尽皆苗窟，盘踞川粤楚黔之中，据腹心以扰边界，摽掠劫杀无虚日，甚为民患。时西林相国鄂公尔泰总制滇黔，受庙谟绥辑苗疆，世瑾与协力一心，详悉经画长寨、乌蒙、镇雄、泗城、谬冲诸苗，负固不驯者次第剿抚。又为化诲生苗，法令一切改妆如制，赏银米、衣帽以奖励之。一岁中，所化苗寨不下万余人。时黎平、都匀、镇远间有里外八万古州，土沃人稠，未被声化，乃乘谬冲。既靖，群苗震慑，差游击冶大雄、知府张广泗及副将李金科轻骑迅往，相形势，得其要领，札致鄂公，言古州一开附近，九股生苗及杂种苗可以次剿抚，东通湖南，南通广西，商旅不致阻扰，实黔省大计。鄂公首肯，正在料理，忽被召入都。既至，世宗示以谤书，世瑾无所辨[①]。上曰："朕知卿无以也，可荐贤自代。"谢不能知人，不许，移时，曰："黔有人可巡抚，嫌资格相悬。"上曰："任官惟贤，何拘资格。"遂奏："皇上如此用人，则黎平府知府张广泗可。"上悦，

① "辨"，据前后文，应作"辩"。

即擢广泗贵州巡抚，而授世瑾刑部侍郎寻晋户部右侍郎，转吏部仍管刑部。事每奏谳，上目送之，曰："何世瑾信读书明理人"。畿辅阙人，诏署直隶总督事，以老病辞，不许。入对，时盛暑，汗流被体，中使解衣，赐赍甚厚。力疾赴任，属吏望风震肃。虚心延访利弊，推诚开导属员，以察吏弥盗为安民要务。事无巨细必躬亲，自旦至昏不遑暇，教遂大行。明年春，上遣御史往谕："世瑾夙著勤劳，今年已高，恐用心太过，宜节养精神，以规远大，勿亲细事。前请陛见，以地关紧要，故未许来。"旋阅协督奏疏，知其病剧，遣太医驰往调治已不及，以雍正七年正月二十六日，卒于保定官署，年六十四岁。上闻，恸悼弥日，诏曰："何世瑾老成持重，端方廉洁，实心供职，畿辅重地，正资料理。忽闻溘逝，朕心深为悯恻。"遣官致祭，赠礼部尚书，给千金归葬。亲定谥曰："端简。"丧还，命所过地方文武官亲往奠醊，并遣人护送治丧，给予全葬，建丰碑，祖、父加赠礼部尚书。世瑾少有大节，龆龀失恃，事父及继母笃孝。未第时安贫力学，虽藜藿自给，而读书精舍，萧然自得。尝读《范文正公传》至"先忧后乐"之言，慨然慕其为人。起家寒素，位至封疆，表里洞达，不欺所学，一以诚恪洁清自励，苞苴请谒之事毫不得干，于国政民隐夙夜访求，熟思审处，一破因循苟且之习，故能上结主知，下孚舆望，卓然为一代名臣。盖自康熙末年，官于事多佚缓。世宗宪皇帝御极，丕厘庶务，于内外臣工，简修能以别其猷守，严防官箴，一时公卿大夫无不琢磨励精自效。时海内有四总督之称，而世瑾与鄂公尔泰同德同心，相得尤深，于主眷亦为至隆。奏疏多焚草不传，存只数篇。诗得渔洋山人口授，淳古淡泊，或时如箴铭、文集凡若干卷，藏于家。卒后，入直隶江南浙江名宦祠、本籍乡贤祠。配徐氏，长山文学明纪女，封一品夫人。子四人：体仁，丙午科副榜，以父荫，特授浙江诸暨县知县，历任于潜、奉化、黄岩三县；秉义，甲辰科举人；崇礼，候选州同知；蕴智，监生。

同邑后学张象津撰。

跋

岁庚寅，新城何华堂暨弟聚仁，手其先人《端简公集》，至冠乞毅校正。盖皆华堂尊人镜湖夫子、聚仁尊人保之，暨其季父建初、礼堂诸丈搜罗而得者。毅谆谆谢不敏。越数年，登莱观察王中峰，兖沂观察今湖北廉访陈叙斋两先生，依云南转运、前济南太守王霞九先生编定本重加勘正，出资首倡。今济南太守祝诒庭、胶州刺史张振之、历城明府吴宾岑三先生遂各分俸付劂，而长山前广东惠潮嘉观察李星白先生董其成。华堂、聚仁以感激之深也，又于甲辰夏五来毅斋中，求为详其始末，俾何氏子孙世世不敢忘。毅惟端简公志业勋名具详国史及诸传志中，即其文若诗，亦无不追踪古人。第以累叶清贫，末由授梓，使非诸先生高谊雅怀，则是集将终缄败簏中。古今有用之言以无传而卒，归漫灭者可胜道耶？乃华堂、聚仁复不弃僻陋之儒，跋涉六百里者，至再丐一言以志之。毅固乐得挂名简末以附不朽。文八卷、诗四卷，凡十二卷外，国史列传、墓志、墓表、神道碑铭、年谱附刻于后。华堂名肇勋，聚仁名道凝，端简公来孙也。

甲辰五月七日　冠县后学赵汝毅敬跋

何端简公年谱

黟县俞正燮理初编次

康熙五年丙午二月初九日申时，公生于山东济南府新城县陈何庄，讳世瑾，字澹庵，又字坦园，号铁山。先世本姓陈，始祖讳古用，字淳一，明洪武初由直隶枣强迁居新城，好善乐施，孜孜如不及，人称尚义公。七传至九思，抚于舅氏，始从何姓。九思生永寿，永寿生坤。坤生国鼎，字中含，邑增广生，文行重乡党，是为公王父，配孙氏，是为公王母。国鼎生毓光，字仲弢，别字鲁斋，邑廪膳生，是为公父，元配李氏，同邑前壬午举人、两浙运副讳鸿雷女，是为公母。两世俱以公贵，祖考、考诰赠光禄大夫、礼部尚书，祖妣、妣赠一品夫人。

康熙六年丁未，公二岁。

康熙七年戊申，公三岁。

康熙八年己酉，公四岁。

康熙九年庚戌，公五岁。始就外傅，日诵数千言。

康熙十年辛亥，公六岁。十二月二十五日，公母李太夫人卒。哀毁如成人。

康熙十一年壬子，公七岁。五月葬母李太夫人于孝水南原。赠公再娶王氏，同邑庠生讳鼐女，抚公如己出。时公雅善制义，邑宿儒王士骎字宛西，见而奇之，曰："此国器也。"贻以诗曰："七岁尔能文，应号甘露顶。千古裴敬懿，一时无差等。"自是有圣童之誉。

康熙十二年癸丑，公八岁。

康熙十三年甲寅，公九岁。

康熙十四年乙卯，公十岁。

康熙十五年丙辰，公十一岁。

康熙十六年丁巳，公十二岁。

康熙十七年戊午，公十三岁。

康熙十八年己未，公十四岁。

康熙十九年庚申，公十五岁。

康熙二十年辛酉，公十六岁。应督学桑公试，冠其军。娶夫人徐氏，长山庠生明纪公女，丁未年十二月十六日亥时生。幼多疾，遇异人曰："八座夫人相也，何虑乎？"言已不见。年十五于归公，入门，娴妇职，事祖舅暨舅姑俱能先意承志，得两世欢心。

康熙二十一年壬戌，公十七岁。岁试，食饩。督学唐公批其卷，曰："诸作一望平芜，独此大有生新之致。"

康熙二十二年癸亥，公十八岁。

康熙二十三年甲子[①]，公十九岁。二月初六日申时，长男体仁生。八月，中本省乡试周世求榜，以第四人魁礼经。闱墨出，江南汪武曹、何屺瞻，德州孙子未，博山赵秋谷诸先生咸击节叹赏，目为真才子。正考官翰林院编修曹鉴伦蓼怀，浙江嘉善人，康熙己未进士，官至吏部右侍郎。副考官户部云南司主事李孔嘉董园，直隶景州人，顺治甲辰进士，官至礼部精善司郎中。房考禹城县知县孙克恭，己酉科举人，陕西镇番人。公读书刻苦，焚膏继晷，寒暑不辍。徐夫人佐以纺纴，听咿唔之声，通解大意，曰："夫子所学者，经术耳。岂沾沾于《兔园册》乎？"

康熙二十四年乙丑，公二十岁。会试，不第。

康熙二十五年丙寅，公二十一岁。十月十二日巳时，王父中含公卒。公随父营丧葬，动皆如礼。

康熙二十六年丁卯，公二十二岁。

康熙二十七年戊辰，公二十三岁。

康熙二十八年己巳，公二十四岁。

康熙二十九年庚午，公二十五岁。

康熙三十年辛未，公二十六岁。会试，不第。

康熙三十一年壬申，公二十七岁。

康熙三十二年癸酉，公二十八岁。四月二十五日午时，次男秉义生。

康熙三十三年甲戌，公二十九岁。会试，不第。卷出北平编修黄公叔琳房，曰："古大家也。"力荐不售，为之扼腕，后诵其文于孙峨山先生，峨山先生曰："此吾友何澹庵笔意。"公于暗中得之，可谓具眼矣。

康熙三十四年乙亥，公三十岁。五月初四日亥时，三男崇礼生。

康熙三十五年丙子，公三十一岁。

康熙三十六年丁丑，公三十二岁。

康熙三十七年戊寅，公三十三岁。九月，长女生。

康熙三十八年己卯，公三十四岁。是年为体仁娶妇，同邑贡生伊公作楫女。

康熙三十九年庚辰，公三十五岁。会试，不第。

康熙四十年辛巳，公三十六岁。选莒州学正。严条规，训以正学，士皆有仪法。当时咸闻而叹曰："胡安定教湖州，许鲁斋掌太学，不是过也。"西林鄂

---

① 原文此处为"康熙二十四年"，但联系上下文可知，应为"二十三年"之误。

公时从其兄查赈于莒，游浮来即景赋诗，有诸生在旁。鄂公言能和我否？诸生答曰："公诗如孔鼎汤盘，若吾州广文何先生或可奉酬耳。"是秋，公以安车迓两亲奉养学署，徐夫人侍焉。

康熙四十一年壬午，公三十七岁。二月，次女生。七月，长孙女生，体仁出。是年体仁入学。

康熙四十二年癸未，公三十八岁。会试，不第。公既数困公车，安贫力学，常慕范文正公"先忧后乐"之言，慨然以经济为己任。湘南孙明府叹曰："固穷，君子也。"赠公暨继母王太夫人旋里，徐夫人侍归。不以公宦莒而留也。

康熙四十三年甲申，公三十九岁。九月，次孙女生，体仁出。

康熙四十四年乙酉，公四十岁。闰四月初九日，赠公捐馆。时公官于莒，徐夫人在家，身后事一切无憾。公徒跣奔来，尽哀尽礼，是冬竭力营葬。四方叹为纯孝。同邑王大司寇讳士禛，字贻上，海内称阮亭先生，公为执贽高弟。至是具书币请为志铭。司寇夙稔赠公品学，欣然执笔志曰："君何氏，讳毓光，字仲弢，别字鲁斋。吾邑多著姓，而家法首称何氏。何之先，枣强人也。有古用者，始著籍新城，数传至永寿。永寿生坤，坤生国鼎，字中含，与弟国桢皆以文行重于乡党。君，中含先生次子也。少与兄观光齐名，号二何。南游武林，武林老宿皆折节下之。归而以文受知，邑令马君孔怀、学使者杨君毓兰咸期以国士，既数踏省门。不遇。而君有子世璂，幼有圣童之目，以甲子冠其经。人谓君积学力行，坎壈诸生间，不于其身，而于其子。造物者岂无意乎？而君志迄不衰，键户佔毕，不改儒素。丙子乡试，临朐令张君曾裕，浙西名士也。得君文，击赏，荐解额，因一字之误见摈于主司，张君至为扼腕流涕。于是，距甲子十余年矣，而君志终不衰，然终亦不遇也。岂其命也欤？先是，何族姓繁，中含先生兄弟有忧之，于是有睦族之约著为家训，择族之老成忠信者为之长，挞罚庆赏，仿《周礼》《族师》《党正》之法，少长服教，卒为仁里。君兄弟实左右之。县大夫闻而叹曰：'尽如何氏，邑可卧而治也。'至今，言家法者宗焉。君事亲、从兄，终其身内外无间言。抚孤侄世琳，尤有恩给可书。元配李氏，两浙运副鸿雷女，生于贵介，而荆布提汲，有桓少君之风。事父母君舅君姑尽孝，姑孙母叶皆病，往来两母间，视食尝药，不敢言瘁，以劳致疾，先其母数日卒，宗族称孝。君卒于康熙乙酉闰四月初九日，得年五十有九，李夫人卒于康熙辛亥十二月二十五日，得年二十有五，继配王氏，子男子三人：世璂，甲子科举人，署莒州学正；世瓒，庠生；世璿，业儒。子女子二人：适张庆丰、焦汝舟。李夫人以壬子五月既葬孝水南原祖茔之次，而隧道之石尚缺，至是奉君之柩而合葬焉。墓向乾亥之间，实乙酉十二月二十日也。后四载而世璂登己丑进士第，入翰林为儒臣。铭曰：'老骥伏枥，志在千里。志士暮年，壮心不已。无嗟不遇，匪乔伊梓。汜乡之后，将复其始。’”赐进士出身经筵讲官刑部尚书同邑王士禛撰。

乾隆壬戌，公门下士齐次风召南作传。传曰:“赠公讳毓光，字仲弢，新城人，少警敏，工文，与兄观光号二何。南游武林，诸名宿儒皆折节下之。为邑诸生，至老积学，力行不倦。其卒也，同里王尚书志其墓。初，何氏世居新城，公父中含先生因族姓日繁，有忧之，仿《周礼》《族师》《党正》，择家长为睦族之约，请于邑令，得以家法赏罚而劝励之。赠公立事例四十余条相晓譬，族人共以为便。何氏遂称仁里，远近则之。邑令闻，叹曰：‘尽如何氏，邑可卧而治也。’赠公性和粹，终身未尝有厉色疾言，尝自书‘忍唾居士’。读《元史》，慕许衡之为人，又自号鲁斋。以子世璂贵，累赠礼部尚书，乡人以为学行之报云。”翰林院检讨、门下晚生齐召南拜撰。

十一月，三孙女生。体仁出。

康熙四十五年丙戌，公四十一岁。

康熙四十六年丁亥，公四十二岁。时公读礼家居，携弟世瓒及子体仁等读书淄川涸村山中。公同年翟仲游先生豫年，志相得，实邀公相与讲学焉。

康熙四十七年戊子，公四十三岁。五月二十四日卯时，长孙淑洙生，体仁出。九月，为弟世瓒完婚。

康熙四十八年己丑，公四十四岁。会试中式一百七十一名，殿试第三甲六十四名，授庶吉士。大总裁安溪大学士李文贞公光地，庚戌进士。副总裁韩城刑部尚书张廷枢，壬戌进士。房考德清户部主事吴卜熊，庚辰进士。是冬假旋省亲，誓墓文有“不欺天地，不欺鬼神，不欺君亲，不欺僚友”之语。初字澹庵，至是更字坦园，号铁山，学者称铁山先生。

康熙四十九年庚寅，公四十五岁。家居定省。假满，不忍别。宿迁同年徐用锡擅长先生寓书于公，言“安溪夫子阅兄文，定为理学，每谓吾道东矣。今吾兄宁亲归里，为日已久，望即还都。吾师专待，以授经学”。至冬北上，还庶常馆。时海宁陈文公元龙为掌院学士，阅公馆课诸作，叹曰：“真通经学古之士。”四月，秉义以五经入郡学，崇礼入县学。

十二月二十三日□[①]时，四男蕴智生。

康熙五十年辛卯，公四十六岁。二月，公迎养王太夫人于京邸。公自六岁李太夫人见背，抚育教诲，克至成立，王太夫人心力毕瘁。至是，清俸所入，悉供甘旨。凡得承欢膝下者，靡不曲尽。每念赠公不及逮时，切隐痛焉。

康熙五十一年壬辰，公四十七岁。四月散馆，授检讨，充《大清一统志》纂修官。六月，为秉义娶妇，长山清浦县知县李公琸女。

---

① 原文此处为空缺。

康熙五十二年癸巳，公四十八岁。三月十八日，恭逢圣祖仁皇帝六十万寿。覃恩授公儒林郎，翰林院检讨，加一级，敕赠公父如其官，母李氏赠安人，继母王氏封安人，配徐氏封安人。

奉天承运，皇帝制曰："宣猷服采，中朝抒报最之忱；锡类推恩，休命示酬庸之典。尔何毓光，乃翰林院检讨加一级何世璂之父，令德践修，义方夙著。诗书启后，用彰式谷之风；弓冶传家，克作教忠之则。兹以覃恩赠尔为儒林郎翰林院检讨加一级，锡之敕命。於戏！笃生杞梓之材，功归庭训；丕焕丝纶之色，荣播天章。"

制曰："壶教凝祥，懋嘉猷于朝宁；国常布惠，扬休命于庭闱。尔翰林院检讨加一级何世璂之母李氏，勤慎宜家，贤明训后。相夫以顺，含内美于珩璜；鞠子有成，树良材于桢干。兹以覃恩赠尔为安人。於戏！昭兹令善之声，荣施勿替；食尔劬劳之报，遗范长垂。"

制曰："鞠育恩深，母道无殊先后；劬劳念切，子心并重瞻依。尔翰林院检讨加一级何世璂之继母王氏，毓自茂族，嫔于德门。婉嫕为仪，克继承筐之美；贤明示训，尤章式谷之风。兹以覃恩封尔为安人。於戏！传雅咏于鸤鸠，均平著范；慰私情于乌鸟，休泽永膺。"

制曰："丹地储材，妙简金闺之彦；木天奉职，夙推玉署之英。尔翰林院检讨加一级何世璂，学通载籍，品著圭璋。珥笔西清，曾预窥乎四库；分藜东观，雅擅誉夫三长。兹以覃恩授尔阶儒林郎，锡之敕命。於戏！掞藻称论思之选，疏荣及清切之班。渥泽宜承，素修加励。初任翰林院庶吉士，次任今职。"

制曰："丕绩奏于中朝，端赖闲家之助；宠命颁乎庆典，宜分齐体之荣。尔翰林院检讨加一级何世璂之妻徐氏，早习女仪，克修妇职。鸡鸣交儆，既砥节于素丝；蚕绩执劳，用邀恩于紫綍。兹以覃恩封尔为安人。於戏！巾袿彰和顺之风，鸾书诞贲；廷陛焕褒嘉之命，象服茂膺。"

六月，为崇礼娶妇复州卫辛酉副榜莒州学正黄公骥女，继娶同邑候选七品京官王兆鄴女。

康熙五十三年甲午，公四十九岁。四月，大考一等。

康熙五十四年乙未，公五十岁。初，王太夫人于五十年九月思亲东归，里居三载，徐夫人朝夕侍侧，是岁十一月二十七日疾终。公在京闻讣，哀毁骨立。同年李巨来先生来唁，公泣血求为墓志。李公感其诚，不觉相对沾襟。归语同馆曰："何坦园真孝子也。"

志曰："康熙五十有四年冬十有二月，予同年友山东新城何世璂，闻继母王太安人之丧，哀毁骨立，以币致状，介友人再拜来乞铭。予趋而吊于其位，则哭而属曰：'世璂六岁而失恃，实赖吾继母以长、以教、以有成立。自获登第备员史馆，迎养京邸，未几旋返，今四阅岁，时时梦见。昨冬至，复梦哭而噩以起，今月朔之夕，恍惚见诸灯下，睇视久之，欲近，乃灭。甫三日而凶问至。吾母贤宜传于后，惟子其毋辞。’余作而叹曰：‘史册所传，子之失爱于后母者，皆是也。’何君大戚乃若，是状当实。遂书曰：‘王氏为新城望族，太安人祖讳心广，以拔贡生应授通判。考讳鼐，县学生。太安人生而聪慧，祖爱之，授以女训，能通其大意。年十六，赠检讨公讳毓光闻其贤，请为继室。既归，躬自操作，姑孙太君先殁，祭祀必诚敬。逮事舅讳国鼎、继姑郭太君，以孝谨称。育子女恩勤，然动引古义相勖。世瑾既学成名立，方直古质有朝望。长女适张庆丰，年十七而寡，投缳矢志，太安人勉以孝养，始不死。今事其孀姑又十七八年矣。其敦行于家者如此。有孤侄世琳，抚之如己出。何与王里居相去一里而近，走婢子日起居父母数十年不懈。既终，尽出服御助棺身之附。’曰：‘礼行于外氏，宜取诸一身，不当累夫家。天性笃挚，又明大义云。’今岁冬十有一月二十七日己未卒，享年五十有九。以世瑾恩受今封，以康熙五十五年闰三月初一日合葬于孝水南原巽山乾向赠检讨公之墓。法应铭，铭曰：‘诗始二南，江汉以风。孰嗣其音，汉肇中垒。实传女士，代赓以史。妇教既湮，孰返其原？维太安人，感子之戚。以信母德，室家之则。铭兹幽宫，不亏不崩，以昌厥宗。’”康熙戊子解元己丑进士江西临川李绂撰。

康熙五十五年丙申，公五十一岁。春，合葬继母王太夫人于赠公之墓。公两遭大故，皆不得亲含殓，实抱终天之恨，每念辄为流涕。九月二十日酉时，三孙淑津生，秉义出。

康熙五十六年丁酉，公五十二岁。十一月二十四日寅时，四孙淑潞生。崇礼出。

康熙五十七年戊戌，公五十三岁。服阕，补原官。

康熙五十八年己亥，公五十四岁。

康熙五十九年庚子，公五十五岁。是秋举行乡试，公为山西副考官。秉公搜罗，得士六十三人。舆论悦服。

康熙六十年辛丑，公五十六岁。

康熙六十一年壬寅，公五十七岁。十一月十二日，圣祖仁皇帝升遐。公随班斋宿，悲痛如丧私亲，体素丰，因是顿瘠。盖圣庙深仁厚泽，浃人肌髓，而公以孤寒下士，荷蒙殊眷，故于此尤具血诚云。

十二月，充圣祖实录馆纂修官。

雍正元年癸卯，公五十八岁。正月二十九日，奉旨：何世瑾着补授山西道监察御史，协理山东道事。世宗初登大宝，新授御史俱由词臣拔萃，令各具条陈以观所蕴。公二月初五日莅任，奏《除弊便民》一折，深当天心。赐内缎二联，克食一匣。公以职司言路兼有积销之责。时时署押，因著《花押铭》用当书绅，铭曰:“正而心，诚而意，注意于清明之天，措心于广大之地，毋涉险侧，毋近倾陂，毋敢颓唐，毋似嬉戏。参前倚衡，须臾弗离。钦哉，钦哉！尚不负于吾身，不负于国家，以辅弼乎圣帝明德、亲民、止于至善之义。”四月，恩诏加乡科，公为江西正考官，破司房借卷之弊，佥称神明。豫章人文之薮，得士极一时之胜。榜首周学健、榜尾裘思录，尤为文章名家。公闱中批谓“前茅后劲”，海内传为佳话。前此，典试者例以孝廉坊金为赆，公峻辞以拒。曰：“此朝廷所以奖励士子者，徇私废公可乎！”谆致藩司，按名实给，勿克丝毫。七月复命，天颜喜，曰:“如尔衡文，公明兼至矣。”即授提督浙江学政。八月，便道旋里，省视坟墓，展祭毕。九月二十日，至嘉兴视事。十月试严州，一郡告竣，公明之誉已达八闽。总制满公保书谓有“壁立万仞”之概。十一月，试衢州毕，迂道谒周孝子庙。跪拜之际，异香满院。公求其说不得。时公子崇礼在侧，从容对曰：“顷阅《衢严郡志》载，周孝子之殁，由江流逆漂而上，发异香三日。土人曰：必周孝子也。舁其体立庙祠之。其母往瞻，忽起立，一手指天，示不敢当。大人事亲以孝闻，今来展谒，精诚相感，则异香有自来矣。”是年，以世庙登极，覃恩授公儒林郎、山西道监察御史、提督浙江等处学政，敕赠公父如其官，母李氏、继母王氏俱再赠安人，配徐氏再封安人。公父母、配徐氏敕命同前。

奉天承运，皇帝制曰：“绩懋台班，正色立纪纲之地；恩颁策府，敷词扬謇谔之声。尔提督浙江等处学政、山西道监察御史加一级何世璂，砥节端方，矢怀直亮。披陈恺切，能令兰署风生；建白公忠，务使鹓行气肃。兹以覃恩授尔阶儒林郎，锡之敕命。於戏！秩晋豸冠之列，宠命其承；荣分凤诰之光，嘉谟宜励。”初任翰林院庶吉士，次任翰林院检讨，三任山西道监察御史、协理山东道事，四任今职。

雍正二年甲辰，公五十九岁。自莅学政任，严除弊窦，屏绝请托，惟端士习为先务。当生童齐集之时，反复讲解，谆谆以诚意毋欺相戒勉。选拔明经务求实学，每试武生童，马步技勇详加阅看。额设学租银两为贫生膏火资者，全数支给，毫不染指。浙之人士咸叹为廉而干，和而介。当时有公明之颂刊布流传，皆实迹也。公去任两浙，士谭登庸等有公立去思碑:“山左何公，崧岳之英。督学两浙，振起斯文。如衡之平，如鉴之明。如春之温，如水之清。用建碑碣，以志公恩。石有时泐，公德永存。”

七月，按临宁波。寻奉诏至两淮。闻命之下，生童数千遮拥，不得出署。提督王安国者，处州总兵也。服公廉明，闻攀留状驰至，慰之曰：“君命召，不俟驾，宁得留乎？我当据实奏闻，令公复来耳。”众稍稍解去。公乃返棹，缘江两岸犹有挽缆泣留至数十里者。未几，补两淮都转盐运使。两淮盐政蠹坏久，公八月二十九日下车，悉心查核，加意厘剔，务使商灶有益，课税无亏，地方不留毫发，累积弊一清。先是，湖广总督杨宗仁约定盐价，商纲多逗留不前，因而盐价顿昂，楚地民多食淡。公具详楚省盐价宜随时销售。得旨允行，商民均利。向日运司有商馈盐规五万两，公详请裁减。钦差李周望、塞楞格重其廉，为入减册，进呈御览，深当天心。总商何义大者与诸大吏交，每乘肩舆入署，而欠课无算。公严饬之，义大震慑，按限完纳。自是全淮依期备辨[1]，无敢拖延。是岁海潮为灾，宸衷轸念，特发帑金三万两分赈灶商。公奉行得宜，沿海灾黎实沾圣泽。

是科公弟世瓒、子秉义同榜中本省乡试。

雍正三年乙巳，公六十岁。是年有旨，凡由科道补授外员，有情愿回京者，各以闻。公性恬淡，不乐繁剧，自理鹾政，日事筦算，心常郁郁。遂具详督抚，愿还京职。上以两淮财赋之区，非公清操不能奏绩，不许。时西林鄂公总藩江苏，洁己率属，素志与公同，一时翕然有两大君子之目。十一月二十九日，奉旨："何世璂着补授贵州巡抚。"以转运陟开府，殊恩逾格，千载稀逢。淮商感公清德，呈请情愿馈送盐政银八万两，名曰公务馈送。运司银四万两，名曰薪水。公力行批驳，谓"向年运司陋规，原有五万两，经本司再三详裁，今又议馈，岂有辞五万而受四万者乎？至于议馈盐政之项，尔自向噶大人处具呈可也"。脂膏不润，惬素志焉。

十月，四孙女生，体仁出。

雍正四年丙午，公六十一岁。四月初二日，莅贵州巡抚任。时值长寨狆苗阻建营房，署抚石礼哈定议主剿。公初奏不称旨。及至长寨平后，总督西林鄂公甚称公能董其成。世庙嘉之，尝批折云"又庆封疆得人矣"。时张公广泗为思州太守，公与论苗疆事宜，知其才可大用，遂加委任。会以赔补伊父山东开欠银两，部檄到黔。公为具奏，言伊治苗有方，应赔之项恳恩缓追，庶得专心所事，谅有裨益。上可其奏，即调任黎平府。次年擢贵臬，后遂为名臣。八月乡试，公为监临诸弊悉清。长子体仁中本省乡试副榜。

雍正五年丁未，公六十二岁。奉旨保举孝廉方正，公以黔省边方，虽举不可滥，然十室之邑必有忠信，宜广甄取，以示鼓励。爰保优生杨毓芳等三十二人。世庙初疑其多，及至雍正六年六月各生到京引见，有"人才尚好"之褒，量擢十余员，令往各省，以知县以下等官试用。其以教职用者李乾亨等十一人，复令于其中有真知灼见者，不妨再行举出，送部引见。并念其路途遥远，令给资

① "辨"，据前后文，应作"办"。

斧，以示柔远之意。今贵州人文日盛，风气骎上，由公建节始。八月，曾孙女生，长孙淑洙出。九月为蕴智娶妇涿州己丑进士、翰林院编修、监察御史、河东盐运使朱公一凤女。

公在黔未及三载，事无巨细，皆与西林鄂公秉公商确，力持大纲而不涉繁琐，务培元气而不流矜张。以故吏畏其威，民怀其惠。奏请甚多，上深信任焉。先是，贵东道李某丐公保举，公因于例不合，婉词却之，遂成隙，诬劾公。是冬并召赴阙，黔之士商军民攀留不得，饮饯至数十里。三营将弁送至图宁关，罗拜涕泗不能已。公亦不觉泪下，以手格之，登舆而去。

雍正六年戊申，公六十三岁。二月初二日入都，至景运门具折请安。即时召入，温语移时。公两次奏辩明晰，事得白。二十日奉旨："何世璂着授刑部额外侍郎。"三月初三日转户部右侍郎，办理刑部事务。四月二十五日转吏部右侍郎，仍兼刑部事。世宗知公老成谨慎，端方廉洁，有古大臣风。简佐司寇，深倚赖焉。在部三月，虚心剖断，物无遁情。每入奏谳，上目送之，曰："何世璂信读书明理人也。"五月十五日，奉旨："吏部侍郎何世璂着署理直隶总督事务，刘师恕着照前一同协办。钦此。"公以老病惧不胜任，恳辞。上曰："尔云不胜斯任，谁胜斯任者？"遂举张广泗以自代，又荐张坦麟，皆不允，务令勉赴新任。公感激知遇，奏言："臣有一分心力尽一分，有十分心力尽十分，至万无心力可尽，自蒙皇上洞鉴。"天心大悦，累日召见。盛暑汗流被体，中使解衣，赐赉甚厚。上索生平得意文字，因奏："臣昔在黔，蒙御书'福'字颁赐到署。臣跪领之下，伏念诗称：'靖共尔位，好是正直。神之听之，介尔景福。'是知臣子逑福有道，必时时不忘靖共，念念期于正直，然后可受皇上宠锡之福而无愧。敬作一箴用自儆惕，曰：'上勿负我君恩，下勿欺我本心。前勿忝我祖父，后勿累我子孙。俯仰之间有天地，梦寐之中有鬼神。先民有言'其严乎'。是故君子戒，慎乎其所不睹，恐惧乎其所不闻。'上嘉为真理学，唯以直隶地方紧要，使公往为整顿。命将所奏"福箴"缮进。遂于二十七日陛辞。六月初二日，力疾赴任。先是，协督刘公居止别院，凡画题书行具封送互勘。公以间隔虑有稽迟，又恐叠经吏手，致有泄漏，奏请同住一署，院列东西，昧爽共坐一堂，文移来往，相缓急大小之宜，次第判发。奸书蠹役莫不抱卷折息，案无留牍。接见属员，体察地方利弊，以及钱粮命盗，公平时丰标挺特，所至望风震肃。及延访事宜，推诚置腹，人无不达之隐。凡遇讯鞫，婉转开导，务得确情。即如热审一事，率皆视为故套，半日可了。公自贵抚以至畿督，凡遇热审，必将案卷逐细翻阅，临时又将各犯一一详问，率以三日为期，故事多平反。莅事未几，物阜民安。渥荷宸衷眷注，赉予便蕃。颁赐《人臣儆心录》一部，《书经传说》一部，《音韵阐微》一部，龙笺"福"字一幅，鲜荔枝一瓶，鲜哈蜜瓜一圆，风干羊一只，药丸一匣。时海内有四总督之称，而公与西林鄂公相得尤深，于主眷亦为至隆。公宦署留题，每多格言。前此，转运两淮，有“淮海风流，扬州诗兴，众皆悦之姑舍是；江都道谊，文正事功，吾未能也愿学焉”之联。及是，有“无害人之心，无穿窬之心，知皆扩而充之矣，方不愧居仁由义获乎上”，“有道信乎友，有道非义袭而取之也”，“愿无忘明善诚身，无为其所不为，无欲其所不欲，行有不慊则馁矣”“己欲立而立人，己欲达而达人”“非曰能之，愿学焉”“十目所视，十手所指，其严乎？不愧于天，不怍于人，二乐也”“立心必求无愧于天地，行事须留好样于子孙”等联。识者以为，惟公庶几无愧。

雍正七年己酉，公六十四岁。正月二十五日午刻，见一百二岁寿民杨懋德。甫毕，陡生呕血，逾时不止。至二十六日午时薨。

上遣巡察南三府御史过保定宣谕：“何世璂夙著勤劳，今年已高，恐用心太过，宜节养精神，以规远大，毋亲细事。前请陛见，以地关紧要，朕故未许来也。”既至，公已先一日卒。上阅协督刘公奏，知公病剧，遣太医驰往调治，遗疏寻入。恸悼弥日。诏曰：“何世璂老成持重，端方廉洁，实心供职。畿辅重地，正资料理。忽闻溘逝，朕心深为悯恻。遣官致祭，赠礼部尚书，给帑千金为归榇资。”上亲谥曰“端简”。公丧还，命所过地方文武官员亲往奠醊，并遣人护送入城治丧。给与全葬银两，敕建丰碑。其遗疏所请祖父封典，各加赠礼部尚书。

颁给御制碑文、谕祭文、诰命三轴。

朕惟：“宣猷展采，人臣笃棐之常经；褒德酬庸，朝宁劝忠之钜典。矧职隆总制，既著绩于封疆；斯礼备哀荣，用流辉于泉壤。所以风有位，表殊荣也。尔何世璂赋质端凝，持身悫谨。繇词垣而迁侍御，克称清班；自学政而领鹾司，俱传令问。旋膺节钺黔中，诞被仁风，历佐天卿铨政资其澄叙。因念京畿重地，命尔往摄保厘。夙夜殚心，表洁己奉公之节；靖共尔位，致民怀吏肃之风。方谓宏此远谟，讵意溘然长逝。用申轸恻，锡以隆恩。赙赉有加，慰幽灵于宠恤；官封特进，被华衮于崇阶。载考彝章，谥为端简。於戏！龙纶丕焕，荩臣宜食报于天家；马鬣长新，殊锡用垂芳于奕世。镌诸琬琰，永贲松楸。”

十二月葬公某原。皇帝遣总理省直山东等处盐法道加一级纪录十次唐绥祖谕祭吏部右侍郎署理直隶总督加礼部尚书谥端简何世璂之灵，曰：“职任封疆，特重拊循之寄；地居畿辅，尤资保障之材。勤劳懋著于生前，宠恤宜加于身后。尔何世璂老成谨慎，廉洁端方。始自词臣，擢为侍御。作盐司于淮甸，膺节钺于黔阳。并著嘉猷，咸标令望。旋升卿贰，总制京畿。公尔忘私，夙夜殚靖共之悃；正身率属，激扬得澄叙之宜。倚任方隆，溘亡堪悯。赐金赐奠，灵软俾返于城闉；加秩加封，美谥锡名于端简。凡此褒崇之异数，用昭眷念之殷怀，仍遣专官式陈祀事。於戏！风传启戟，缅英爽其犹存；泽沛几筵，庶仪型之勿替。灵其不昧，尚克歆承。”

奉天承运，皇帝制曰：“贻厥孙谋，令德克传为家范；服乃祖训，殊恩用锡夫朝章。俾服皇休，曲成臣孝。尔何国鼎乃礼部尚书何世瑾之祖父，德能垂后，业足开先。积行累仁，越再传而滋大；流光笃庆，历三世而弥昌。既克佐乎后人，宜崇褒其往烈。兹以特恩赠尔为资政大夫、礼部尚书，锡之诰命。於戏！源远流长，实启造家之泽；根深枝茂，益昭报国之猷。宠綍钦承，幽光用显。”

制曰：“良臣奏绩，溯积累于先型；壸教垂休，逮恩荣于大母。聿征内德，式焕王纶。尔礼部尚书何世瑾之祖母孙氏，慈著含饴，教先贻谷。阃仪克备，流风垂女史之规；门祚弥昌，介福食孙谋之报。徽音既茂，淑行攸嘉。兹以特恩赠尔为夫人。於戏！誉美崇班，用锡重闱之庆；荣膺宠命，常敷奕叶之光。被厥殊恩，彰兹世德。”

制曰：“位列崇阶，作忠由于移孝；业隆严训，资父所以事君。念兹堂构之遗，厥有丝纶之贲。尔何毓光乃礼部尚书何世瑾之父，躬裕懿修，世推淳德。泽流弓冶，裕家学于庭闱；庆衍门闾，亮天工于邦国。令名允称，殊典肅加。兹以特恩赠尔为资政大夫礼部尚书，锡之诰命。於戏！一经迪后，式传报国之忱；七命沽恩，益著象贤之美。钦承休宠，丕佑来昆。”

制曰：“职重朝班，宜溯源乎。内训功崇王国，尤归美于母仪。式奖芳规，俾承休宠。尔礼部尚书何世瑾之母李氏，名成令善，质秉柔嘉。七诫早娴，流徽声于妇职；三迁足式，著慈教于卿材。令闻夙彰，洪施宜沛。兹以特恩赠尔为夫人。於戏！鸾书锡庆，伸乌哺之恩私；象服增荣，慰熊丸之勤苦。钦予宠命，昭乃遗风。”

制曰：“劬劳罔间，垂鞠子之深恩；褒锡维均，懋劝忠之令典。谊无分于先后，宠并极乎优隆。尔礼部尚书何世瑾之继母王氏，夙娴内则，克嗣前徽。贵不忘勤妇职，克敦于蘋藻；慈能教孝母仪，聿著于庭帏。盛典欣逢，殊恩并沛。兹以特恩赠尔为夫人。於戏！翟茀恭膺，益表柔嘉之范；丝纶荐被，用申顾复之情。休命其承，令闻益永。”

制曰：“容台峻望，饰秩序以谐民；宗伯清资，赞声明而华国。克副典常之寄，宜膺纶诰之褒。尔礼部尚书何世瑾，经术淹通，风规详整。翱翔华署，雍容大雅之材；领袖春官，润色太平之业。备质文而敷化，宣贲皇风；殚夙夜以协恭，茂明天秩。爰加崇奖，用答成劳。兹以特恩授尔阶资政大夫，锡之诰命。於戏！同书合轨懋哉，彝教之敷；锡福推恩勖矣，寅清之效。钦承恩泽，弥展嘉谟。”

初任翰林院庶吉士，二任翰林院检讨，三任山西道监察御史，四任两淮都转盐运使司，五任贵州巡抚，六任刑部额外侍郎，七任户部右侍郎，八任吏部右侍郎，九任吏部右侍郎署理直隶总督事务，十任今职。

制曰："职重上卿，地道合舍章之誉；礼崇内则，家人彰顺位之功。爰加壶范之修，用晋国恩之锡。尔礼部尚书何世璂之妻徐氏，克勤懿德，式赞良猷。合志相成，奏公忠之茂绩；同心交儆，树廉正之休声。令轨攸昭，褒章载沛。兹以特恩封尔为夫人。於戏！风著素丝，伫助良臣之阀阅；芳流彤管，敬承宸陛之丝纶。嘉尔德音，钦兹宠畀。"

乾隆元年，公子体仁任浙江於潜县知县，恭遇覃恩改尚书秩一品追赠光禄大夫，夫人徐氏晋封一品夫人。

奉天承运，皇帝制曰："求治在亲民之吏，端重循良；教忠励资敬之忱，聿隆褒奖。尔原任直隶总督加礼部尚书衔何世璂，乃浙江杭州府於潜县知县何体仁之父，禔躬淳厚，垂训端严。业可开先，式谷乃宣猷之本；泽堪启后，贻谋裕作牧之方。兹以覃恩晋赠尔为光禄大夫，锡之诰命。於戏！克承清白之风，嘉兹报政；用慰显扬之志，昭乃遗谟。"

制曰："朝廷重民社之司，功垂循吏；臣子凛冰渊之操，教本慈帏。尔原任直隶总督加礼部尚书衔何世璂之妻徐氏，乃浙江杭州府于潜知县何体仁之母，淑慎其仪，柔嘉维则。宣训词于朝夕，不忘育子之勤；集庆泽于门闾，式被自天之宠。兹以覃恩晋封尔为一品夫人。於戏！仰酬顾复之恩，勉思抚字；载焕丝纶之色，用慰劬劳。"

公起家儒素，躐跻封疆。忠贞笃棐，始终无间。故三朝恩施叠沛，泽流奕叶，光贲重泉，觏人臣难觏之异数焉。邑绅士耆老以公德位宜崇祀乡贤，具呈县学，申详郡太守、大宗师、大方伯，递加详看，允协舆情，奉抚军置主入祠。直隶江南、浙江，具详公政绩，载入名宦。

王祖昌集

前言

一

王祖昌（1748～？），字子文，号西溪，别号秋水，又号五岳游人，山东新城（今淄博桓台）人。

王祖昌出身的新城（桓台）王氏，崇尚儒家文化，极力推崇儒学，特别重视“修齐治平”，被誉为“齐鲁第一进士家族”，也是明清时期山东最显赫的文化世家。

据《新城王氏世谱序》可知，新城王氏第一世王贵：“原籍青州府诸城县初庄家人，明初避白马军乱，移居新城县之曹村，居赵氏庑下，为人质朴无华，力本重农。”到了第三世王伍次子王麟才始做官。王麟的长子耿光和次子重光通过科举取得了功名。其中王祖昌四世祖重光为明嘉靖年间名臣，历任工部主事、户部员外郎、云中佥事、上谷参议。明万历年间的王象春是王氏的杰出代表，万历三十八年进士榜眼，长期在南京任职，历任大理寺评事，兵部、工部员外郎，擢至吏部郎中。钱谦益《列朝诗集小传·丁集下》谓象春“雅负性气，刚肠嫉恶，为能人党魁”，所著《齐音》被誉为历城千秋之志，另有《问山亭集》传世。清康熙年间的刑部尚书王渔洋为王氏的另一位代表人物，号为“一代廉吏”，又被誉为“一代诗宗”“文坛领袖”。王象春、王渔洋堪称王氏族中立德、立言的典范，堪称不朽。此外，王氏家族还孕育了王山立、王兆禹、王象丰等多名武进士、武举人。明嘉靖至清道光间，王氏阖族共出进士 30 名，举人 52 名，贡生 158 名，出仕为官者 100 多人，家族著述 200 余种，有诗文集传世者 50 余人。

王祖昌性情刚介，尚信义，有侠气，铁保称他为“山东义士”，时人谓之“国士无双”。新城先贤故新城令向慕闵于顺治三年骂贼死，其后家道衰落，祖昌为之百般周旋，慕闵七世孙兆贵遂于嘉庆十年得恩荫，世袭恩骑尉。是时，向氏购置的坟地已售异姓，祖昌又为其出金赎归，置为祭田。新城县令刘大绅，为官公正清廉、多惠政，深得百姓爱戴。王祖昌与刘大绅私交极厚，其集中即有许多与刘氏相互赠答的诗作。乾隆五十九年，刘大绅以事陷罪，削籍戍边。王祖昌闻之，亲自奔走于新城、曹县之间，倡导百姓捐财物为刘大绅赎“罪”，并携捐助之资，徒步冒险，一岁三至京师，为刘氏周旋。

最终，刘大绅得免于罪。其天性任侠好义、扶危济困由此亦可见一斑。

王祖昌出生于清乾隆十三年十一月，乾隆二十七年始应童子试，三十二年入泮，五十九年补廪膳生员。一生多次参加会试，但都没有中举。常年在东武、於陵等地设帐收徒。闲暇之时，喜欢南北游历，南至江淮，北达塞北，纵情游览嵩山、华山、太行山等胜境。其诗文创作，多得力于山水之间。

二

王祖昌自幼颖悟，好为诗歌。其《自撰年谱》称九岁时“说诗经常有妙悟”。十一岁时，王祖昌曾偷抄其从曾祖王文简公渔洋山人所选唐诗，于无人处啸咏以为乐事。十二岁时，王祖昌作《咏柳絮》诗云：“升沉当白日，去住任和风。”其父读后甚为欣慰，以为“此子非凡人”。其诗雄放有奇气，因他是王渔洋后人，孙星衍称“性情古茂，诗有渔洋家法”。

王祖昌的诗歌理论，继承了“诗言志”与“诗教”传统。其论诗首重性情，认为作诗当“本于性情。其人必渐仁摩义、礼陶乐淑、纯粹以精、大中至正，然后其言也蔼然德音、温柔敦厚，有三百篇之遗教焉。”出于对“诗言志”传统维护，王祖昌强调诗文必须书写性情，他反对“斫地问天、嗟贫叹老”，以为此类诗歌苦吟做作，诗“荒”而音“僻”；反对“蹈常袭故，指事敷词”，认为此类诗歌既“鄙”且“靡”。反映在内容上，《秋水亭诗》题材多样，涉及怀古、咏物、纪游、赠答等诸多种类。其怀古诗无论是借追思怀古以针砭时事，还是寄寓感慨阐发己见，都能古今相通，史时合一。其咏物言志之作，能紧扣所咏之物的具体特点描摹刻画，进而抒发中心，以明志行。其酬赠、纪游之作或直抒胸臆，或借景抒情，均能情感真挚，感人心脾。

王祖昌的诗歌在艺术上也是极为可观的。刘大绅《秋水亭诗原序》记载了王祖昌的诗歌学习与创作经历，称其“自三百篇后，若汉魏、若六朝、若盛唐中晚，以及宋元明诸大家与近世能诗之士，罔不遍观遗集，博览成书……未尝不反复流连咨嗟叹赏”。但其所求“所谓心解妙悟、深造自得者，卒无有焉”。后来，王祖昌又将师法的对象聚焦在了王渔洋身上，并最终明悟得诗不能强作，不必和韵，“须其自来，不以力拘”。在刘大绅《秋水亭诗原序》中，王祖昌虽言自己向先秦至“近世能诗之士”的学习并无所得，但其对于前辈诗歌“反复流连咨嗟叹赏”的功夫并没有白费。吴云亦谓其“未尝墨守宗风，亦不傍他人门户，只自道其所得”。

检诸《秋水亭集》，可发现王祖昌实际上极其善于吸收先辈名家优点。

故高密王宁焯称其“初好《三昧集》，今视之，其诗果《三昧集》类也。继好阮亭选古诗，今视之，其诗果阮亭选古诗类也”。同时，在吸收别家长处的同时，王祖昌还善于将诸家优点进行重铸，故能诸体皆精，风格多样。从王祖昌的诗歌中可以看到其“本于性情”“温柔敦厚”之旨，又能“自立崖岸，不寄人篱下”“不为声律所束缚”且“未尝墨守宗风，亦不傍他人门户”之变。其诗歌语言不矫饰，不生硬，不故作朴素，避免了精细华美的文风，在质朴与华美中达到中和，形成了文辞秀逸的特点。情感志趣充沛丰满，具有感染力，直接表露出丰富的感情，喜乐迢怅溢于言表，呈现出诗歌气势刚健的风格。其五言古诗风格淡泊醇古，“如绛云在霄，舒卷自如，如秋山叶脱，石气自青”，亦有不下于魏晋文人所作之篇什者。其所为歌行，纵横跌宕，雄迈自然，有太白、东坡气象，汪东谓之“如骏马下坡，如苍鹰戏海，如龙蛇飞舞”。《放歌行题洪稚存太史附鲒轩诗集》《京师真武庙堦石有天然梅月之形灵侍卫竹雪抚于纸赠敦侍卫乞余诗为赋长句》《题篑山侄诗卷》《赠徐司狱宗禋》《长歌行在泰山文庙赠马兴家并跋》诸篇，气壮言壮，不在铁崖、青丘诸公之下。在律绝创作上，王祖昌能守“渔洋家法”，其《怀苏义方先生》《济南绝句》《同沈少府钰入京途中有赠》《赠王熙甫侍御》诸篇，或沉郁、或欢愉，无不对仗工整、持律妙严而又不为其所拘束。

王祖昌的散文虽流传不多，但却广涉书、记、序、传、事诸体。其文章或追述友情，或描摹风物，或记奇闻异事，或传嘉言懿行，无论长短，都务求简劲，情理兼备，笔力纵横。其叙事，或迂畅、或劲蹈、或质古，均能真意到笔随，似冲口而出、信笔而成，自然流畅。

三

王祖昌的诗歌作品在其生前即已结集刊印。嘉庆七年，同里刘崧岚监司为刻其《秋水亭诗》四卷及诗补一卷。嘉庆十四年，《秋水亭诗续集》三卷及补编一卷，亦付诸剞劂。此外，还有《秋水亭集拾遗》（内有《王秋水自传年谱》一卷），仅有抄本传世。以上诸书，共收录古今体诗六百四十余首，并附有序、跋、评、书、记、传等散文二十余篇。

本次整理，《秋水亭诗》四卷及诗补一卷，以清嘉庆七年邱县刘大观刻本为底本，《秋水亭诗续集》三卷及补编一卷，以清嘉庆十四年邱县刘大观刻本为底本，《秋水亭集拾遗》（内有《王秋水自传年谱》一卷），以山东博物馆藏稿本为底本。整理过程中，由于既无对校本，亦无可资他校的本子，只能因陋就简，对明显的异文讹字，略作本校和理校；对文中的异体字、古体字、俗体字，一般均改为通用字。

王祖昌生前颇有诗名，诗文传世数量也比较多，但后世较少受到关注，目前尚无全面整理其诗文的著作问世。所以，本次整理可资参考的资料极为有限，虽然已经尽力搜集王祖昌传世的诗文作品，但遗珠之憾，可能难以避免。本人学识简陋，书中的标点可能也有一些不足之处，敬请方家予以赐正。

任梦池

2023 年 3 月

王祖昌集目录

秋水亭诗

秋水亭诗续集

秋水亭集拾遗

秋水亭诗

原序

新城，王阮亭先生故里也。先生以诗名当代，著作等身，后生小子时闻绪论，彬彬然有风雅之遗。癸卯夏，予作吏于兹，思欲得一扢扬之士津逮焉。越明年，始知有王子子文者能于诗。一日来谒，出其《秋水亭诗》相示。予读之，深微清远、淡泊醇古，则皆其生平得意之什，而为海内知名士所欣赏者也。予因问王子作诗之道。王子曰："夫人而知为诗矣，夫诗之为道，本于性情，其人必渐仁摩义，礼陶乐淑，纯粹以精大中至正。然后其言也蔼然德音、温柔敦厚，有三百篇之遗教焉。今世诗人之弊有二：草莽沉沦胸怀抑塞，斫地问天嗟贫叹老；若是者荒，其音必僻，蹈常袭故，指事敷词逢人赠答，记里歌谣；若是者鄙，其音必靡，以是为诗，其失则远。将欲信今而传后，舍性情固无道之由也。"又言其自总角时即嗜诗，常欲得古人所以能诗之故，自三百篇后，若汉魏、若六朝、若盛唐中晚以及宋元明诸大家与近世能诗之士，罔不遍观遗集，博览成书。当其片语会心，欣然神往，未尝不反复流连咨嗟叹赏，而求所谓心解妙悟、深造自得者，卒无有焉。则亦古人自为古人耳，何与我事。最后乃反，而求之阮亭先生之书，初亦茫然，莫测其畔岸。久之，偶得先生之言曰："萧子显云：'登高极目、临水送归、早雁初莺、花开叶落，有来斯应，每不能已，须其自来，不以力拘。'王士源叙《孟浩然诗集》云：'每有制作，伫兴而就。'予生平服膺此言，故不乐为人强作，亦不耐为和韵诗。"恍然曰："吾乃今知所以为诗矣。自是遂持此意以为诗，又时时历览名山大川，与当世贤士大夫交游，以为吾诗助。日月其除，头颅如许，吾乃今自信诗可成矣。"余闻之辗然以喜，窃幸阮亭先生之诗教有传人，而予亦不虚此来游也。王子诗甚富，某某删为若干篇，又某某删为若干篇。今所存者，才若干篇。予因录王子之言，以弁王子之诗，使读者由王子之言，以求王子之诗。庶几，王子之所以为诗者可知云。维时，晚景欲堕、微风自来、庭院蝉稀、池塘蛙起。

乾隆四十九年，岁在甲辰，七月既望，古滇刘大绅寄庵书于新城官舍。

弁言

王子子文，渔洋近裔也。携其诗来游京师，余遇之同年李清许所，谈次相契。翌日，遂以全集见示。读之，法律精严而清微圆妙，一以渔洋为宗。盖近今一作手也。昔渔洋好汲引后进，士倚之以成名者，若王秋、史苹、崔不雕、华费，此度密不能伛指数。子文之诗不在诸子下，世有渔洋，其人乎必能激赏之，以张其军也。因志数语归之，使海内谭艺者叹渔洋之后王氏复有诗人，知余言不谬。

乾隆五十五年岁次庚戌五月朔，清平刘湄撰。

叙

吾乡老友子文，诗中壮士也。其气壮，其笔乃壮。笔壮矣，其足迹之所及，耳目之所闻见，意思之所注，沉郁于中，挥洒于外者，自不至如新妇子以扇障面，作羞缩态也。其诗壮，由于其笔与其气，其气壮非尽托诸空言也，盖尝见诸于其事。初，子文客京师，授读敦多克额临钦家。侍卫灵昭者，当时显贵之尊亲而受恩育者也，与敦多克额临钦善，因与子文亦善。显贵一日造昭所，见子文诗于昭案头，奇之，请昭达意子文，延子文于第，代捉其刀。昭曰："此人岂尔所能致耶？尔其休矣。"又假敦多克额临钦之友登州某，百计罗致子文，以必得子文为快。而子文卒峻拒不往。滇南刘先生寄庵者，山左循吏也，宰新城，继迁曹县。两邑父老子弟视刘如乳哺儿之视其母。丙午年在新城，时值岁饥，新城之民所恃，不死于沟壑，刘之力也。未几，慈惠之声，闻山左。大吏适他邑，有民将因饥为乱，大吏檄刘往，急牒飞驰，日且数至。父老子弟皆相顾愕眙，思所以留之者，计无所出，子文独能画策以留之。刘后以事被议，将有军台之行，新城士庶及妇人女子咸嚄唶曰："吾父母生吾一邑之命者也，今乃如是，恐不得生还，以沉沦异域，且复奈何？"因相顾泣下。子文乃奋然以起，走书曹县，醵若干金，新城士庶及妇人女子亦倾囊相佽。得金，如曹县。子文乃徒步冒险阻风雨，三至京师，饮泣于当道之门，乞赎刘罪。刘已赴戍行数日，得追还于中涂。嗟嗟子文，何其壮也！夫诗者，心之声也。以如是之慷慨义气发而为诗，其诗之壮亦复。何怪韩昌黎形容贾岛之诗曰："无本于为文，身大不及胆。蛟龙弄角牙，造次欲手揽。"苏长公形容李太白之诗曰："平生不识高将军，手污吾足乃敢嗔。"观，懦夫也，无韩苏之笔以形容子文，姑略举其平生行谊，以告于天下读子文之诗者。子文家甚贫，无力刊行其诗。侍御王公熙甫有书来观，拟代子文刊之，而粗述颠末于卷首。

嘉庆七年，岁次壬戌，八月既望，邱县刘大观序。

序

昔孔子喜言好学，又曰："'我好古，敏以求之者。'所谓'发愤忘食，乐以忘忧，不知老之将至也。'"盖圣人之于学，好之甚笃如此也。为圣人之学，而好不笃，业必丧；非圣人之学，而好之笃，术必成。故孙吴好兵，而其书传；仪秦好说，而其游显；申韩好法律，为富强师；庄列好虚，无为道术祖。下至秋之于弈，僚之于丸，欧冶之于剑，师旷之于音，九方伯乐之于马，皆其好之极笃，而至于极工者也。诗者，圣人之学之一变也。吾友子文好之。子文生而綦贫，常奔走于衣食，而所好惟诗。其所经山川之奇胜，与所逢当世之豪英，必见之诗。虽困穷旅舍，或在家粗粝不给，无时废吟。方其得意，穷通富贵之说，一无所概于其胸，所谓好之极笃者。子文为渔洋族裔，故其诗用渔洋说。初好《三昧集》，今视之，其诗果《三昧集》类也。继好阮亭选古诗，今视之，其诗果阮亭选古诗类也。夫好其变，而至于有所就，虽离经而畔道者，吾犹畏其果也。况所好有不背于圣人者，孚则子文可重已。往岁，子文尝访余，于家留数夕去。余在京，子文又屡至。今老矣，携其《秋水亭集》，复来介余书，冒暑雨出阙。请于崧岚以刊之，亦可谓甚自喜者。子文性疏狂，不知世法，所遇客，无论识不识，辄出其诗强令观之。在贤人坐上，朗然高唱，旁若无人。虽老矣，尚矍铄，能日行百里。刊诗竣，将挟以遍游五岳。吾见子文之名益远矣！

时嘉庆七年，岁次壬戌孟冬之望，高密王宁焯序。

总评

铁冶亭曰："取径甚高，才力亦大，渐进自然之境，近乎道矣。"甲寅冬至。

铁冶亭曰："体格音律，已入作者之室。"丙辰端午。

铁冶亭曰："近时言诗者，矜言风韵，不崇气骨。故终身以诗名，总无是处。王生，世其家学，又能自立崖岸，不寄人篱下，多可传之作。其不经意者，已尽汰之。"庚申八月二十九日。

刘寄庵曰："五言学王孟者，自然矣；七古则豪放雄奇，居然李青莲、苏玉局得意之作，才人殆未可量也。"壬子重阳。

刘寄庵曰："子文以五古得名，其诗编成，读者当更赏其七言律绝也。"辛酉十月初一日。

目录

高密王宁焯熙甫编次

① 此处正文后有“先生”二字。

① 此处正文后有“刘”字。

① 此处正文题为“刘芷林”。

① 此处正文后有“刘”字。

① 依据正文，此篇前还应有“赠陈永峤”篇。

---

① 此处正文后有“诗”字。

② 此处正文无“冢”字。

③ 此处正文无“翟”字。

① 此处正文后有“万”字。

② 此处正文后有“孙”字。

③ 此处正文后有“孙”字。

④ 此处正文为“毕苏桥”。

⑤ 此文与正文顺序不一致。

① “草”，此处正文为“集”字。

补编

卷一

丁酉

送王衍厚归里

居邑原相接，萍踪又一方。送君还故里，余我在他乡。心逐白云去，情随流水长。空将游子泪，千里寄高堂。

游明水竹园

修竹荫回廊，萧萧声似雨。苔迳杳无人，但闻一鸟语。

山行

秋晚千林净，山深一迳穿。竹园喧鸟语，石室袅人烟。马首缘崖转，樵声隔水传。知投何处宿，返照下流泉。

题牟琴宜十五马图

华山万里金风吹，黄叶乱飘秋树枝。承平日久战马闲，手提健笔摹英姿。一马低头啮野草，一马回顾披青丝。小马来奔要食乳，两耳卓然如立锥。一马缩其左前足，意欲呼伴同驱驰。两马畏痒互磨树，可怜一马病骨支。就中一马别冈立，自视也高视众卑。其余六马聚为群，不食不饮俱迟迟。画马乃能得马性，着力不多神已追。古来此技数曹霸，丹青独受君王知。暮年寂寞老清门，白眼反被庸人嗤。君今落魄恰相似，借马写出胸中奇。画理深沉意独造，笔留余步人不知。更有一马出腕底，纵横不受黄金羁。

戊戌

登五莲山寥天阁

高阁瞰诸天，晓空立浩渺。此间到者谁，万古一飞鸟。

白马

青青陇上沙葱长，千里神驹一日还。未築浮云归汉苑，先腾匹练出吴关。踏残腊雪银砧冷，嘶入春风玉勒闲。他日相逢孙伯乐，崚嶒岂畏太行山。

怀苏义方先生

昔为东武客，旦夕得从游。问宇风生尘，开尊月满楼。离居千里夜，孤雁一声秋。不见眉山老，苍烟起暮愁。

题《秋江鱼戏图》

大鱼小鱼颜色殊，戏游明镜忽有无。红鱼跃出如珊瑚，白鱼浮去如明珠。田田穿过青芙蕖，或竞摇尾欢以娱。或独鼓鬣扬其须，或潜洞穴才须臾。忽然惊去如奔狐，秋色红蓼连菰蒲。写生妙手谁能如，有客秋水清兴孤。喜向烟波称钓徒，清歌一曲酒一壶。烟雨冥冥蓑笠俱，濠梁之乐吾知吾。

早行

早起登长路，萧然动客情。寒霜千里白，晓月一天清。未见栖鸦起，空闻落木声。行歌忘远近，海外紫霞生。

己亥

题武润溥所居

安平风未远，幽事在林亭。把酒当明月，敲棋落晓星。游鱼临沼数，吟鸟隔花听。座客时弹剑，邻僧夜诵经。村环沂水白，窗列雪山青。此际饶幽兴，柴门夜不扃。

题江贻堂《幽居》

烟霞深处有高人，寒食相寻幽涧滨。白鸟一川皆是伴，青山四面自为邻。斜风细雨柴门晚，流水桃花石室春。醉客东家多美酒，隔篱呼取日千巡。

游花崮寺

拄杖铿然入翠微，上方幽寂四山围。闲凭祇阁日将午，静掩禅关僧未归。零落松花香到枕，潺湲溪水冷侵衣。题诗寺壁无人见，黄鸟一声窗外飞。

白沙道中二首

风雨山上来，桃李涧中落。萧条响流泉，淅沥洒飞阁。

空山绝人迹，细路穿古寺。樵响发深林，鸟语出空翠。

访管东川

古城一相别，数载隔山川。春尽青山外，人来白洛边。鸟鸣苔院静，花照石堂妍。月上天如镜，清谈夜不眠。

访李绍闻

空山黄叶落，偶动故人情。曲径穿花入，深林载酒行。日高茅屋暖，霜下竹篱清。共话田园乐，那知夕雾横。

与刘穆堂话旧

昔在松筠院，临窗对比邱。饥乌下清磬，红叶入凉秋。一别成宵梦，重逢欲白头。衔杯追往事，明月满高楼。

题陆光发《掷杖化龙图》

海上苍苍立峭壁，疏松倒挂几千尺。仙风万里来蓬山，瑶草琪花接天碧。诸仙玉面如芙蓉，晏罢初回金母宫。中有一人把竹杖，掷向青天看化龙。空外一声霹雳响，回头大笑自拊掌。旁人惊看色欲飞，神通千古真无两。玉童侍立在丹邱，背负蟠桃望十洲。兴来直欲跨龙去，远向丹霄汗漫游。尝闻昔年吴道子，解衣画壁天宫寺。剑花飞舞掣金蛇，下笔万人嗟神异。我看此图非等闲，点睛飞去过荆关。悬之画阁天风起，恍若置身瑶岛间。

月夜怀于方城

奔涛满虚窗，夜半秋声永。幽人不成眠，仰见明月冷。庭如积水空，树影摇荇荇。我友隔重城，谁共良宵景。

庚子

题宋中孚草堂

曲径苔深踪迹少，到来小坐亦忘机。墙头秋色山千叠，门外清阴柳十围。满面烟霞樵客过，一蓑风雨牧儿归。达人自有逍遥处，不务高名与世违。

石桥对月

桥上散幽怀，桥东见明月。诸巘正委蛇，一痕出林樾。机息逸兴来，荷静暗香发。泠泠夜色微，萤火递明灭。

怀人诗十首

李桥南

抱膝翠微里，科头古木中。醉来人不见，白眼睨长空。

刘允淑

生长丞相家，不知绮罗好。悠然濠濮间，永日对鱼鸟。

又曾兄

吾兄非凡才，何用炼丹砂。于今年九十，颜色如桃花。

杨守太

堂堂一男子，嗜酒任天真。古来谁得似，惟有刘伯伦。

李先生元明

日落超然台，杞菊时满把。古人不可见，谁为后来者。

宗人揖山

相见已恨晚，相别何太速。携来新乐章，闲倚北窗读。

冷南溪

白首工书札，佳句嚼冰雪。置之早罗厨，终古不可灭。

邱生锡珧

三尺小门生，已若云中鹤。太息王子衡，偃蹇犹如昨。

侄孙朝鼎

省亲归去来，萧条岁云暮。不知囊底诗，尽得江山助。

范五辉

翩翩范公子，皎若仙鹤姿。相逢无别事，倚马乞新诗。

淡村杂咏同麓亭侄孙作

南浦

偶向南浦游，冷然微风善。时有白云来，遥空自舒卷。徘徊娱我心，尘念不烦遣。

西溪

春宵雨如麻，清晓过浅沙。何来碧溪水，一夜生鱼虾。因忆漆园吏，濠梁幽兴赊。

桐轩

半牖梧桐影，山月何皎洁。寒光流小轩，满地白如雪。美人隔千里，此夕应愁绝。

竹屋

潇洒王子猷，绕屋栽琅玕。把卷坐其下，沉沉增暮寒。知无食肉相，啸咏心所欢。

荷塘

门外有荷池，田田荷叶长。夜来急雨过，跳珠作幽响。不见爱莲人，悠然结遥想。

山麓

日落西山明，返照东山足。信步逐樵父，登高恣遐瞩。感此慕幽闲，结茅向空谷。

小女

小女两丫髻，聪明不可知。戏穿慈母线，爱歌木兰词。闻耶将远去，抱膝双泪垂。

辛丑

壬寅

重游琅琊有感

关河迢递几时归，访旧重来心事违。常忆北台春色好，那知东武故人稀。卢敖洞口花空发，韩信祠前鸟自飞。犹是昔年行乐地，临风回首泪沾衣。

春夕

竹院人归后，空廊独自留。月明如积水，衣冷似深秋。鸟去松窗静，花香石径幽。倚栏成小立，清兴自悠悠。

寄舍弟祖昂四首

分手将三月，看云欲断魂。慈亲多寂寞，赖汝慰晨昏。种菽劳荒野，疏泉力小园。还家应不远，为我扫书轩。

祠堂已颓废，何处妥先灵。月射香炉冷，烟沉木主青。传家最清白，后嗣乃零丁。好结黄茅屋，云軿并暂停。

汝嫂持家计，从来能守贫。辟纑堪助我，提瓮不求人。南涧蘋应长，东川藻已新。寄言元鸟至，傍晚祀明神。

红闺三弱女，一一似男儿。念我应垂泪，怜渠自咏诗。蚕眠春晚日，杼响月明时。未卖隐之犬，于归今有期。

秋郊

草上霜华白，天边曙色殷。风清闻远水，木落见秋山。人似黄花淡，心如白鹤闲。偶然逢野叟，谈笑不知还。

为李五云题吴宏画

山半亭前泊估船，帆樯簇簇落寒烟。不知细雨斜风里，行过江南路几千。

寄张元朴塞外

白头犹落魄，仗剑过居延。去国三千里，经秋十二年。长城衰草外，大漠夕阳边。无限相思意，难凭塞雁传。

癸卯

即目

门外清渠响乱泉，丝丝杨柳带轻烟。渔人晒网斜阳里，闲向花阴被酒眠。

寻友人不遇

园林今独过，风雨忆交亲。竹外空啼鸟，花间不见人。螺青山自暮，鸭绿水还春。驻马遥情结，无书寄紫鳞。

春夕对月怀王中斋

雨过苍苔院，黄昏独掩扉。月明花影静，风定竹声微。酒冷红螺盏，香寒白祫衣。携琴弹古调，惆怅赏音违。

雨中怀陈依霄

昔年相访莒城北，白栋花开好濒色。一天风雨下高楼，投辖交欢如旧识。商山此日雨纷纷，只见秋云不见君。淄河东去无双鲤，五载相思那得闻。

过浒山泺

潇洒浒山泺，行人载酒过。峰高秋色迥，水阔夕阳多。驲骑穿红树，渔舟出绿荷。徘徊不能去，长啸白云阿。

旅夜与锡五小饮

宝剑佩干将，相逢驿路旁。鸣鞭向高馆，系马在垂杨。巨盏飞鹦鹉，轻裘脱骕骦。山空平仲庙，人去叔牙乡。夜冷风生竹，窗明月满堂。快谈不能寐，朝梵出僧房。

赠孙山人桂林二十韵

历下有高士，浑然返太初。逍遥惟静境，寂寞爱幽居。野鸟临风听，园花带月锄。山中闲采药，濠上乐观鱼。细读陶公句，常披老氏书。空庭生碧草，清沼冷红蕖。永日关长掩，经旬发不梳。浮云何淡淡，蝶梦自蘧蘧。羽客寻瑶岛，高僧话雪庐。棋声敲静夜，萧韵写空虚。耽寂莫如尔，陆沉谁似予？焦桐鸣爨火，峻坂困监车。剑有千金值，家无儋石储。苍鹰万里去，枫叶一山疏。流水怀知己，秋尘跨蹇驴。入门方笑语，握手更唏嘘。杯酒倾新酿，盘餐供野蔬。放船朝日出，下榻晚霞舒。白首交仍旧，清芬愧不如。裴□[1]茅舍里，恍在大方诸。

---

① 原文此字漫漶不清。

观猎寄牟琴宜

白草连天狐兔肥，苍鹰眼疾掠空飞。边鸾老去知无事，应画天山雪打围。

甲辰

晚过四角山

山下傍晚过，泠然微风至。石室淡炊烟，幽禽响空翠。牧童吹笛来，樵父穿林去。我亦澹荡人，长歌忘机虑。

赠牟琴宜

牟子昂然身八尺，力穿七札真奇才。云台早宜登姓氏，弱冠竟郁终军怀。骕骦裘脱换美酒，临邛一饮三百杯。酒酣起作浑脱舞，晴天一刻鸣风雷。岁月蹉跎五十载，如霜两鬓明皑皑。浩然归隐铁山北，门庭萧寂生蒿莱。壁上剑光冷秋水，苦吟长似清猿哀。宁甘饥饿死沟壑，不肯索米长安街。谁说将才老无用，大弓两石犹能开。

泉上待边殿飏不至

微阳淡西岭，泉上已欲暝。闲看暮云平，空对水光静。山幽栖鸟归，风动袷衣冷。之子期不来，奈此清凉境。

题湖心寺白上人房

何处梵音发，泠泠烟水中。禅心一潭月，世事半帆风。露冷红莲谢，枝间白鸟空。尘缘还未了，那得从支公。

题画

白波秀嶂明秋色，烟寺云亭竟日闲。促席何人松下坐，遥从江上数青山。

客至

蓬蒿三径未曾除，陋巷朝来长者车。村仆穿花赊美酒，邻家带雨送新蔬。青山细读云林画，名帖闲看内史书。若待阶前红药放，还应乘兴造吾庐。

游冶源[①]

修竹带平岗，清泉流湝湝。不见凭襟亭，人家在寒碧。

寻王凤冈不遇

石室疏林一味闲，幽人何处听潺湲。南窗尽日湘帘卷，几点归鸦入乱山。

题沂山孤寺

乱峰合沓围孤寺，寂寞空庭藓色班。四月桃花仍照水，三更明月始临关。听经有意苍龙静，与世无心白虎闲。何日尘缘都扫却，凭君拄杖看青山。

月夜晤苏佩铭义方先生之子

关津不惮马蹄劳，千里相寻到海遥。三世知交如昨梦，八年契阔叹今宵。满庭练色来山月，一枕风声上晚潮。促席与君敦旧好，可怜白发共萧萧。

山村即景

曲曲清流叠叠山，烟村杳霭碧林间。数声布谷斜阳晚，人自西原负耒还。

题苏策幽居

一径入茅堂，幽居草木香。卷帘山翠滴，开牖海风凉。地僻逢人少，身间觉日长。徘徊不能去，最爱白云乡。

---

① “源”，底本作“原”，从目录处及查阅资料可知应为“源”之误。

观潮歌同苏策杨岵登松岭作

直上高邱望远海，坐见万里云涛堆。水天一色静如绮，终古苍茫接蓬莱。忽闻乘风晚潮上，长鲸跋浪迅雷响。倏如西域之雪山，天外飞来立千丈。涛头尽过潮自平，烟波浩渺天风生。但见渔翁长啸去，秋帆片片斜阳明。赢家昔求不死药，愿向丹邱戏六博。徒令卢生几溯洄，沧洲风紧船难泊。今朝怅望空秦山，羡门安期去不还。何如同心饮美酒，长歌水月松风间。

望海楼逢苏埙

斜川才调绝人群，千载相思隔暮云。今日江南山色里，半楼明月又逢君。

题望海楼

吴峰东北起高楼，轩敞遥临碧海头。万里帆樯天外落，三山风雨枕边收。空闻徐市求仙去，不见琴高骑鲤游。怀古有情登绝顶，洞箫吹出白云秋。

陈冠英西亭夜雨书怀

陈遵留客醉初酣，更鼓沉沉已报三。风雨惊回乡国梦，黄梅时节在江南。

为周宠锡题金佶画二首

江外横远山，江皋竦乔木。秋风天末来，一叶归舟速。水阁临清泉，茅亭荫绿竹。萧然绝尘嚣，可以媚幽独。

家住铁山下，柴门临碧溪。持竿坐矶上，秋月明如珪。别来道里远，每忆鸡鹊啼。今朝看图画，宛到石桥西。

苏寅承西园纳凉

小憩西园里，披襟纳晚凉。海风来回野，山翠冷斜阳。水点蜻蜓碧，林垂杏子黄。清言不觉暑，无事酌寒浆。

宿铁牛庙梦义方先生

暮宿铁牛庙，野云满径黑。举目谁为欢，但闻夜风急。梦见苏夫子，抗言如在昔。云山几千重，跋涉来不易。更进一觞酒，告归勿太迫。欲叙平生亲，恍恍难再识。梦破晓鸡声，满庭明月色。

题牟同文数帆亭二首

凭栏满目是清晖，冲破湖烟白鸟飞。日晚门前帆影落，水芝香里钓鱼归。

湖上秋来清兴孤，临窗独自酌醍醐。锦秋亭下渔船过，笑问鲈鱼入网无。

海州

海州花鸟泰山雪，能使游人诗兴酣。山海有灵应识我，一年两度到江南。

途中立春有感

驱车海上逐飞尘，海国风光入望新。小苑莺声初报晓，高阳酒味更宜春。宵长每作还家梦，地迥谁怜久客身。此日梅花开故里，清香满院待归人。

卷二

乙巳

伯兰诗并序

伯兰，新城王祖昌之女也。字博山。文学张希灏之子凤飞，凤飞病痫而瘖。张力辞婚，伯兰不可，归张氏，能事其夫。逾三年适归宁，夫死于火，女誓以身殉，舅姑百计解之，且为立嗣，女遂矢志抚孤。其父伤之，作是诗也。

伯兰我长女，志苦遭逢艰。十七方适人，二十丧所天。盖棺廿一日，我往奠几筵。哭酹礼方毕，乃翁发长叹。儿逝今已矣，妇幼实可怜。茕茕诚不易，慎勿误青年。伯兰艴然怒，阿舅是何言。烈女无二夫，久矣阴教先。回忆夫婿存，悚悚心目间。一岁结婚姻，二岁痫病缠。病久成瘖哑，忽忽十九年。大寒不知衣，大饥不知餐。大悲不知痛，大喜不知欢。亲迎不成礼，不行亦无愆。业已共牢食，妇志固不迁。为妇今三载，日日如临渊。虽当归宁日，危苦心未安。岂知堕烈火，一夕归黄泉。妇欲从之死，孝道恐不完。舅今出此言，誓将躯命捐。翁惊悔且泣，语妇其勿然。非不完妇贞，计亦有所难。尔叔尚小弱，授室未有缘。无子为尔嗣，令尔瓜瓞绵。伯兰益长号，散发类痴癫。阿舅若相信，立嗣早行权。不肯早立嗣，疑妇志未坚。生而令人疑，不如死目前。奋首触石壁，血泪交相溅。全家惊呼号，邻里争来观。昼坐使人守，夜宿使人看。大宗张东皋，慷慨计两全。黎明合族人，大义同众宣。伯氏有仲孙，继嗣当象贤。但念此子幼，离怀或未便。饥离母弗食，倦离母弗眠。教离母弗省，戒离母弗悛。稍长达孝性，共尔方团栾。伯兰拜稽首，感激涕泗涟。乃翁心始定，翻悲为喜欢。阿父独默默，悲怆胸臆填。垂涕语伯兰，冰操慎勉旃。

怀李绍唐

乱峰深处开三径，天外孤雁入杳冥。竹榻去年因我下，风泉别后与谁听。春归石上生芝草，秋老松根长茯苓。何日扁舟乘兴去，海山携手看银屏。

鄗园杂题为于晓村赋

冬青书屋

结庐在园墅，绕砌树冬青。岂为颜色好，所爱无凋零。勖哉寒毡客，努力守一经。

药栏

野客来倚栏，绰约对芳姿。采采欲有赠，何人是所思。藏之怀袖中，惆怅春风时。

古藤

老干走龙蛇，盘根倚松柏。黄昏雷雨兼，□[①]蜷不可测。时开两三花，犹存太古色。

平台

平台风萧萧，日暮天欲雨。苍茫问霸图，管乐俱黄土。隔水眺齐城，大半成荒圃。

过郑云东所居

空山晴晓嫩凉生，杖策相寻自在行。门外乍传闲客到，花间已见主人迎。石床雨过苔痕碧，竹院风来鸟语清。竟日快谈无一事，脱巾自觉万缘轻。

郑云东园林杂题

见山亭

孤亭寂历静尘埃，花木周遭手自栽。最喜凌晨开户牖，云门山色送青来。

竹屋

修竹千竿围画屋，兴来泼墨笔如杠。夜深帘外秋风起，疑是萧萧雪打窗。

桐院

雨后苔阶何冷落，梧桐百尺影沉沉。晴空夜色凉如水，无限幽怀寄素琴。

---

① 原文此字漫漶不清。

为宋乐野题张麟画册五首

九月淞江鲈正肥，渔家白日掩柴扉。萧萧芦荻晚风起，罾落前滩人未归。
数椽茅屋在山椒，终岁萧闲远市嚣。铁笛一声红日晚，放牛人已过长桥。
萧瑟西风过水乡，枫林叶落苇条黄。幽人扶杖青山外，目送江天雁一行。
萧洒江湖一散人，青枫树下钓银鳞。浩歌几曲谁相赏，只有空山月半轮。
白云一坞是樵家，山外归来日已斜。好向前村沽美酒，临风闲看野棠花。

过祝鹤年山居

歇马荆峰下，相思欲断魂。那知故人宅，新卜此山村。绕屋白云远，穿花黄鸟翻。儿童传客至，倒屣出柴门。

题玉泉寺壁

荆山绝顶梵王宫，呼吸应将帝座通。一个茅庵飞鸟外，数声清磬白云中。

臧昆田山斋闲兴

朝来启疏窗，凭几聊四望。时见荷锄人，远过东岭上。晓山宿云消，高林初日晃。遥闻前涧中，丁丁发樵响。

题丁翼庵山居

栖隐初成室，回非城市间。终年无俗客，永日闭柴关。空谷村边水，高峰枕上山。渔樵堪自足，十亩乐闲闲。

月夜同刘顾溪游宜园

明月满空山，西园万籁静。主人邀客来，散步踏花影。泠然夜风清，不觉尘虑屏。

题王尚谷园林

寻仙不辞远，来此已开颜。绕舍云中树，当门海上山。秋生新雨后，蝉噪夕阳间。日在花源里，高人一味闲。

题法海寺云瑞上人房

细雨昼霏霏，披蓑上翠微。寺前山翠冷，殿下海云飞。夜静闻疏磬，僧闲补衲衣。萧然尘世外，相对两忘机。

雨夜

龙宫达晓雨萧萧，久客秋来更寂寥。今夜慈帏知不寐，寒灯耿耿听芭蕉。

游黄石宫

欲觅黄石宫，青山成独往。仙榻绿云间，披襟挹朝爽。不见张子房，空闻玉泉响。

秋日登华楼山怀杨书岩张汉度刘子箴

鸾啸清风岭，人登碧落岩。楼空惟有月，海阔更无帆。秋色生晴巘，寒声满古杉。未携仙侣至，何处寄瑶函。

寻白云洞

藤鞋竹杖觅仙踪，万壑飞泉走白龙。处处秋云生绝巘，不知洞口在何峰。

游上清宫示刘抱月炼师

上清何处寻，曲径入遥岑。白鹿空山洞，青芝秀石林。泉声清几榻，竹色上衣襟。云外流仙梵，松间响素琴。瑶台搜道侣，潭水净尘心。木屐秋岚湿，荷巾晓雾侵。萧鸣神凤至，曲罢老龙沉。日冷千岩翠，波明万顷金。红霞真可服，玉液足长斟。愿逐安期去，朝天听乐音。

题白云洞和王大村韵

游遍海西岛，方来登此巅。笙吹明月夜，人在白云天。久别山中客，应逢鹤上仙。何当七夕至，长啸下秋烟。

丙午

题从兄汉倬画

山林雨过吐晴烟，渺渺长波接远天。独有幽人亭上坐，临风闲看打鱼船。

长歌行赠李漪园先生

驱人利欲如火牛，洗心谁向神龙湫。漪园先生好风格，倏然于世无所求。少年筮仕历秦粤，风尘常抱生民忧。解绶巾车返故里，超然台畔心悠悠。忆我昔年偶相访，入门一笑胶漆投。自从东西两分手，风吹萍梗无时休。行吟今复入君室，明窗净几相勾留。兴来长歌一扫就，快论千古风飕飕。喜君悬车无个事，此宵不负秉烛游。吁嗟世事类蛮触，小山谁爱清且幽。为君歌罢仰天笑，飞鸢一点天际头。

为刘寄庵先生题从兄汉倬画册四首

两山夹清溪，高阁自闲敞。未有幽人来，山泉为谁响。
山寺入云霄，登攀行复往。渔人坐钓船，微茫隔烟树。
大雪满天山，遥空暮云黑。会登山上楼，一览乾坤色。
松下泊孤舟，满船凝碧色。终日杳无人，凉风吹不息。

赠张曼倩

君年三十八，我年三十九。昔别犹少年，今来欲白首。儿郎五六人，雁序庭边走。怡然敬父执，盘餐罗恐后。茅庐自幽洁，足以浮大斗。何况我与君，至亲兼良友。契阔十余秋，今始开笑口。醉复同榻眠，凉月照虚牖。明日采茱萸，登高更携手。

登青龙峰望博山城怀古

烟霞窟里现楼台，振策峰头怀抱开。白浪一条穿市去，青山四面抱城来。希文祠宇生幽草，清止园林长碧苔。今古无人不零落，登临且覆掌中杯。

渡汶水

野店临高岸，汤汤汶水流。秋风生古渡，落日放轻舟。北望齐郊远，南看鲁甸浮。今宵何处泊，明月冷衾裯。

漆园

平生读南华，今到漆园里。物外逍遥游，余亦爱秋水。

孤雁

一点霜天白雁归，可怜侣伴此时违。九秋叫月谁相和，万里凌霜只自飞。投宿芦花方得静，不贪菰米岂能肥。愿将绿绮弹清怨，但惜知音江上稀。

丁未

寄孙赞皇縂

腰悬墨绶往并州，关傍居庸见壮猷。军有左车偏奋迅，孙有军功。今传潘岳最风流。千金渠水成新酿，五马山光入画楼。佳景相逢应念我，赵王城外月如钩。

经从兄余人先生旧宅感赋并序

兄名祖熙，丙子举人，滕县教谕。性旷达，工文善画，有不可一世之概。之官十四日，而没。过其旧宅，怅然有作。

先生读书处，春晚芳草积。见此伤我心，犹是昔年碧。奇文仲宣才，妙画营邱笔。之官终不归，薤上露空滴。

村居五首

村边溪水绕，家在水中央。粳稻当门绿，荷花隔院香。抱琴乘夕月，脱帽爱朝凉。时见白鸥起，萧然过我旁。

邈与红尘绝，空山信步归。萧闲寻寺惯，疏懒入城稀。绿竹为风笛，青荷制雨衣。只应随钓侣，溪上坐忘机。

长夏浑无事，摊书暮复朝。闲眠从仆懒，无食任儿骄。雨过添苔色，泥深长药苗。柴门日关锁，谁向月中敲。

烟霞成痼疾，风味是田家。静渚时栽藕，闲园亦种瓜。乱蝉鸣暗柳，戏蝶入深花。自唱沧浪曲，泠泠渡水涯。

垂帘卧清昼，幽事自相关。庭静生芳草，墙低出远山。花锄新雨后，药晒夕阳间。时倚门前柳，遥看牧竖还。

题善行祠大槐

昔日先公手种时，年荒于此救人饥。久闻乌帽传佳梦，事载邑乘。今见浓阴覆旧祠。最喜清声流月夜，何堪黄叶下秋枝。雕栏换作南山石，此后云礽好护持。

过外甥魏振缥家

多年不到魏公庄，杖策重来四十强。乍喜诸甥颜似玉，回看阿姊鬓如霜。消寒绿酒倾高盏，照影银灯耿画堂。脉脉关情几骨肉，半生歌哭载诗囊。

赠魏广文钟华

东郭先生意淡如，茅斋寂静似僧居。满庭白雪人踪少，两鬓萧萧数卷书。

赠万子明先生

先生真好道，习静住荒村。常使儿栽树，从无吏打门。引泉过别圃，驱犊入空园。我亦烟霞客，时来共笑言。

题王砀云晚翠图为刘寄庵先生作

琴堂虚白静秋日，忽见青山起东壁。山上流泉和松风，一轮明月当碧空。有客同舟泛烟岛，中流放眼乾坤小。江山皎洁无点尘，银宫贝阙争鲜新。使我聪明静冰雪，坐卧如在神仙穴。借问此画谁所为，砀云山人真好奇。山人一生抱微尚，性灵爱受名山养。风流恬淡绝等伦，一挥绢素如有神。寄庵先生当年少，创获半幅叹绝妙。早罗厨中什袭藏，万里携持挂高堂。招我静观啜香茗，玉画又前忘日永，我欲从公汗漫游，飞过弱水凌丹邱。求得安期不死药，广济苍生共饮乐。尔时蝉脱出风尘，吾徒岂让画中人。

晚登邹平城楼望长白山怀古同李星白成靖圃作

城楼遥望白云山，图画新开碧落间。树色千层生翠蔼，霞光一带锁青鬟。星星萧寺疏钟远，寂寂书堂白昼间。太息埋金人已去，夕阳惟见老僧还。

山中赠成凤衔

白猿剑术旧曾谙，枥下嘶风战马闲。髀肉未消犹喜动，骑来终日看青山。

寻僧不遇

寂寞钟声断，花宫昼掩关。掷杯应渡海，飞锡未还山。幽涧寒松响，阴崖积雪闲。惟闻枝上鸟，时噪夕阳间。

戊申

怀崂山

昔上华严寺，当门海接天。听潮秋竹下，观日晓楼前。树少中原鸟，桥通外国船。别来一千日，时复梦游仙。

重宿赵海引因园水亭

别去思悠悠，重来水阁头。故人仍下榻，明月更当楼。山谷已消冻，风泉还似秋。此时机虑静，恍又梦沧州。

为蒋中书涧园题陈道复画

画家花鸟谁第一，黄荃直夺造化工。白阳山人亦好手，写生直欲争枭雄。我来石芝堂上坐，山人妙笔凌虚空。半幅剡藤有几许，无边秋色明丹枫。老树槎枒翠干少，倒垂藤蔓摇西风。赤叶疏泠带斜照，枝上鸜鹆毛羽丰。一鸟掉尾头向下，张目左顾情何浓。两鸟并坐尽昂首，向背虽异右盼同。斯禽微物犹有伴，怡然似欲鸣其衷。嗟我平生爱游览，每寻胜地支青筇。乾坤落落少知己，扶杖孤吟晴翠中。前登柿岩看霜叶，南楼突兀摩苍穹。下窥秋林如锦绣，居然万紫兼千红。引觞独酌谁共语，但闻好鸟声玲珑。长啸归来已数载，栩栩梦里犹相逢。今向壁间读此画，直如又到秋山峰。坐卧三日看不足，主人有酒须千钟。

游岳阳山

日落岳阳山，悠然乘兴往。殿宇生虚空，庭院自闲敞。长风万里至，如闻波涛响。未向洞庭游，已作洞庭想。

登原山俗名二郎山

春霁淄流明，月落原山晓。穿云入仄径，盘空出松杪。峰孤石楼高，野迥牧人小。隔水樵音清，沾衣山色好。缥缈九天外，超忽万象表。回首叹浮生，瞥眼一飞鸟。

赠赵豫庭

结宇原泉上，孤高莫与齐。满头生白雪，浩气吐虹霓。大壑清风远，空山落日低。何当倾玉醴，相对话寒溪。

题李岫仙画

山容淡淡水悠悠，古树萧条入晚秋。钓客未来天欲暝，风吹红叶满江楼。

为邬簪园题画

春风两袖坐江隈，流水汤汤去不回。双髻玉童解人意，杏花香里抱琴来。

刘筠谷擢翠山房即景

晨起开疏窗，前山送寒翠。高人爱清景，支颐自相对。此时别有天，此心绝无碍。隔树闻樵音，丁丁落空外。

快雪轩感怀

轩为宗兄华廷所居，没已六年，赋此志感。

策蹇重来快雪轩，斜阳寂历掩柴门。听泉无复烟霞侣，题壁空余翰墨痕。石上老松还似盖，窗前绿竹已生孙。村童不解人惆怅，笛里秋声起暮村。

访邱献西不遇

林中犬迎吠，寂寞掩柴关。斜日客初到，空山人未还。蝶过花院静，风定竹堂闲。兀坐石床上，但看苔色斑。

依园八咏

五莲山

开窗见北山，空外芙蓉乱。海日一相照，紫翠明枕畔。不见太乙舟，今人增惋叹。

团垆山

东山何团团，朝来生紫烟。知有古仙侣，烧丹在林泉。求之不可得，怅望空云天。

万松岩

南望万松岩，苍苍万松古。寒翠滴床头，空山忽过雨。时见千岁鹤，绝顶刷毛羽。

仙人壑

秀绝仙人壑，四时风景好。自叹谪人间，来此苦不早。欲觅安期生，是处即蓬岛。

喷雪涧

雨后穿山溜，注涧飞白雪。到此涤尘襟，心迹两清绝。对语人不闻，嗒然离言说。

坐月石

涧中一片石，皎洁如霜雪。最爱清秋时，其上铺明月。闲坐引壶觞，夜静冷诗骨。

清音亭

诛茅依绝涧，空明复闲敞。夜来秋雨过，山水发清响。只应弹玉琴，独坐石床上。

幽篁屿

万个青琅玕，阴森笼孤岛。清风一披拂，逸韵入晴昊。终日无人声，时复啼幽鸟。

留别振之十兄依园主人

已尽杯中酒，难停柳外骖。远来人不厌，别去我何堪。蝉噪晚风树，凉生明月潭。待将红叶好，还到此山南。

寓刘松峰芝圃

学道向空山，山空何所有。石上有灵芝，采采将盈手。黄绮不复见，惆怅谁为友。但见云中鹤，时来下林薮。

绣谷

绣谷天然画，烟岚漠漠生。岸花空自发，一半不知名。

寄庵先生重游新城即以叙别

静坐无一事，忽闻叩门声。传说旧令尹，还乡过新城。衣履不暇整，欣然门外迎。白驹系空谷，交欢达三更。闻君归去来，已登万里程。岂知此月夜，杯酒还同倾。节序当晚秋，犹御罗衣轻。倏忽北风至，何以事长征。惆怅送归棹，行将拂柴荆。东山莫高卧，终起酬苍生。

送刘寄庵先生归滇

旧国五年违，孤帆万里归。天涯从此别，吾道欲何依。江冷滩声急，山高雁影稀。何当风雪夜，重侍读书帏。

周村竹枝词二首

绿柳门边是狭斜，红妆睡起听啼鸦。萧郎自有綦巾妇，也向红楼学试茶。

三月清明日影迟，醴泉寺外水涟漪。红油车子桃花马，相约烧香上范祠。

己酉

法庆寺对雨

纤纤凉雨打窗纱，坐对高僧偶试茶。遥忆石桥秋水畔，西风开遍白莲花。

同冯有仲卢彝光及僧固庵华亭游青州西山八首

南阳青州水名。新雨后，携手看西山。路出荒城外，人行怪石间。晴云生漠漠，流水去闲闲。乘兴寻真隐，悠然竟忘还。

转过碧峰头，人家景物幽。泉声清小院，山色满高楼。花径间飞蝶，槐荫静卧牛。怪来栖隐者，自古爱林邱。

寻径登山寺，崎岖籍短筇。空门临大壑，危构出孤峰。认字千年碣，乘凉百尺松。无僧居上界，寂寞不闻钟。

路自悬崖下，逶迤涉大川。岸山明翠幛，梁水响清弦。茵藉洲中草，杯分石上泉。机心忘已久，应伴白鸥眠。

渐入西村寺，香闻葡萄林。随缘参白足，何事布黄金。人向桃笙卧，茶将雀舌斟。徜徉高阁上，风送乱蝉吟。

环阁皆青壁，同来静倚栏。波光临户动，空翠上衣寒。樵响清风树，渔歌白石滩。巢居如在此，可得一枝安。

晚凉乘逸兴，南上小山陂。长啸无猿和，高踪有鹤知。寒烟生绝巘，斜日挂疏枝。为爱群峰紫，黄昏坐不移。

石楼同下榻，入夜静焚香。山月侵衣白，风泉入梦凉。定僧常面壁，久客可忘乡。共结莲花社，何须戒杜康。

赵建男冷眉以二先生见访

门外无车辙，篮舆枉二君。入乡屏骑从，携手入松云。白雪间相赏，幽兰静不闻。那堪人去后，红叶落纷纷。

为张丹亭题画

挂帆曾到下清宫，在劳山。修竹千竿响海风。今向夕阳看粉本，依稀尤听玉玲珑。

雪晴次张方炎韵

鹤氅迎风雨鬓飘，空山独自踏琼瑶。不知昨夜梅花发，香到西溪第几桥。

言怀

不求丹诀不逃禅，诗酒相随逸兴偏。长使扪心同白日，何须搔首问青天。一声孤鹤空山里，百尺寒松绝涧边。到处逍遥皆自得，任他电景送流年。

出门

出门一长啸，风景何萧萧。衰草连天迥，寒山到海遥。丹颜常欲驻，白发不相饶。愿向沧州去，扬帆趁早潮。

晚行

东川流水驶，西山落日速。众鸟皆已归，孤客犹未宿。萧萧白杨语，冉冉黑云逐。灯火明远村，策马穿林麓。

为介山侄题画

瀑流奔下山万重，青天白日飞长虹。汇成巨川赴大壑，烟波浩渺连秋空。观澜有客拄筇杖。空山无人独来往，轻衫凉笠过板桥。松竹萧森和清响，我曾观瀑向沂山。闲倚峭壁听潺湲，写生世无李思训。谁能置我邱壑间。今看此画殊清驶，绘水有声真绝技。还如身在空谷中，风雷喧豗壁上起。

卷三

庚戌

访宋若绂湖上

湖边知己少，一到即寻君。酒借渔船买，杯临水槛分。远山晴后见，香草静中闻。缅想庞居士，终朝卧白云。

逢李圣泉

二十年前友，相逢叹落晖。语音犹未换，颜色竟全非。幽涧松风远，空山鹤影稀。终期守吾道，静掩故园扉。

泊吴桥怀孙子佩

孤舟泊吴桥，日暮雨萧萧。故人不可见，风柳自千条。

舟中作

长风送飞帆，孤月逐流水。闲客一宵吟，轻舟百余里。

赠周太史

茅舍焚香竞日清，读残贝叶不闻声。落花满院无人到，趺坐闲看鹿女行。

送马云亭归东武

下第不介意，飘然归旧山。影随黄鹄远，心共白云间。潍水迎孤棹，莲峰慰别颜。自怜同作客，无计返柴关。

赠敦侍卫 公乞余书武侯将略而自临八阵图于后

下直归来解鹿卢，潇然兴味似寒儒。秋天万里风尘静，窗下闲临八阵图。

游玉泉山

闲向玉泉山，静观玉泉水。陡涧雪浪奔，长川竹箭驶。南汇昆湖心，东过寿山趾。白塔镜中落，银宫天上起。破烟飞鸟明，射波游鳞紫。空阔生道心，清泠洗尘耳。未能著荷衣，且喜溅芒履。携壶翠微间，舒啸白云里。何时泛宅去，自号天随子。

题图裕轩学士泛舟图为刘芷林先生作

钓鱼台上横晓烟，沧波渺渺连青天。夹岸春山列屏幛，桃花万树争新鲜。先生轻衫坐孤艇，中流自在看沦涟。引竿舟子亦闲逸，飘然一叶来前滩。挂冠十载空色相，心如止水无波澜。手拈吟髭搜好句，随地万斛飞清泉。摩诘当年爱白社，朝衣脱却归蓝田。轻鲦出水白鸥下，终南春色来眼前。时寻高僧法云外，悠悠自泛湖中船。高人一去几千载，谁知衣钵今犹传。画师不让吴道子，淋漓大笔图金仙。寸心久欲范金事，恨无真影留空山。忽向船头见玉貌，辨香知有前生缘。

秋日将归呈周太史林汲

久住临泉不近名，逍遥偶尔到都城。知音竟得青云侣，招隐难忘白社情。绝塞天高流雁影，香山月冷动砧声。重阳迢递还家去，回首遥空北斗横。

送孙观察嘉树之任苍梧

行看文星照百蛮，离杯满酌醉仙班。才闻青简藏金匮，又送朱轩度晓关。湘竹春生二妃庙，烟岚秋霁九疑山。观风若过潇江上，应有鱼书慰别颜。

辛亥

壬子

与伯寿话旧用东坡清虚堂韵

北风卷地飞黄沙，讲堂静坐如退衙。昔入南山远相访，漫空乱落青莲花。山中小住四五日，探奇寻胜忘还家。坐观沧海涌朝旭，卧听烟树啼昏鸦。长歌赠我顷刻就，一挥彩笔纷天葩。静爱松风响白昼，烹泉花底分新茶。对床夜雨不能寐，逢逢街鼓闻三挝。别来久未读奇句，背痒谁倩麻姑爬。白首相逢把樽酒，光阴流电徒咨嗟。明朝又辞水西去，巴山霁色空明霞。

卢山歌赠孙史南兄弟

卢山西下深且长，烟峦四面云锦张。玉泉琮琤赴大壑，白龙腾跃穿石梁。卢生昔日来避世，服丹岩洞曾休量。白日升天去不返，至今瑶草余清香。孙郎峰下筑石室，道书细读秋树旁。犹忆昔年杖筇竹，与君傍晚登高冈。饮酒台上一长啸，鲸波万里来汪洋。须臾金柱涌红日，烛龙衔曜连扶桑。缥缈三山众仙下，银宫金阙生光芒。未得飘然御风去，海天极目空青苍。一别仙山五六载，京尘滚滚缁衣裳。夜静金台上秋月，相思千里几断肠。窗纸虚名不能寐，莲花漏永闻丁当。今宵促席复相见，早梅花下飞千觞。还期与君练真骨，深山大谷任徜徉。丹灶火青长不死，共骑彩凤相翱翔。

同学丁澹斋集其五世墨迹装成巨册索题为放笔作歌

漫游偶遇常山东，澹斋丁子欣相逢。粲然示我五世帖，深藏什袭新开封。太息奇人下奇笔，棱棱骨力生英风。直抗藩王忤庵寺，词曹报国殊精忠。长公劲节化碧血，次公侠气生白虹。孙子早年贡太学，埙篪并奏何雍雍。遗笏传家逮四世，文翁化蜀将母同。耳孙竹窗弄丹墨，垫巾潇洒追林宗。祖孙济美三百载，行草夭矫盘蛇龙。兵火相寻人代改，大碑剥落荆棘中。何况手泽凝绢素，散亡易至飞秋蓬。君从何年搜纸本，倾箱倒箧心冲冲。鬼神呵护留待汝，岂非纯孝能感通。吁嗟五陵少年子，翩翩道上驱青骢。只爱名花与名酒，岂思良冶兼良弓。倘闻此风发深省，谁谓竟以游侠终。君不见射虎斩蛟有周处，一朝改过成英雄。

题李溪亭读画轩

仿佛住名山，悠然石室间。半窗摇竹影，四壁写烟鬟。风景常如此，倪黄去不还。惟余栎园迹，周侍郎栎园有读画录。千古在人间。

哭周太史林汲

病中送我出都门，青眼相看拭泪痕。长使高文垂宇宙，不留沃土与儿孙。太史为刻名家文而贫。玉堂人去幽篁冷，龙洞山空落叶繁。遥望天涯亲酹酒，凉秋何处为招魂。

涌泉寺

飞空山溜下，暗入寺中行。泉水当阶涌，秋风满院生。僧闲应见性，鸟语不知名。静坐楼台上，诗怀永日清。

癸丑

雪日呈固庵禅师

大雪朝来尚未晴，西堂空寂道心生。不知祇阁风犹冷，但讶僧窗月倍明。万里山川皆一色，满园松竹不分声。遥知此际维摩定，悟得禅机分外清。

赠姚少府瑮

君家住江南，我家住江北。石上悟三生，天涯如一室。春风起花朝，微云卷月夕。兴来便相访，不遇意亦得。

清明后一日和刘寄庵先生见过之作

历落何人识，先生独见推。踏青来旷野，浮白对疏篱。水阔新晴后，山明晚照时。最怜吟赏处，修竹被风吹。

过女郎山

偶过绣江水，静对女郎山。峰色凝眉黛，泉声响佩环。镜临秋月晓，衣爱晚霞闲。遥想婴儿子，高风不可攀。

访张西林

入城闲访故人居，满径青青草不锄。玉轴牙签连栋宇，豆棚瓜架半庭除。门无奴仆传宾命，座有儿童读父书。手汲甘泉煮新茗，先生潇洒更何如。

天津夜泊

系缆红桥畔，春宵雨乍晴。流云归海迴，华月满船明。人唱江南曲，风传蓟北情。那知孤舫上，别恨一时生。

雨泊张家湾

北望京华近，愁生水驿旁。风声连海迴，雨气入船凉。飘泊何时已，萧疏只自狂。满箱载书画，谁识米襄阳。

怀笠庄侄

昔向长安去，清言日日闻。退朝常过我，卧病更思君。水落鱼归穴，风高鹗入云。三秋人不见，无寐到宵分。

雨中寄王吏部熙甫

事少识官闲，双扉永日关。杳然无俗客，何异住空山。细雨来庭际，清风生竹间。下朝如有兴，吟卷待君删。

同王吏部熙甫访法庶子时帆不遇即次其秋夕怀友韵

知君爱王韦，搜句殊清冷。傍晓邀良朋，同车造幽境。生白间纸窗，读画淡山岭。空庭绝人声，斜日移花影。伊人不得见，风怀何由骋。趺坐向诗龛，庶子堂号。悠然忘日永。

同刘韶音坐月再用访法庶子韵

待月坐闲阶，满怀冰雪冷。更有淡荡人，同此清凉境。团圞出东海，皎洁照西岭。小院凝水光，虚窗上花影。悠悠清兴来，娓娓妙论骋。萧寺闻疏钟，不知夜方永。

京邸书情

我虽住京华，性犹爱闲寂。足不到侯门，身常居静室。谈心有高士，携手无俗客。妙文嗜庐陵，好句爱彭泽。鸟啼还自卧，钟动或忘食。酌酒度花朝，弹琴向月夕。玉泉屡濯缨，香山独杖策。兴尽时欲返，空羡双飞翼。

寄庵先生官舍送曹县邬俊骞

飘然有客乘白驴，忽自南华来锦湖。如不胜衣清且癯，精神乃似天马驹。琴堂下榻追陈徐，对谈两夕相欢娱。书似张颠风格殊，赠我一纸烟云铺。诘朝便欲登长途，劝君且复留斯须。锦水商山入画图，青帘笑指酒可沽。不知何日还提壶，作诗相送徒长吁。恨无大笔追韩苏。

甲寅

元旦戏作效剑南体

满堂欢笑度新春，嬉戏争夸别样新。女擘花笺妆[1]学士，儿骑竹马号官人。呼风空外来青鸟，抟雪庭前出玉麟。谁料神仙兼富贵，一时并到老夫身。

病起漫兴效剑南体

病身今不倩人扶，渐喜春来是故吾。行药欲抛青竹杖，冒寒时到白云衢。石桥冰泮流琴韵，铁岭大晴入画图。乘兴登临犹未敢，故人早已送屠苏。

山人岁晚病新痊，负手行歌似散仙。旧好到门无俗客，新诗和韵有高贤。谓寄庵先生。漫愁白发生明镜，且喜清樽对雪天。醉后不知人去尽，一轮霁月照闲眠。

却怪山妻太护持，犹嗔凉夜苦吟诗。君如莱妇锄田日，我似刘伶戒酒时。报晓天鸡惊远梦，鸣春好鸟据高枝。如何听汝相怜意，竟把痴情让恺之。

清晨高卧日三竿，静待佳儿送早餐。布被一床常觉暖，冰花满院不知寒。邻人乞火敲门响，冻雀迎春绕屋欢。闻道庭前堪曝背，起来才拂旧尘冠。

病回真是再生天，检点空囊又怅然。颂德绝无金管笔，书情那有彩云笺。疏窗月晓桐阴灭，闲院风清鸟语传。偶得新诗迟上卷，烧枝写向粉墙边。

青巾一幅半蒙头，早驾轻车向野游。白日照心光淡淡，凉风过耳韵飕飕。远山有影真如画，流水无声不似秋。借问旗亭何处是，小桥东去有高楼。

归途一片晚烟遮，临水柴门是我家。望远儿童登石笋，更深老妇剪灯花。醉客乍见惊年少，倦眼徐开觉力加。烦渴相如须健饮，风炉先煮一瓯茶。

和祖彬兄感怀之作

草子因风起，飞扬满碧天。自生青野外，或秀玉堂前。荣落原无定，升沉亦偶然。达人知此意，负钟看山川。

---

① “妆”，据前后文，应作“装”。

初夏即景

乔木清阴广，空山白昼长。逆风闻煮茧，临水看分秧。鱼戏吞花影，鸦飞背夕阳。悠然皆自得，即此是羲皇。

野寺同于济川作

野寺依流水，开门对碧山。终年无客到，竟日有僧闲。疏磬因风远，残碑过雨斑。石床同静坐，遥看鸽飞还。

夏夕坐刘陶轩山斋

小坐孤亭上，披襟共纳凉。主人皆脱略，野客自疏狂。高树风疑雨，空山月似霜。清吟浑不寐，闲却竹方床。

同管与京丁芳原观小峨嵋山瀑布

峨嵋山上瀑布水，奔流直下如白虹。石溪北来四五里，一条雪浪光溶溶。漫流峡口一束缚，下有潭洞蟠蛟龙。潆洄将落犹未落，巉岩怪石当其冲。水石相争不相下，浪花怒发喷晴空。我携胜侣赴深壑，探幽呼啸相追从。乍如湘灵夜鼓瑟，泠泠逸韵鸣秋风。又如冯夷击大鼓，逢逢余响凌苍穹。忽忆苏公昔守密，逍遥时到东武东。庐敖山与铁沟水，题诗一一留芳踪。此泉何殊水乐洞，可惜冷落无遭逢。笠屐仙人去不返，清音谁赏空谷中。枕流漱石三叹息，一轮明月来东峰。

送刘寄庵先生出塞

阳关唱罢欲何之，一夜闻笳两鬓丝。梦返滇南应见母，身流塞北止携儿。天山雪霁重裘冷，瀚海水坚度马迟。不得相从破萧寂，春风空忆绛纱帷。

过天津怀寄庵先生

早过桃花口，风飘一叶轻。天连秋水远，日射晓帆明。塞北音书断，燕南离恨生。那堪泊船处，冷雁两三声。

题孟巨川园亭二首

南亭秋日晓，趺坐寂无哗。闲看金山色，浑忘白日斜。松风时扫榻，溪雨自浇花。饶有天然趣，藩篱不用遮。

地主何岑寂，朝朝手一编。花从村妇折，石任牧童眠。素壁池光射，晴窗月影穿。莫嫌吟太苦，别此动经年。

怀法学士时帆

薄游昔向京华去，几度谈诗到草堂。结社有情惟爱酒，退朝无事但焚香。秋天一别鸿千里，雪夜相思月满廊。闻道石帆新作号，风怀知是慕渔洋。

乙卯

田园闲兴三首

小麦久已枯，大麦今方熟。群鸟飞且鸣，来往求果腹。小儿抱书去，坐向田间读。鸟翔不敢下，饥噪空集木。

老夫绝尘氛，独坐向林屋。临风读经史，把酒看花竹。三径秋草生，与谁相往复。时有东山云，来我檐下宿。

我携锦湖客，东川栽白莲。莲香静冉冉，莲叶青田田。秋风飒然至，自放木兰船。悠悠任所适，浩歌竟忘还。

题刘寄庵先生北征集

万里孤臣赋远征，山川险阻少同行。一身报国丹心在，绝域思亲白发生。北去雪光连大漠，南来春色满长城。感恩马上多新咏，谱入凉州玉笛声。

过孟柳谷山斋

平生爱清旷，山寺独寻君。岚影晴来见，溪声雨后闻。烹茶临槛啜，拈韵倚楼分。日落禅林晚，疏钟响白云。

题何氏园林同寄庵先生

潇洒园林近碧塘，寻幽随处足徜徉。惊风老树晴疑雨，临水高楼夏亦凉。非是主人真好客，谁教罢吏不思乡。我来团坐清阴里，静领池荷淡淡香。

和寄庵先生秋柳限年字时先生将南归

大江南去水连天，衰柳千条咽暮蝉。笛里清商吹别曲，渡头黄叶送归船。梁园寂寞悲秋日，张绪风流忆少年。回首不堪频怅望，斜阳疏影灞桥边。

与同学诸子陪寄庵先生游大明湖

放舟鹊华桥，湖面芰荷净。秋水清若空，群鱼戏明镜。吾党亦逍遥，悠然适天性。

萧寂历下亭，垂柳生秋色。白社挂诗瓢，青山入画壁。长吟怀古人，湖烟冷秋夕。

银烛碧纱笼，腾辉照乌榜。洗盏浮大白，呼啸秋空响。沉醉任轻舟，乘风自来往。

十月九日同朱敉人陪寄庵先生登北极台

送行已折桥边柳，会面还登湖上楼。万里凉风来蓟野，一天黄叶下齐州。闲临北渚消离恨，莫对南山发旅愁。计日三苗通道路，飞帆应唱大刀头。

衡水县署中李明府雨樵出其中秋泛月之作见示因为作歌

朔风掠地声飕飕，月光满院如水流。更深乍喜对故友，高烧明烛琴堂幽。开樽倒箧出新咏，中秋携客逍遥游。滹沱河上泛明月，玉箫金管随歌喉。如此良宵更仙侣，诗成得不凌沧州。繄予是夜客济水，鹊华桥畔明湖秋。相思千里不相见，独看萤火流空楼。因忆去年值此夕，一舟北渚同冥搜。新诗倡和天欲晓，狂歌惊起空潭虬。今年独宿怨遥夜，不知君亦相思不。兹游已往如逝电，纵欲追逐无缘由。请君重为河上约，飘然同坐沙棠舟。举杯邀月同一醉，更于尘世何所求。

送刘景侨东归因寄杨书严先生

济南名士旧相亲，瞥眼萧萧白发新。满目湖山无故老，一天风雪送归人。黄垆到处倾三盏，青社还时认四邻。若见闭门杨伯起，为言终古不知贫。

丙辰

漕河曲二首

云影千重暗远天，黄昏系缆水村边。忽惊月色明如画，半夜开门雪满船。

海风吹雪乱纷纷，彻夜清吟入白云。几个官船来远浦，不知谁是谢将军。

谒铁冶亭先生

偶思款谒闻诗法，便棹山阴雪夜船。几辈诣门惊倒屣，一时接席喜开编。花栏清旷无尘事，石室虚明有洞天。但愿仙人挥玉斧，好修月魄十分圆。

赠王广文铁夫

金台流浪几经年，博得儒官亦洒然。旅橐只增新卷轴，归舟仍看好山川。何能闲散如韩愈，自有风流续郑虔。他日相寻江渚去，月明还奏伯牙弦。

赠王吏部熙甫

垂帘白昼静焚香，退食优游翰墨场。旧有精神追贾孟，新成格律似张王。听莺酌酒能无醉，对客挥毫岂是狂。夜直丁东宫漏永，梦魂犹著芰荷裳。

月夜怀寄庵先生

凉夜客心惊，悲鸿动远情。满楼新月色，几曲洞萧声。木客穿林出，江庵渡水横。不知春雨霁，何处度清明。

游敦侍卫林亭

都中昨见一笑哗，邀我城外看桃花。谁料连朝风雨恶，游人未来花半落。今日云消天乍晴，隔城遥见西山明。快游著屐乘逸兴，流水浮花远相送。入门空对杨柳风，竹外无复桃花红。太息流光去如电，红颜白发暗中换。击剑慷慨歌莫哀，门生月下擎杯来。繁华自古成乌有，莫若相逢饮美酒。

为臧暗斋题梅花卷

梅花影横斜，雪霁开未了。铁干既凌寒，冰姿乃逾好。谁复知此情，枝头有好鸟。

赠杨参军晋卿

风骨剧峻嶒，朝衣如不胜。精神清似水，宦况冷于僧。竹院开三径，园峰叠数层，庾楼明月夜，乘兴几回登。

八月二十七日孙渊如先生招饮臬司官舍同吴山尊朱少白蒋伯生张云藻毕恬溪醉后作

一点神鹰下远空，满山草木响秋风。不教狡兔归三窟，特送鸣鸾向九重。有命苍生皆拭目，怀才奇士尽开胸。高谈竟日杯无算，人道青天起白虹。

赠陈永峤

南郭高人日日闲，棬帘啜茗对青山。苍苔满院无行迹，时有名僧一叩关。

赠庞仞表并序

君名凤翥，新城人。廪膳生，性好义。滇南刘寄庵先生为新城令，人民两留其官，一赎其罪，皆君为之倡。而安贫乐道，有鲁仲连之风焉，因赠是诗。

庞公最豪侠，肝胆何激烈。一诺重泰山，不怕过九折。功成不受报，还家餐冰雪。吁嗟尘世中，乃见鲁连节。

孝孙引

成璪，邹平人，父启恩为原武令。璪年十五，冬至日，大母病危，诸药罔效，割左臂肉疗之，一夕而愈，旋赴新城亲迎，往返二千里竟无恙。璪之外祖母予伯姊也，为予言璪事，甚悉，故作诗以美之。

古梁有公子，雪白颜色娇。大母剧钟爱，怀抱忘劬劳。年至十四五，嗜学超儿曹。冬日大母病，神丹不能调。公子入静室，明灯凉夜挑。持刀自割臂，背人重裹包。药炉扇活火，洗手自煎熬。持杯食大母，久病痊一朝。公子容色变，左臂不敢摇。耶娘骇且异，怀中抱儿腰。细问乃知之，惊魂不可招。喜极翻痛哭，哭罢苍天高。正值亲迎日，道途千里遥。风雪漫长空，山川皆寂寥。创痕尚未复，何以上征轺。公子竟不顾，驰马追风飚。同归拜大母，彩服光如膏。举家乐复乐，喜气鸣笙箫。公子我弥甥，我为作歌谣。倘被輶轩采，可以励时髦。

和李明府雨樵移太湖石歌

我生本有泉石癖，时时梦想青芙蓉。以此缔结知己士，崚嶒气骨相磨砻。秋来重到古桃县，官舍清晓生霜风。绿槐亭下纵闲眺，骤见天外飞来峰。怪石岩岩丈人立，心中有窍皆玲珑。借问此石谁所置，令尹移自官衙东。黄尘埋没几百载，而今出土光熊熊。或云见此当再拜，亟具袍笏如南宫。或云平泉庄上物，用以醒酒多神通。或云僧孺若相见，甲乙品第贪天工。或云倘见郁林守，归装载去浮艟艨。纷纷议论各争胜，惟我仿佛知君衷。忆昔髫年共笔砚，夜谈往往闻晨钟。宦游千里不相见，有瑕常患无人攻。乃以此石作师保，眼前卓立何葱茏。愿借贞介作圭臬，还将洞彻开心胸。以手拂拭三叹息，空城冷淡斜阳红。

题画马

行空天马不可羁，一日千里何神奇。胡为放此荒山陂，母乃索草常苦饥。络头竟遇长安儿，倔强不肯任所之。力曳向后鬃散丝，王良一去世莫追。竖耳长鸣知者谁，我观此画驰遥思。元帅名虎方出师，三军计日平西陲。何当遣为飞将骑，骑一敌万如电驰。

雪日酬李明府雨樵三首

卧惊窗纸明，开门时雪艳。万象空余清，一色净无染。永日读君诗，深情摅我念。冷韵闻疏钟，寒光看古剑。不知红炉暖，但觉白酒酽。秉烛坐深更，三复情不厌。

忽忆去年冬，迢迢与君别。夜度一河冰，朝凌满山雪。长路何萧条，蹇驴亦孤孑。傲霜野松枝，欺风筇竹节。远送滇海人，河梁泪成血。赠我以新诗，千秋字不灭。

高人无复来，初冬到衡水。促席时谈心，挑灯夜读史。雪日殊暇豫，空庭更清美。冻雀鸣檐端，菊花残屋里。嘉君政既平，喜我病初起。共保岁寒心，立言屏绮靡。

雪夜呈雨樵

昨夜天未晓，闻君呼啸声。然火阅车马，言送征南兵。当此大雪夜，元帅号令明。出奇用健将，月黑斫贼营。如愬入蔡州，擒王献神京。望此眼欲穿，计日功当成。会储作颂才，与君歌荡平。

雨中过浒山泺

岚气昼霏霏，披蓑过翠微。喷湖山雨急，吞树水云飞。小店行人歇，孤舟钓客归。相留将下榻，返照满柴扉。

白云湖上怀先洞庭公

不见墨王亭，接天莲叶青。湖烟犹漠漠，山雨自冥冥。今日无遗迹，当年写御屏。后人来此地，驻马想先型。

旅夜书情因怀杨参军晋卿

照壁夜灯残，幽忧感百端。任天忘世易，抱道入时难。月落山城晓，风生水阁寒。永怀反骚客，古调独能弹。

月夜川上怀耿昆圃

川上秋月来，悠然乘兴往。人静夜深沉，烟横泽苍莽。波明见星定，岸阔知水长。悄然思故人，脉脉结遥想。

附竹儿作

坐石听泉响，夜中风月凉。相思人不见，清露湿衣裳。

晚秋即景

旷野无人迹，凉风晓未停。水光浮日白，霜气逼山青。健鹘何曾歇，哀鸿不可听。只应行负钟，沉醉学刘伶。

述祖德示竹儿十二首

始祖讳贵。本诸人，避乱渡时水。即乾时。寄居赵氏宅，长绠汲清泚。一夕风晦冥，从空降女士。天意固有属，风伯作合矣。簪缨三百年，厥初乃如此。

嗟我二世祖讳伍。家计犹未丰。施粥大槐下，阴德感苍穹。县宰得佳梦，天官衣殷红。大车载朝冠，突兀如高嵩。门前树千枝，累累悬无穷。天晓鸣驺来，题额表淳风。表其门曰："善行可风"。至今乡曲士，犹说善行公。

猗我三世祖讳麟。承家方读书。少年作贡士，传心得吾徒。所传颍川王，名德皆不虚。家徒四壁立，淡泊乐有余。尝闻毕司空，馈岁酒兼鱼。

四世讳重光。太仆公，忠如丞相亮。平蛮向贵竹，直入黄茅瘴。单骑谕祸福，贼寇化仁让。复因三殿灾，采木逾青嶂。崎岖不能运，浮出赖江涨。呕血死王事，浩然归天上，遗庙柏森森，干霄犹可望。

五世讳之猷。作观察，矢身最方正。观风渡浙江，尽将贪吏屏。藩王扇其虐，麾下殊恣横。按法歼厥魁，势收起钦敬。煦煦几郡民，歌谣清可听。

六世讳象丰。作忝将，专阃守临清。入幕尽名士，控弦皆劲兵。六韬习已久，屹然如长城。箧中有遗草，斩斩笔力横。想见作露布，万言倚马成。

高祖讳兴阶。值明季，义气薄云天。群盗屠新城，流血成长川。登堂见玉貌，感激涕涟涟。临去揰令箭，一门皆保全。殉难有二令，暴尸城郭间。舆榇返忠魂，千金挥泪捐，国亡胡不死，生平未为官。入圉□[①]乃为拔贡生。常居围城中，高风追鲁连。

曾祖讳士骧。幔亭公，古道独能守。词赋耀当时，克与渔洋偶。晚岁作冷官，故乡诸诚为始祖故乡。司铎久。薰德多良善，文章犹其后。卒入名宦祠，硕望如星斗。

我祖讳启应。年少时，习射能穿杨。常思作大将，登坛镇遐荒。运蹇志不遂，两鬓忽成霜。置地祖墓前，种柏森成行。树茂德亦茂，留为后人昌。

我父讳兆轼。苦学道，有生常黾勉。读书六十年，俗事不挂眼。田园自荒芜，岁无一一践。寝食大家文，精诣穷高远。纵不合时宜，一往安肯返。乘兴东南游，观海登绝巘。凌空吐奇气，却幸尘根浅。

我生尤偃蹇，不得文章力。出门访名山，还家居陋室。先人植厚德，似续良不易。仕途效忠荩，儒冠守正直。誓将与吾儿，尽我寒儒职。焚香读家乘，时复长太息。

吾儿未生时，梦入愚公谷。手种青琅玕，须臾耸山隩。梦回天欲晓，枕畔闻儿哭，洗手摩其顶，嘉名锡以竹。今届舞勺年，就传早出宿。祖遗五车书，珍重待儿读。繄予叙世德，篇什成一束。无论出与处，取法随所欲。吾儿倘立志，此诗宜三复。

---

① 原文此字漫漶不清。

卷四

戊午

长歌行赠金玠堂在渊如先生署中作

人不能立朝作宰相，治化天下成元功。又不能拥兵百万抚边塞，远教蛮貊来朝宗。便当著书数千卷，惊醒人世如晨钟。我怀此志四十载，未就一事成衰翁。但看青山饮美酒，长啸一声天地空。今朝负笈到东鲁，高斋有客怀抱同，客窗偶笔示我读，下笔浩气飞白虹。其言事事翼名教，大都至道皆中庸，嗟我遨游廿余载，欲寻至友相磨砻。如椽大笔似君少，笺注往往搜鱼虫。愿写万卷传万世，长如丹山彩凰鸣梧桐。

蔡仰斋以秋江夜月图见赠长歌报之

昨夜与君开笑颜，放怀欲历名山川。今朝挥笔写东绢，置我潇湘云梦间。凉空月影沉江底，皎皎江天几千里。一行霜雁叫云中，风挟清声忽入耳。惊起山人夜不眠，披衣把卷青灯前。尘心洗净清如水。谁说人间无谪仙，看君此画识君意。似得小山招隐计，为君抽毫赋大人。飘然自有凌云气。

七月三日过小山书屋睡起题壁

榆柳荫荫覆草堂，开门消受午风凉。梦回心地清如水，卧听蝉声送夕阳。

八月八日同于桂游明水

江边树色半苍黄，桥上游人纳晚凉。正是烦襟消未得，隔篱风送木瓜香。

感旧诗七首

张先生荫堂

名玉树，武功人。辛巳进士，知胶州时昌游劳山，过之一见成至交。后权守青州，送昌法庆寺读书，遂师事之，旋守临安，卒于官。

昔向劳山汗漫游，巾车斜日过胶州。炎天脱帽风生竹，良夜开樽月满楼。一自云门挥别泪，便来锦水老渔舟。挂帆南去无归日，万里相思欲白头。

臧先生兆奎

名梦元，别号丹崖，诸城人。为名士，四十年乃成辛卯进士。有句云：“寒衾宵梦短，黄叶雨声多”。

荒坟尝见青青草，手奠椒浆无限情。共说林宗真有道，谁知罗隐晚成名。丹崖此日生秋色，黄叶当年作雨声。一卷新诗曾示我，今宵回首梦魂惊。

臧逸人德堂

名克峻，浙江人。文学，性好佛，能诗，晚年祝发金山寺。

一帆直到江天阁，日诵金经长闭关。但欲明心归净域，不知埋骨在何山。岂无好句藏僧寺？自有高名出世间。回忆京华同去住，浮云流水共闲闲。

张山人丹亭

名嘉桂，邹平高士，好吟诗。

杖策梁邹踏路尘，丹亭不见泪沾巾。方从白社寻知己，竟到青山失故人。酒盏常巡花树下，诗瓢难没绿江滨。欲为高士成家传，端赖郎君笔有神。

臧山人昆田

名润，诸城人。文学，工诗，善鼓琴，余每过之，必为快弹数曲。

支筇往日过常山，正值山翁永日闲。把酒客临幽竹畔，弹琴人在画堂间。离居千里书难达，怅望三秋雁不还，闻驾赤虬天上去，遗诗读罢泪成斑。

孙明府子佩

名鋋，博山人。庚寅恩科举人，吴桥令。赴任时，余在孟巨川家，送之子佩曰：“以子之嗜学，异日必当名世。若予一登仕版，诗书遂废矣，可胜浩叹。”

当时同醉伴梅居，正值金山月上初。遗韵绕梁人度曲，清香满座客尝鱼。羡君墨绶将行县，劝我名山好著书。一别竟成千古恨。秋来萤火点空庐。

陈先生依霄

名嶦，莒州人。岁贡生，昌少时访之先生，年逾六十见昌，□[①]叹曰："君诗才最高，努力为之，必为大家。"昌问秘诀，先生曰："赠君一'浑'字。'浑'字有二解，一曰浑成，二曰高浑。"昌遂终身奉以为法。

早岁相寻到莒州，先生白发已盈头。欲成太史千秋笔，许上元龙百尺楼。黄鹤遥闻归碧落，素车那得到丹丘。三斋遗老凋零尽，独对凉天起暮愁。

归家

廿年到处看名山，今日归来两鬓斑。分卷诗文才倒箧，捧杯儿女尽开颜。门前旧有园三亩，溪上新成屋数间。从此安居应有分，多栽花竹待春还。

题竹坡侄小照二首

山县清幽早放衙，松阴独坐试新茶。问君诗思在何处，正忆锦秋红藕花。

平抛羽扇早凉天，把卷临流兴洒然。静捻吟髭诗未就，石床闲却白云笺。

带经堂夜雪歌送从孙允密之京兼呈铁少宗伯冶亭玉少宰阆峰法祭酒时帆刘大鸿胪芷林四先生

乍听松涛声谡谡，阴云飘忽暗林麓。昨从秋水亭中来，今向带经堂上宿。传呼方喜阿咸迎，谈笑又逢佳客续。香飞玉盏酒浮蚁，光射银盘饭炊玉。半夜起风为巽二，满天降雪是滕六。石帆亭外倏铺银，华子冈头乱折竹。冰坚地似镜面滑，衾冷人如龟项缩。先人已去空书库，后嗣谁能继芳躅。放怀千里驰遥思，静坐一榻成幽独。是时玉堂诸前辈，待旦金门冷朝服。谢庄身上落天花，岑子眼中晃银烛。早朝定当凉月霁，退食应逢腊酒熟。白雁未从云外至，清诗常自梦中读。吾兄敬亭有文孙，乃属渔洋之近族。新春将欲赴铨衡，今夜适逢作尺牍。人笑丹篆吞一卷，自写花笺盈数幅。旷达不让刘伶醉，狷狂岂效阮籍哭。公当要路皆天人，我在名山亦仙福。雀舌茶香啜良宵，梅花帐暖眠石屋。凌晨放眼上峰头，长啸一声满空谷。

---

① "□"，底本此处漫漶不清。

戏寄又籛二兄病中

兄名祖彭，字又籛。

风流跌宕真神仙，生来才调殊翩翩。临风玉树何皎然，不营华屋不种田。樗蒲一掷百万捐，痛饮日日开琼筵。兴来高吟耸诗肩，捧砚执拂皆红颜。春蚓秋蛇生笔端，须臾挥尽桃花笺。举首天外高难攀，见人富骄贫乞怜。笑骂曾不值一钱，一生好我称诗颠。歌我新诗三两篇，几回欲别复流连。今冬卧病常闭关，悬知念我眼欲穿。纵有岐伯投神丹，未必功成顷刻间。寄去此诗胜九还，不须文武活火煎。一见大笑百病痊，崛然而起筋骨坚。大雪初晴朝日暄，江山万里争新鲜。相约携手登峰巅，埙篪倡和如鸣鸾。

己未

龙山夜月吟

皎皎龙山一片月，流光满地明如雪。高楼谁按小秦王，玉笛终宵怨离别。

平陵道中晓行

早起独西行，满怀秋意生。月光悬古堞，虫语响空城。天末凉风起，林间夜露明。龙山知不远，烟外晓钟清。

访隽子瞻

相逢握手隽山边，并坐临风话石泉。回首明湖同醉月，于今三十有三年。

孟冬过樗东草堂闻瞿伯海将至宿张少白家待之俄而风雨大作夜霁作歌纪其事

金风淅淅天雨霜，满山红叶生秋光。老夫偶然动游兴，独冒朝岚寻草堂。主人一见执我手，共坐名山如二酉。上下千古纵高谈，麈尾横斜开笑口。传言有客见我诗，神交十载长相思。明朝骑马过此地，何不相待倾金卮。我闻此语动情愫，投宿邻村且小住。那知风雨下长空，断绝行人朝复暮。夜深明月出林东，四扫浮云天宇空。独卧终宵不能寐，惟闻床下鸣秋虫。闲愁欲散秉明烛，坐起临窗把卷读。偶观访戴有高人，洒然顿觉无枨触。待君不至我将归，欲寄音书少雁飞。何日相逢把樽酒，清吟如对谢元晖。

访王文清

空山落红叶，乘兴一寻君。石室谁曾入，兰香我独闻。十年凭远梦，此夕偶同群。明日城东去，回看但白云。

赠王广文若水

我生浩荡皆自由，飘若白云天上浮。支筇好入名山游，年华瞥眼三十秋。日日吟诗消我忧，何期忽遇韩苏俦。蚪蚄新作笔力遒，长枪大剑声飕飕。探诗囊底为君投，喜君挥笔无停留。三日三夜倾酒瓯，手携象罔穷冥搜。波底明珠无不收，恍如飞上十二楼。浮云尽扫风飕飗，满天明月临九州。挂风樯兮弛骅骝，游三岛兮遍十洲。与君把臂相倡酬，钧天迭奏声悠悠。如此欢乐实良筹，君能弃官从我不？

澹园杂咏为陈鹤亭作

来青馆

结宇在东院，庭前生绿苔。凌晨一启户，竹影送青来。只应王子猷，啸咏日悠哉。

待月廊

池西结回廊，池东去林樾。逸兴夜悠悠，荷香正清绝。海边月未生，浩歌犹不歇。

晤高觐甫问余近况作歌答之

讲堂新月明疏棂，案头一烛光荧荧。多年不见感慨增，问余别来何所营？緊余流宕如浮萍，最爱江山画不成。吟诗千首任人评，相与倡和皆豪英。或为高僧或名卿，相与大笑倒酒瓶。流电光阴去无停，那知两鬓明星星。昨有相士观我形，言我颧骨高峥嵘。年当九十有六龄，我闻此语喜且惊。果然如此足生平，人间富贵我所轻。高风每欲追长庚，从今杖此一枝藤。遍将五岳名山登，扬帆先去游东溟。且向蓬莱山上行，石室清旷安棋枰。将与仙侣争输赢，别君挥手出门庭，黄鹤一点凌苍冥。

别澹园

芙蓉池上有红桥，拄杖闲游忘路遥。别后一天明月上，何人来此更吹箫。

访万子明先生莱州学署

朝发新河畔，飘然跨飞黄。夕入莱州城，乃登君子堂。八年不得见，鬓发俱成霜。公子见我来，为我拂尘裳。孺人闻我至，摘蔬作羹汤。先生谈妙道，高古追羲皇。下及晚近世，慷慨复激昂。吾邑众先达，今年尽彫亡。闻之惊且呼，泪下沾衣裳。惟君力尚健，岿然鲁灵光。莫如饮美酒，相与游醉乡。繄子好流览，得句投奚囊。昔嗜摩诘淡，今学太白狂，欲寻羡门去。爰求不死方，今宵促坐席，骋怀话偏长，明日一挥手，与君遥相望。

赵北岚菱园杂题

萝径

藤萝绕径幽，落子发清响。经秋不见人，长吟自来往。

绿天深处

一径入芭蕉，洞天乐幽独。嗽齿诵楞严，开窗坐寒绿。

竹廊

竹影上回廊，秋空明月照。时有风泉声，泠泠和长啸。

夕晖台

杖策临高台，超然出林表。斜阳下城头，放眼穷幽窗。

题赵北岚南亭诗思图

观君吟诗图，爱君吟诗地。经年君独吟，昨日我方至。适与步幽径，相看真画意。添我入此图，共索诗中味。

别赵北岚

昔年携手游京都，寻幽缓步提酒壶。椒山宅外悯忠寺，作诗分韵相欢娱。常期杖策一过从，几年遥望空长吁。忽然兴发径相访，那辞千里长途纡。西堂下榻四五日，狂歌痛饮招吾徒。昨日南村今北岭，归来风景犹可摹。夜半诗成秉烛写，危坐高吟清兴孤。惊起邻人夜不寐，鱼龙吟啸来江湖。倦时倚枕得仙梦，乘鸾飞到三山隅。安期羡门皆不死，犹在人间胡为乎？

登蓬莱阁观海兼拜苏文忠祠

清晨望海登蓬莱。鲸波汹涌奔迅雷。乘风万里怒潮起，飞空千丈高崔巍。是时渤澥初晴雪，日射三山尽皎洁。潮落波光静如绮，远浮玉宇真奇绝。放歌云海空复空，诗垂万古苏髯翁。五日还朝胡太急，来此纵笔殊豪雄。惟公壮节如山立，故与沧溟为劲敌。我今翘首仰高山，滔天大笑王安石。

庚申

题曹墨庄云门独眺图

昔年我望云门山，一轮明月悬松间。划然长啸凌绝顶，恍如飞出青霄间。写真欲向岩洞里，可惜世少虎头枝。遨游今到渠丘东，一见故人狂且喜。手携画册置我前，见君拄杖青峰巅。下视齐州烟九点，遗世独立真神仙。我好吟诗不能写，徒有虚声流稷下。惊看此画借我名，使我居然多艺者。胡庐大笑曹墨庄，谁能如我两人狂。还应貌我君之侧，题壁倡和留诗章。寿字南山笔力大，雪蓑遗迹千秋在。好寻石匠安民流，旁镌此诗亦一快。

上铁冶亭先生

携诗五卷渡黄河，欲向仙人借斧柯。闲淡多年拟摩诘，雄奇近日学东坡。天涯浪迹全无定，身后文名或不磨。赋罢三都求作序，不知皇甫意如何。

江南曲

扬帆斜日到高邮，名士空怀秦少游。六百年来淮海地，能教水竹亦风流。

垂杨影里露筋祠，一片冰心绝代姿。恨杀江风天外至，白莲花落月明时。

江边不寐数更筹，紧缆淮南水上楼。一抹红霞天乍晓，卖花声里过扬州。

大江东去接青霄，舟到中流橹漫摇。闻道无风波浪涌，今朝亲见海门潮。

平生梦想江天阁，此日扬舲入画图。忽忆高人臧处士，不知还住此山无。诗翁臧德堂祝发金山寺。

江心一点是焦山，岚气青苍缥渺间。也欲乘舟看竹去，行人不及老僧闲。

镇江城下泊孤舟，月挂青天似玉钩。正是离人眠不得，笛声哀怨起高楼。

故人家住常州郡，谓渊如先生。惆怅年来尺素稀。欲趁月明想问讯，风樯争奈去如飞。

姑苏夜泊

帆落苏台畔，疏钟隔水闻。谁家吹玉笛，何处醉红裙。鹤涧自明月，虎丘空晓云。远人眠不稳，终夜惜离群。

抵孤山谒孙渊如先生

买得轻舟载素琴，西泠桥畔觅知音。未招处士千年鹤，直上孤山第一岑。杨柳堤边风乍到，梅花岭畔酒重斟。东坡格调谁能似，惟有先生拥鼻吟。

孙武私印歌为孙渊如先生作

齐国狂生王秋水，翱翔来到孤山陂。先生取出孙武印，传观命我题新诗。低徊数日未下笔，天机不动何能为。忆昔初为子胥荐，观战欲试宫中姬。台前分队掩口笑，一怒径斩双蛾眉。君王命下救不得，惟闻鼓角秋风悲。从此进退皆合法，蹈汤赴火能奔驰。不知何日铸私印，应是十三篇就时。篆文古拙镌四字，运筹帷幄常相随。流传人世几千载，应有鬼神为护持。先生博古通将略，校刊数种千秋垂。长卿何况是远祖，自注：武，字长卿，见《古今姓氏辨证书》。生平梦想英雄姿。忽有故人赠此印，兴来啸咏何淋漓。倩人作图挂粉壁，教我流览驰遥思。东西两川尚烽火，盘踞岩洞多山夷。未入虎穴探虎子，大将空闪招摇旗。

安得天生孙武子，追亡逐北任指挥。一日班师返京国，凯歌齐唱倾金卮。先生本是将门子，韬略久与先人期。未得将印大如斗，闲来且下东山棋。

同孙渊如秦小岘二先生西湖泛舟

为爱西湖胜，流连日几回。白苏遗迹在，吴越故宫颓。船载笙歌度，水浮亭馆来。红莲迎客笑，难放海螺杯。

送刘寄庵先生之任福山

看山归自西湖曲，惊闻先生官已复。便欲飘然跨白驴，相迎直至绣江宿。那知已过花山头，夜半追来秉明烛。莪石张象津号镜沚侄孙允熙号先我到，探囊共把新诗读。疏钟敲罢犹未眠，室静芝兰不闻馥。忽忆谪官向军台，戍边欲过青海路。沙场日落行人罢，仆马萧条自相逐。雪花如掌风似刀，重裘冻彻寒生粟。旧治新城与曹南，人民闻之皆痛哭。醵金十千充赎锾，如子救父手捍目。恩许还家养老母，迢迢万里归茅屋。远人方得家庭乐，自分终身老空谷。丹诏忽从九重下，有人荐举为民牧。廉介才干皆罕俦，修城渡船惬民欲。昨朝入觐天颜喜，山县乃得登之福。先生潇洒真神仙，游山每欲骑白鹿。福山山水皆清妍，定有新诗盈卷轴。岂但致治如龚黄，行见九迁近□[①]谷。临岐奠酒望青霄，我为天下苍生祝。

辛酉

晤秀卿兄

兄弟皆牢落，残年见面稀。还家无旧业，卒岁少新衣。小院红梅放，寥空白鹤飞。及时且行乐，无事羡轻肥。

---

① 原文此字漫漶不清。

秋日送华苏桥之京兼寄王侍御熙甫

晚岁赴京华，临岐漫自嗟。刘伶空有钟，王粲已无家。北海秋风起，西山落叶赊。好寻骢马客，同望半天霞。

济南绝句七首

大雅犹存名士轩，游人怀古倚栏杆。少陵已去渔洋老，更有何人议筑坛。香祖笔记，曾子固守郡日作名士轩。

白雪楼空草色新，高文一代出风尘。蔡姬聪慧闺中少，竟作西郊卖饼人。李沧溟白雪楼后归，邢子愿复售季木公。季木诗荒草深埋一代文，蔡姬典尽旧罗裙。蔡姬乃沧溟侍儿之最慧者，年七十余尚在西郊卖饼。

南山荦路草痕生，瓦子冈头更不平。白练一声空际去，秦皇曾在此中行。《济南山水记》：瓦子岭在齐城峪南，遍山多瓦砾，相传秦皇登岱之径，燕山最绿拖白练，泰山岛名。

清明上冢艳红庄，龙马云车满路香。谁向佛山春色里，东风落日吊秋娘。明王秋娘墓，在大佛山下。

历下亭前月似钩，美人名士共仙舟。销魂曾赋湖边柳。回首攀条六十秋。德州祁子徽秋夜，醉卧历下亭，忽见画船自苇中出，有伟丈夫携丽人登亭共坐，云记丁酉与王阮亭赋秋柳令。岁又丁酉矣，感慨题诗而去，却视壁间墨迹未干，天明渐渐没灭，日出后杳无字迹。见《秋灯夜话》。

孙家别业历城西，四面黄云尽稻畦。华鹊雨山秋色里，王孙洗砚有清溪。孙氏有别墅，在郡城西北十里。四面稻畦，与鹊华两山相望，圃中有泉，传为赵松雪洗砚泉，其地名砚溪，《赵松雪鹊华秋色图》为周公瑾作。

鹿鹅听讲月阳台，惆怅神僧去不回。惟有金舆山色好，青青曾见跨驴来。月阳寺在黄台前，秦录竺僧朗居金舆山中，盛动群鹿，自然至谷，又感鹅一双，时听梵赞。其所乘之驴上山失之，有人见者，乃金驴矣。

题祖泉见画

绝妙云林笔，寒山入晚秋。白烟生竹院，黄叶下江楼。人跨仙鸾去，图从石室留。卷帘相对久，仿佛到沧州。

九月十五夜怀孟柳谷

重阳未得共遨游，转眼光阴已度秋。诗到暮年多感慨，人怀名士亦风流。黄花满院谁分韵，霜月当空独倚楼。写罢尺书空欲寄，竟无鸿雁过汀洲。

秋日怀刘赞府子常时在四川军营

家别庐山远，官居锦水清。剑门犹转战，蜀道正难行。凉月黄牛峡，西风白帝城。遥知莲幕外，愁听夜猿鸣。

雪日同丁翼庵李岸塘登诸城南楼怀李桥南

冒雪上南楼，烟村一带收。雕盘高树外，人过小桥头。不见常山色，空临矩水流。袁安应未起，远望共悠悠。

雪后游丁佩紫主政园林

东武雪乍晴，乘兴访高躅。清晖耀平台，冷韵生修竹。初到泊月舫，风送梅花馥。深入得树轩，高鸟闻啄木。故人知我至，倒屣出深屋。挥麈快清谈，新诗阅数幅。共试北苑茶，松风闻谡谡。忽忆少年时，曾游此林麓。月下听鸾箫，床上观棋局。我去游名山，君方着朝服。十年隔山川，高会难再复。今朝远相寻，打窗北风肃。围炉共话旧，不觉心怅触。朱颜君还留，白发我已秃。岁月去堂堂，真如流电速。力学不及时，骚雅安能续。挥手将远别，高唱阳关曲。回首白玉山，寒光明朝旭。

雪后访刘顾溪玉如兄弟

雪霁北风歇，濛蒙生薄雾。忽忆素心人，冲寒跨驴去。出城一长望，琼葩满高树。楼台明远村，松枥暗古戍。泉奔深谷鸣，客试坚冰渡。兴来耸吟肩，不觉日已暮。夜舂远闻声，犬吠不知处。园林烟际出，打门惊仆御。昆仲袭裘来，失喜今把晤。竹屋银灯明，清樽白醅注。出我囊底诗，西湖令人慕。傍晓犹未眠，共作梅花赋。

壬戌

寄赠纲上人

白云阿五连山堂名里老僧闲，趺坐参禅日闭关。寂寞花宫明月下，一声清磬满空山。

法庆寺看花怀张荫堂先生固庵大师

晓送行人北城北，寒烟一抹春山色。归来缓步游丛林，满院花开映朝日。读书昔在竹西堂，早起开门常纳凉。朱幡太守分清俸，白社高僧与妙香。荏苒光阴十三载，故人太息今安在？空闻善政留南云，不见浮杯渡东海。名花犹似少年容，游客已成霜发翁。往日僧雏今长大，依依话旧天香中。

游郇蒲瑞林亭观牡丹同寄庵先生张悔堂学博张秋池宋雨亭段苏门作

哦诗音韵如洞箫，残月乍晓青天高。使君看花在郭外，有人传语相招邀。遥看一簇烟林出，高墙如雪围周遭。童子开门延客入，牡丹花发香风飘。五色相间耀朝日，如佳人着宫锦袍。洛阳名园古无数，生平梦想心空劳。到此永日忘归去，槐阴屡转诗兴饶。主人移席就花下，杯飞鹦鹉浮香醪。众宾推我歌乐府，人人侧耳静不嚣。划然独作孙登啸，苏门山上生风涛。人生三万六千日，谁能无事惟逍遥？名花艳发有几度，常供吾辈来游遨？郇厨更有餐花法，清芬尽把肠胃调。试向花前歌此曲，曲中香气凌云霄。

题张华国画

兰花字女竹名儿，秋水亭前得意时。忽见山人春晓画，高风恰与素心期。

云山门

群峰抱青社，独有此山尊。赴海奔千里，通天辟一门。真人眠古洞，闲客觅洼樽。门东有陈抟洞，门北石坟凹处曰：洼樽。舒啸白云外，招来鸾凤骞。

陪寄庵先生游广福寺

出城十余里，清旷得禅关。门外澄明水，墙头远近山。一僧空寺里，乱塔夕阳间。遍地搜残碣，从师竟日闲。

同诸子陪寄庵先生游凝翠亭看芍药

共向翠亭过，因看红药来。先生方解印，诸子共登台。瑞色添金带，清芬饮玉醅。功名黄霸远，分手莫徘徊。

重游凝翠亭二首

垂杨丝染深绿，芍药花开淡红。今日新摹画里，昨朝已入诗中。
闲院有丘有壑，高风宜酒宜琴。虽来城市中地，已是羲皇上人。

留别青州同学二首

共从先生游，数我年最长。临水复登山，路人指吾党。
同游竟一月，临别不胜情。欲返商山路，依依广固城。

赠庞仞表

历数孩提交，同心有庞子。其愚山可移，其贫水相似。浩气凌千秋，快游轻万里。俗人白眼看，非笑不能已。呼尔为风生，目我作狂士。谁知刘使君，一见深相喜。同门十九年，低首听提耳。虽未共患难，定可同生死。管鲍今已遥，交情薄如纸。挽回无我辈，狂澜何所止。

胥将军挽歌

将军名泗起，历城人，官江西吉安参将，署湖北竹山副将，嘉庆七年二月初八日，于湖南县讨贼阵亡。

万丈长虹起天半，天下英雄尽扼腕。惊传将军与榇归，丹旐摇摇历山畔。生来骁勇鼎可扛，一片丹心能百战。湖北群盗起草中，几回逐捕三军冠。谁知凶渠解诱敌，能令元戎进无惮。披肝力谏既不听，岂可坐视当拯难。横刀上马驰如飞，深入重围一敌万。火球烧山林木红，骑从纷纷坠深涧。犹能奋力跳山巅，身首猬刺七八箭。大呼一声如迅雷，已骑箕尾上霄汉。吁嗟南征六七年，军中夜夜清歌按。何人智勇似将军，唱罢挽歌更三叹。

同沈少府钰入京途中有赠

萍踪忽相合，千里过津关。挂席同临海，骑驴共看山。纳凉堤柳下，投宿水云间。北望都门近，犹期结往还。

为兰舟兄题画

飘然身似六朝僧，到处名山入眼青。谁画九仙松两树，遗音萧瑟我曾听。

蓟北遇雨赠张三弟禄并序

嘉庆七年六月十八日，余自京赴宁远州牧刘松岚先生任所，过蓟州，大雨数日，山水瀑涨，坐困旅馆中。遇秦州张禄将之沈阳，乃慨然同行，以所跨白卫载行装。每渡大水，辄掖余以行。抵宁远，余固邀入署，禄曰："若如命，是千里送君有所为也。"乃径去。

蓟北山中三日雨，行人遥隔水云呼。提携何意来张果，千里飘然共白驴。

雨后山溪泛涨初，无船到处渺愁予。凭君忠信人间少，涉尽波涛更洒如。

北平

白浪打高城，传闻是北平。单于无故垒，飞将有遗名。笳吹风中断，铙歌月下清。卢龙成乐土，远客可宵行。

山海关

登高望远空，山海接云中。潮汐天边涌，峰峦塞上雄。入城犹烈日，出郭已秋风。关吏何须问，寻诗一老翁。

长城

苛政叹秦皇，成城万里长。但知筹外患，谁解备箫墙。曲折随山势，巍峨入海洋。怀人惟在德，别自有金汤。

古意呈刘崧①岚先生

千里悠悠怨别离，彩云方得慰相思。欲观明镜真颜色，只在红妆洗尽时。
可笑熏香与画眉，清歌妙舞尽妖姬。生来自有当熊意，独卧长门君未知。
王母蟠桃宴正开，瑶池西望几徘徊。闻中笑问东方朔，三熟何时偷得来。

西园夜坐赠崧岚先生

短檠羊角灯，鸟几共相凭。警露雌雄鹤，流空开阖萤。快谈如侠客，静坐似高僧。童子垂头睡，频频唤不应。

西园月夜即事

寂坐如僧定，灯光几上青。月轮挂高树，花气散空庭。夜静秋蛩响，衣凉暗露零。无心得佳句，风韵自泠泠。

又赠崧岚先生

澹荡本生成，心闲书阁清。姬人朝搨帖，童子夜吹笙。风定花还落，庭空鸟自鸣。拈髭成韵语，奇与浪仙争。

---

① “崧”，原文作“松”，根据目录，应为“崧”。下文尚有多处此类情况，不一一出校。

放歌行题洪稚存太史附鲒轩诗集

我生天地如冥鸿，好游海岳眼界空。结交一代皆奇士，激发志气飞长虹。独恨未识洪太史，常闻上疏知其忠。今到辽西见诗卷，并时诸子谁能同？奇怪出没来眼底，真宰上诉惊天公。有如登高望远海，壶峤浩浩来长风。怒拔雪山立千丈，忽开镜面磨青铜。夜闻天雉旭日出，火云万里烧天红。一朝烟雨澄绛色，蜃楼幻出三山峰。群仙乘鹤赴金阙，朝天手握青芙蓉。遥闻仙女奏广乐，遗音缥缈来紫宫。纵有写生吴道子，亦难如此天然工。拍案大叫真奇绝，拔剑飞舞中庭中。嗟我读书五十载，学古常欲希前踪。汉魏曹刘唐李杜，奇才千古难相逢。今观此编信神物，霹雳一声双耳聋。苦吟再用十年力，愿如天马追神龙。好向江南一相访，大叩小叩闻洪钟。

塞上咏古三首

管宁

皂帽犹传高士风，浩然避世向辽东。回看当日龙头客，不出先生意料中。

李广

猿臂将军力绝伦，仆姑贯石技如神。能教名字垂千古，纵不封侯亦慊人。

王嫱

琵琶马上弹清怨，绝代丰神难画成。不是和亲曾出塞，汉宫老死莫知名。

题张船山太史宝鸡县题壁诗后

忍读新诗泪满缨，当朝诗史属先生。直将一管董狐笔，写尽西川颠沛情。杜宇声声不忍闻，夔巫山外哭黎民。从今国史添清议，工部千秋有替人。

赠王梦白 名永选

放下弓刀诗已成，如君才气亦峥嵘。放歌昨在东山顶，空外如闻霹雳声。

寄灵侍卫

十二年前见我诗，知音无复亚钟期。每因见月怀仙侣，未得临风把酒卮。为看丹枫来北苑，又寻黄菊到东篱。闻君近日常相念，折简招邀到莫迟。

赠王熙甫侍御

少岁交情老更敦，一生只解任天真。同游白社看花葵，并坐清宵玩月新。进欲牵裾回圣主，退思负米养慈亲。云龙自合常相逐，愿买青山作近邻。

贻门人布西山侍卫

扈从长杨逐辇驰，翠华影里羽林儿。新磨宝剑吹毛试，乍得神驹控鬣骑。后学竟能歌白雪，未婚早已近丹墀。赤心报国王孙事，休负青年圣主知。

京师真武庙阶石有天然梅月之形灵侍卫竹雪抚于纸赠敦侍卫并乞余诗为赋长句

元帝庙前一片石，天然图画人不识。明月皎皎当空悬，梅花两株开正妍。苔封雨打玉阶底，终古无由置案几。竹雪好画谁与俦，坐卧揣摩三日留。到家手把丹青笔，写出冰姿挂素壁。持赠同心当岁寒，携来雪屋招我看。譬如高士隐岩谷，物色无人安得出。花石今朝人共知，写生妙手逢徐熙。

秋水亭诗补

庚申

呈阮云台先生

当年试院战群英，卅首新诗倚马成。鹤待浮丘应独立，骥逢伯乐即长鸣。岂无风月供吟啸，惟有江山管送迎。不向师门寻旧好，天涯谁识老王生。

有感

昔年侠气未曾除，燕市悲歌作狗屠。立地放刀成佛祖，于今全不费工夫。

辛酉

病中谢朱救人

卧病住君室，宛然如在家。临行还惜别，扶我上归车。

寄庞仞表

眉宇英雄色，梦中常宛然。疏狂从我好，牢落有谁怜。路下扬朱泪，人怀贾谊贤。上书须努力，始终直如弦。

壬戌

题临江丈人拄杖

竟是长房手内筇，登临扶去日从容。莫言住世无光怪，掷向云霄便化龙。

秋水亭诗续集

王子文诗续集序

二十年前，子文访余于净业湖上，以诗为贽，乞余序。余以其人未习，而性情心术不相知也，未能著笔。敦索至再，因取文简公论诗大旨，勖勉而著于篇。

二十年来，子文数抵京师，至则辄诣余所，握手不叙寒温，即朗诵别后得意诗，高下长短，与湖上水声、林间黄叶声相间。余倾耳听，童子则掩口笑。子文不问也。

夫子文以刘寄庵刺史为师，以王熙甫侍御为友，则其生平不诬，可以自信于心者，有由来矣。闻山水佳胜，虽道里辽远，不谋裹粮，跋涉以往，忍饥吟啸，萧然快乐于荒天穷僻之乡。古之诗人，旷达磊落若此者，凡几人乎？余虽不能与子文晨夕过从，此唱彼和，知其下笔无尘俗气，能决之于素昔者。

今不远千里，冒雨至京师，求余序其诗。余年衰多病，子文固老健胜前，而已六十外矣。白发相对，岁月如流，旧约恐渝，泚笔序之。

嘉庆十四年六月二十八日雨中，梧门法式善识。

洪亮吉序 ①

诗不可腐，亦不可亵。甘泉、定山之作微近于腐矣，次回、定远之诗稍近于亵矣。无他，性情之际，有滞而不宣者在也。若性情之真者，与人子言孝，与人弟言悌，极之“陟岵”“陟屺”“父兮”“母兮”之什，虽明晰如话，而不入于腐。若性情之雅者，虽灵修、美人以媲于君，宓妃、佚女以配贤臣，极之含睇宣笑之词、抱袂褰衣之句，虽形容尽致，而不近于亵，则性情之雅正为之也。

新城王君秋水为文简族曾孙，自幼即以诗古文为性命，而又不敢自恃。有所作，辄质之友朋。今岁，君年已逾六十，尚介。吾友孙君伯渊不远二千里，以诗古文就质，余可足以知君。及进而读君之诗，其和平中正，详赡明晰，实有得于性情之雅正者。以视文简，婉约或不及，而兴会飕举过之，亦可谓善承家学者矣。

记有之，昔吾有先正，其言明旦，清君之诗，实其近之诣。即以序君新，告君之友朋，或不以予言为河汉也。

时嘉庆十二年长至后五日，上书房旧史阳湖洪亮吉叙。

---

① 本篇无题，题为编者加。

奉赠

秋水先生词文一律，即补正句。

二千里外片帆驰，访我衡门岁暮时。历尽九州山水窟，吟成一卷性情诗。唐衢似为生灵哭，王济犹嫌臣叔痴。西忘关河冰霰少，塞鸿归计尚须迟。

更生居士洪亮吉稿

题秋水亭诗卷赓会

先生有亭名秋水，因以自号差可喜。年过六旬吟兴豪，三峡倒流秋江涛。七年不见心惆怅，传闻君在华山上。今朝重来游帝京，握手一笑春风生。自言初从海外至，新诗一卷颇得意。挑灯读罢灯花残，一轮皎月当空寒。其中古作尤超妙，划然如听苏门啸。乃叹君诗卷盖工，浩然吐气成长虹。富贵于我何所有，且食蛤蜊饮美酒。白眼看他世上人，我行我法谁能嗔。

王子文小传

济南诗人曰子文王君。岁庚戌，尝见之于兵部王笠庄家，年四十，性豪迈不羁。一见余，辄长吟所自作诗。越日，手一编示余，余受而读之，皆可喜者。

戊午己未间，侍御王熙甫为余言："子文放浪山水中，有旷杳之音，又闻其为人慷慨有侠气。邑长刘大绅寄庵者，良吏也。新城、曹县，所至多惠政，以事干吏议，议遣戍。子文徒步数千里，醵金三至京师，乞当事者赎其罪。新城名宦向慕闵，顺治三年骂贼死，子文白抚军上其事，慕闵七世孙兆贵得荫，世袭恩骑尉。"嗟乎！若子文者，可以为诗矣。

己巳，余侨居诗人李怡堂家，而子文携其子、其诗自河东来。酒酣，既长吟所自作诗，又舞蹈，歌太白《蜀道难》等篇，犹想见二十年时意气。越数日，子文来乞传于余。子文之言曰："子文为人不嗜荣利，以诗自娱，今老矣，将南浮荆湘，历百粤，往滇南，造寄庵之庐，因以遍访天下名山大川，惜笠庄、熙甫不及见矣。二十年后，愿君一言为传。"余笑曰："传君当及君之见也。"怡堂以为然。因举二十年来见君之诗，闻君之言行而书之如此。

子文名祖昌，号秋水，新城人。渔洋从曾孙也。子宸竹亦工诗，能世君之家。

嘉庆十四年，岁次己巳四月望日，即墨黄如瑀撰。

总评

孙渊如曰:“近作诗笔豪宕，文境开扩，具真性情，有大魄力，不愧渊原渔洋，擅场历下。”丙寅正月十五日。

阮云台曰：“《秋水诗续集》较初集更苍健。”戊辰正月二十一日。

汪东序曰：“五言如绛云在霄，舒卷自如，如秋山叶脱，石气自青。七古如骏马下坡，如苍鹰戏海，如龙蛇飞舞，捕捉不住，真大手笔也。”己巳六月初六日。

目录

诸城侄赓言簣山编次

卷一　古今体诗七十七首

---

① 此处正文《夜泊天津》为单独的一首诗。

① 此处正文《原上闲眺宛然如在石桥画图中也感赋一首》为单独的一首诗。

② “淡”，正文为“澹”。

① 此处正文《却寄高秀亭》为单独的一首诗。

② 此处正文“阁”后有“会仙堂”三字。

③ 此处正文《题宗弟云鹤斗室》为单独的一首诗。

① 此处正文《宿徐司马秋山半芥园晓兴》为单独的一首诗。

① 此处正文《养疴》为单独的一首诗。

② "后"，正文此处为"卷"。

① “题”，正文无此字。

② 此处正文后有“先生”二字。

卷一

癸亥

赠高子积名如岱，济宁贡生，嘉庆元年举孝廉方正，不就

雨余天乍晴，散步访高躅。迤逦过石桥，参差见茅屋。入门方一笑，新诗已三复。琴无弦可弹，酒有巾堪漉。白眼看仙佛，清音赏松竹。尘事问乡邻，古风被樵牧。币聘亦徒然，遐心在空谷。

宫女怨

吹箫十五入深宫，绝似芙蓉出水中。自有冰心悬夜月，何妨玉殿起秋风。羊车梦到天将晓，雁阵惊回烛尚红。纵使终身恩不逮，依然气骨足当熊。

车遥遥

忆自登车上远途，洞房归卧一身孤。花开春院愁仍起，月满秋空梦亦无。白马几时还故国，青楼何处醉屠苏。贞心纵为相思死，化石江边尚望夫。

新春即景用剑南集山家韵

晓月桥边细路斜，近无词客到山家。日烘阶下筛梅影，风掠墙阴卷雪花。白社有时忆南国，红尘无梦到东华。新诗吟就凭谁赏，闲把瓷瓯自品茶。

喜胡乙垣至

冒雪高呼三两声，开门倒屣远相迎。桥边携榼儿沽酒，厨下操刀妇作羹。访旧少年驰马快，观诗老眼趁窗明。与君此日忘宾主，愿学庞公古性情。

自咏

狂夫老去欲何为，饱看青山仗竹枝。到处有缘参白足，一生无句比红儿。轻帆已向江南挂，骏马还从塞北驰。今日还家余兴在，又寻好友倒金卮。

忆昔行赠敦侍卫文玉

忆我四十三岁时，蒙公聘为公子师。公驰宛马当校猎，穿杨百步如由基。夜静观书饮名酒，伊川紫阳思尚友。固穷甘作羽林郎，不向权门傍槐柳。休沐与我歌乐章，萧斋扫地兼焚香。相期努力复努力，砥柱屹立河中央。分襟我返锦湖水，迢递云山隔千里。每到风清月白时，怡然相见梦魂里。前年乘兴入京华，邀我园林曾看花。沽酒相留十日饮，萧闲不异在山家。浩然长往作游客，纵览江南复塞北。谈诗今又对明灯，如此交欢岂易得。朝来揽镜坐华堂，叹我两人毛发苍。湖光山色还如旧，回首当年空断肠。

上七额驸

一片丹心事我皇，争傅戚里有贤王。两朝留相居京国，万里宣威靖朔方。每护龙旗游上苑，时随凤辇出长杨。秺侯忠勇真无敌，亲抱何罗触瑟僵。

上巳寄灵侍卫

桃花春水泛红船，上巳风光在眼前。欲续兰亭修禊事，今朝不减永和年。

西山道中

西山到处看花开，得得骑驴踏碧苔。终日咏诗图画里，一峰才去一峰来。

盘回曲径登山去，攀石扪萝苦未休。万仞峰头一长啸，天风三月似新秋。

潭柘山杂题为月朗禅师作

太古堂

坐床抚冰弦，解愠心自广。谡谡松风鸣，泠泠玉泉响。生平爱空山，兴来每独往。何日逢知音，俱作太古想。

龙潭

山顶有龙潭，天光下相映。远与沧海通，下向青溪迸。润物非无心，藏身是本性。寻常走雷霆，令人肃然敬。

妙严公主迹

朔方有公主，颜色美如玉。一朝着黄冠，竟日参白足。富贵岂不荣，超然独绝俗。我来山寺游，翘首仰高躅。

同临远大师登千佛阁

戒台山寺中，涌出千佛阁。俯听松籁鸣，下见夕阳落。桑干霁风沙，京国见城郭。御道东西直，远山南北削。檐铃响琅珰，栏杆红照耀。鸽凭梵王肩，莲生鹿女脚。拈花入祇园，指月出兰若。举首碧天外，超然解束缚。

倩亭先生招饮先生名永曼，宗室，性旷达，嗜诗画，不乐仕进，好游山水与高人快谈

新入朱门帝子家，清香争放玉兰花。楚元设醴风犹古，王粲谈诗日已斜。赤汗茶云成独往，青萍如水向人夸。黄昏送我西城曲，一路风生驷马车。

题灵侍卫斋壁

忘却是朱门，古风今尚存。每来破清晓，不觉到黄昏。作画神偏王，谈诗论不烦。犹嫌相去远，隔日始开樽。

问李比部滋园

欲向衡山觅道途，五千里外一帆孤。问君夜过洞庭水，月下清猿曾听无。

王秉如留饮

乘凉树下共衔杯，一带西山入望来。座有金陵城外客，风光闲说雨花台。

送宗弟岐峰之河南

送君南向豫州城，千里扬帆自在行。何日支笻中岳去，三花树下说无生。

夜泊天津

关市月犹黑，租船灯乱明。何人歌水调，半夜起秋声。

访谢明府莲湖正觉寺不遇

别后相思倍有情，闲来萧寺访先生。磁缸但见金鱼戏，老树空闻白雀鸣。惟向孤僧询去住，更无童子解逢迎。禅关未返吟诗客，风送泠然一磬声。

题丁柏堂幽居

杖策寻仙侣，幽居在水源。松声常到枕，山色正当门。清旷游人少，高闲处士尊。新诗灯下读，犹觉古风存。

经丁野鹤先生旧园

名士吟诗地，荒园傍水湾。扶疏松干老，宏敞石楼闲。白鹤归何处，青牛去不还。青牛，涔先生别业。高风千古在，翘首欲登攀。

别王丽江

踏雪寻梅花，骑驴入山去。回首望君家，茫茫隔烟雾。我已过南川，君犹立北岸。不知到何年，岭下还相见。

访刘晴川津

空山雪霁风飕飕，看我新诗挥酒瓯。交欢才下陈蕃榻，意气直上元龙楼。忆昔君从先子学，我年已壮君总角。白日上树如少陵，清宵偷酒似毕卓。见我狂歌倒接离，学吟摇膝兼支颐。才向竹林弹鸟笑，已穿花径追蝶驰。未几分手云山隔，常从梦里见颜色。廿年不见阙音尘，千里相寻独杖策。五莲峰下来逍遥，探诗每向唐求瓢。不学紫鸾出丹穴，乃如黄鹤凌青霄。嗟我夙有烟霞癖，高风最慕奇男子。南吊林逋向孤山，北怀管宁渡辽水。太息高人不可攀，芳踪空忆山水间。谁料灵台独旷达，来游白社同萧闲。吟诗共向山楼坐，天上晨星流颗颗。高情我欲师王维，奇思君当学李贺。

游五连山访华亭上人同刘渠刘仲林刘廷枢王显曾

昔日同居法庆寺，朝朝联句常闭关。烹茶细品范泉水，凭栏静对云门山。青州一别十五载，人事变迁殊可慨。竞传伏虎净禅林，共说降龙空法海。比华亭上人靖大三门徒之变。相寻今到五莲峰，趺坐同听月下钟。我发已如霜雪白，公颜犹似荷花红。光阴似电须行乐，挥麈谈元慰索离。观日晓登望海楼，看霞晚上寥天阁。我来结社白云阿，名士敲诗共切磋。只因同入维摩室，乞取天花如许多。

挽刘岸淮先生名湄，清平人，官至副都御史

西州门外不胜悲，回首春风落日时。好义常为天下望，荐贤肯使世间知。七年契阔空怀我，千古交欢更有谁。太息知音今已杳，伯牙绝弦大江涯。

甲子

延内兄于崇仕种花

明朝携手园林去，欲接花枝傍水滨。待到他年红似锦，儿孙应忆种花人。

原上闲眺宛然如在石桥画图中也感赋一首先伯祖石丈公有《石桥村舍图》《石桥烟柳图》今皆失去

水村烟柳接平芜，楼外青山淡欲无。石丈先生今已杳，倩谁重写石桥图。

新城杂咏

系马台

齐国有高台，桓公曾系马。骅骝自长鸣，谁为相识者。

青沙泊

冥鸿自高飞，胡向青沙止。只为烟波中，弋人不到此。

铁山

开门见东山，壁立如铁黑。夕阳返照时，坐爱镕金色。

石桥

月色桥上明，泉声桥下响。远远闻荷香，携壶每孤往。

钟楼

高阁鸣疏钟，凌晨使人醒。此心本空明，犹望日相警。

题袁德圃画

青山红叶满江边，林下高人逸兴偏。正是鲈鱼风味好，如何不唤钓渔船。

同萧湘碧崔振木游龙洞佛峪诸山八首

才道齐川上，岚光对面迎。桥通山寺古，杯饮石泉清。牧竖峰头下，农夫谷口耕。人家知不远，隔岭听鸡鸣。

息身秋树下，高枕石床间。酒被微风醒，心于薄暮间。涧清犹可涉，壁峭杳难攀。借问樵人路，西南指乱山。

山路湾环去，高低路不平。两峰人对语，一涧水争鸣。暮霭秋林远，炊烟石屋生。劈空仙境现，长啸入云清。

已餐香积饭，剪烛写新诗。涧涸泉鸣细，山高月上迟。怪禽惊远客，吠犬出疏篱。不寐天将晓，登攀杖竹枝。

西峰龙洞在，闻说最幽元。不秉三更烛，难将九曲穿。阴风崖下响，午日隙中圆。好向此中住，修真成列仙。

北别龙宫去，南山一径穿。登崖攀怪石，临涧听清泉。人影花间坐，樵声树杪传。东林应不远，兰若出峰巅。

传闻周太史，年永。诵读此山居。终古成名宦，多年忆草庐。红栏新庙宇，白石旧庭除。林下泉犹在，高风孰得如。

昔侍刘夫子，同寻林汲泉。壬子从寄庵先生游此。遥看红叶树，高咏白云天。一别九千里，重来十二年。开樽怀往事，惆怅旧山川。

别崔振木后终夜不寐

惜别知音夜，独闻风雨声。空斋不能寐，达曙动遥情。寒鼓楼头响，幽蛩砌下鸣。登堂还有约，鸡黍话平生。

从孙渊如先生游东园同金玉如王方玉

嗟我好山水，动经数千里。寻师到安德，流览东园里。堆土便成山，凿池即为沚。团团草亭空，森森竹树美。有警孤鹤唳，无心麋鹿起。会面新知欢，狂歌故交喜。忆向西湖游，同行北山址。最爱周子莲，不携谢公妓。洞穿紫云入，楼上青霄倚。同登北高峰，如见羡门子。一月挂归帆，五年如弹指。白须今已多，青眼难相视。不愿曲似弓，惟当直如矢，饮酒吞风月，吟诗嚼宫征。盐车脱渥洼，爨音识焦尾。誓将依先生，立雪红烛底。

赠郑墨泉勉

芙蓉桥畔忆同游，朝夕欢呼忘百忧。书法旧惭王大令，诗人新识郑瓜州。论交昔在襄阳座，在孟柳谷座上交定。怀古今登太白楼。高咏与君携酒去，南池同泛木兰舟。

怀孙中丞嘉树呈静岩储英二公子

我昔曾访刘给事，谓岸淮先生。邂逅得遇孙先生。先生是时官翰院，亭亭玉立神骨清。桂花香里促坐席，狂歌纵酒风趣横。我归山东葬老母，先生建牙西粤行。弹指光阴十五载，治行第一空闻名。汗漫今朝游任国，中丞门第高峥嵘。二子延宾尽有礼，兄弟竞爽鸾和鸣。忽忆故人在海外，时抚粤东。五羊城上孤月明。安得长风送我去，与君万里游蓬瀛。

呈李先生元明时官济宁学正

负笈来济北，春风一月坐。庶几如娄公，不拭面上唾。

黄鹄歌为张致祥母孙孺人作

一双黄鹄同翱翔，朝游碧落暮玉塘。雄飞已入白云乡，孤嶋哀怨惊秋霜。金风萧瑟吹枯桑，怜悯众子心悲伤。羽毛未丰难远飏，多衔玉粒兼琼浆。均为黄口充饥肠，习飞常引登山梁。长啸每教如鸾凰，何堪寒月生东方。独宿芦花冻欲僵，和鸣不羡双鸳鸯。冰凝太液镜面光，飘然竟随青鸟行。瑶池归去云茫茫，缟衣吊鹤下彼苍。白鸟来集高门旁。伫看雏飞千里长。燕雀不得相颉颃。

赵承旨画马为石铁人题

宋帝青衣行酒日，那堪秋鼙泛西湖。王孙犹自风流甚，闲写悉官牧马图。

为黄午村题画

峭壁生幽兰，飞香自清绝。应有竹林人，来此醉明月。凉风天末来，逸韵生秋竹。无人携玉琴，再鼓猗兰曲。白鹭柳阴立，萧然自高洁。满池游锦鳞，睥睨曾不屑。秋月来洞庭，芦花万顷白。夜静天风生，如闻帝子瑟。

乙丑

第三妹适邹平成氏以事姑孝尽瘁而死甲子修邑乘程澹西王淑虞两学博采入列女传感赋

死孝悲吾妹，奇行世共传。嗟余成白首，无计慰黄泉。邑乘垂千古，征诗寄一编。蒙君彰妇德，感激泪涟涟。

重游于晓村林亭

亭馆尚依然，凭栏忆旧缘。棋敲明月夜，竹书晓风天。一别成千古，重来已廿年。知音今不见，谁弄伯牙弦？

题孙瑶圃画松

悬崖峭壁间，松树高百尺。不受霜雪侵，安能化为石？

登锦秋湖小平台同宏远

同游锦秋湖，北上大堤路。一道时水明，两行垂杨绿。言登小平台，乃到绝佳处。莲花接天开，香气随时度。长啸清风生，团坐冰簟布。西望鲁连坡，东眺颜蠋墓。高节谁能攀，芳踪犹可溯。我来怀古人，苍凉水云暮。

为刘寄庵先生题泰山归云图

触石之云亘天起，从龙偶作人间雨。归岫之云何悠然，驾鹤又成天外仙。闲云无心任去住，随风舒卷皆天趣。山中大旱飞红尘，愁杀登高望远人。

登青州城楼怀古

登楼一望忽心惊，怀古茫茫恨不平。十二山河空似画，三千宾客已无名。雄风犹自吹乔木，凉月还来照故城。蹈海竞传天下士，千秋惟有鲁先生。

重游法庆寺

欲向蓬莱去，重游选佛场。黄花秋色老，白社故人亡。香积食朝饭，疏钟鸣夜霜。题诗寺楼上，惜别意茫茫。

与李南宫话旧并序

壬戌暮春，余与李南宫同游花林疃。水流花开，别有天地，啸咏竟日，不见一人而归。越三年，遇之于王少室家，回忆昔游如在目前，而吾两人已垂垂老矣，感慨赋此诗。

昔日游山兴有余，桃源共访列仙居。倚松李白愁偏起，看竹王猷乐未疏。一别真成蝴蝶梦，三年不见鲤鱼书。今朝精舍还相晤，再往当乘月上初。

拜杨书严先生墓

衰草寒烟土一堆，文雄白骨此间埋。桓荣稽古谁能及，伯道无儿独可哀。广固城中人已去，云门山下客重来。荒郊哭罢悲风起，飞入秋天散纸灰。

访时括斋

泠然御风至，城上日斜时。未啜瓯中茗，先歌别后诗。衣无新制度，人是旧丰姿。欲去犹相恋，寒鸦落满枝。

拜王侍御熙甫墓

十载成名宦，贫于未达时。入朝常有疏，退食屡无炊。日冷青山道，坟荒碧海涯。我来冰雪里，泉下也应知。

饮王侍御熙甫旧第

犹是旧柴门，重来拭泪痕。登堂余老母，拜客有童孙。藏箧诗千首，开筵酒一樽。平生胶漆意，回忆暗销魂。

却寄高秀亭

扶杖出城门，御风向海口。回头见老翁，追我惟恐后。乍惊是何人，细认乃至友。昔年在宾馆，每日衔杯酒。高文拟韩欧，好句摩韦柳。一别隔青山，十年成皓首。班荆话道旁，自午遂至酉。红日落村墟，苍烟起林薮。伫立送我行，不知已归否？

晚行平度道中

平度今已过，东来从此上。远岫横大泽，孤峰耸高望。大泽、高望，二山名。疏林晓烟消，绝巘初日晃。霜凝板桥明，风结河冰壮。坞中白梅香，楼外青帘飏。荷锸追刘伶，寻诗学谢尚。天高鹏鸟搏，海大鷗鱼放。逍遥过一生，却笑求仙妄。

赠于汝谦

吾子以孝闻，生来有至性。因我好游山，挽车远相送。筋力非不疲，存心良可敬。乐则同啸歌，苦或忘饥冻。家僮杳无人，至戚倚为命。悠悠东海远，肃肃北风劲。朝为游子吟，夜作还家梦。劝汝慎起居，冒寒防致病。

题画

流水声中过板桥，远山一碧送春潮。牧童欲上桃花岸，牛背闲吹紫竹箫。

北马驿即景却寄王东川毛北溟张逊夫

班马萧萧嘶未休，红云影里见登州。风中潮势侵官路，雪后山光满驿楼。才气自惭非玉局，逍遥人说是丹丘。凭将青鸟传音信，明日蓬莱阁上游。

重登蓬莱阁饮会仙堂同王若水杜楞园两学博及杨彩玉姜肇敏孙可迪王启承滕嘉枢王国彦庄道士来棠以海阔从鱼跃天空任鸟飞分韵得跃字

昔年来自锦湖泊，御风独上蓬莱阁。正值沧州雪乍晴，金鸟飞出红闪烁。划然长啸天吴惊，波澜汹涌喷碧落。尽把烟云笔底收，举头天外何寥廓。可惜年华逼岁除，匆匆骑驴返丘壑。弹指光阴已六年，未向丹崖细领略。今年孟冬访故人，冲寒忘却羊裘薄。东牟人士闻我来，共携美酒并海错。前呼后应复登临，放眼仙楼逸兴作。按拍高歌蜀道难，满座宾客皆惊愕。谓是太白天上来，又向人间同戏谑。有一道士颜如童，庭前稽首乞大药。我闻秦皇及汉武，求仙每与方士约。三山未到船空回，顿使雄心成寂寞。不如相逢醉绿醽，高吟有似云中鹤。何须白日去升天，只在眼前无束缚。道士闻言忽醒悟，拔剑起舞足三跃。

将游衡山留别王若水

一自青州别君去，江南塞北任游遨。新诗数卷待君定，思而不见心郁陶。冒雪相寻到冷署，大笔去取何雄豪。知我将欲上衡岳，留宾投辖朝复朝。山川悠远五千里，山有猛虎水有蛟。老去杖履宜自适，胡为奇险轻相遭。我闻此言拍手笑，醉来豪兴凌云霄。生平古人已尚友，忠魂烈魄成至交。闻我远游自天下，尽披金甲持宝刀。扫除层岩待我至，山魈木容纷腾逃。黄天荡接洞庭水，牵船瞬息千里遥。苍水使者甫知信，乘云迎接来山椒。石廪祝融及天柱，能教一刻云雾消。登峰入寺纵游览，画墙拿攫纷神妖。山门碑刻韩诗在，朗吟百遍如云璈。浩然归向锦湖畔，新诗定满山人瓢。还期追琢同璧月，吴刚大斧凭君操。

题王应期碑阴 公蓬莱人，贡生，明季死于孔有德之难

欃枪海上光茫吐，登州城下鸣战鼓。一声铁炮飞雷霆，贼将攻城猛如虎。夜入城门人尽逃，惟公壮节立砥柱。骂贼不屈眼如箕，草莽孤臣矢报主。凶魁奋臂一指挥，万弩攒射鸣风雨。未得生建张巡功，犹可死与王蠋伍。公弟讳鹤云骁勇亦绝伦，背负孤儿出网罟。至今城畔草青青，碧血千年翳黄土。我来凭吊向夕阳，如见忠良发上竖，每逢月黑天阴时，应有精魂出林坞。

访李匀洋同张渌卿

昔年我过莱州城，闻君声价如雷霆。今冬我过渌卿舍，见君说部几上横。下笔新警复韶秀，齐谐志怪堪齐名。日暮雪花大如掌，冒寒相访携手行。即君妙文想君貌，当如仙娥来玉京。否则三河少年子，风流自赏照眼明。入门一见乃奇绝，其面如铁心如冰。寻常举动皆有法，一笑竟比黄河清。朝廷倘用作御史，折槛牵裾能谏争。啸傲空山老不遇，发为诗歌鸣不平。所咏万年朱太守，笔力峭拔追少陵。写出忠肝与义胆，能教千载犹如生。绕屋大叫真怪事，三人竟是一性情。雄辩高谈夜不寐，高烧银烛千杯倾。出门大笑挥手去，仰观天上明客星。

卷二

丙寅

与门人张春磐鸿话西湖旧事

曾向西湖泛画船，晓来山水画清妍。蛾眉淡扫空中翠，明镜新磨雨后天。楚客临风歌白雪，吴娃带露采红莲，于今回首真如梦，不到苏堤已七年。侨居昔在望湖楼，乘兴携壶到处游。灵隐寺中观日出，韬光庵里听泉流。香山旧迹谁还问，玉局新祠我自由。从挂风帆归锦水，每因烟雨想杭州。武林谁与共论文，屈指雄才尽出群。删定诗歌推阮子，谓阮大中丞云台。品题传记赖冯君。冯黄门宝庵作秋水文略题词。天开葛领生明月，雨过钱塘净夜氛。今日临窗观墨迹，字中犹带浙江云。

雨霁吴山画阁清，忆从醝署见狂生。高歌白纻同翁乐，远驾红船送我行。谓张运司穆庵。一别古人隔千里，重逢公子话三更。新诗吟罢疏窗晓，犹似湖光照眼明。

登王明府燕南小山作

西园亦自有丹丘，春晚登临豁远眸。十亩桃花来杖底，四围山色出城头。云中长啸丹山凤，空外高飞碧海鸥。五岳寻仙从此去，乘风直欲到沧州。

送张永泰归沂水兼寄高豹君

折柳长堤日未斜，东门挥手望天涯。千村花竹迎归骑，一路云山送到家。沂水泉甘宜煮茗，穆陵雨过正锄瓜。故人高子如相问，为道豪情尚可夸。

赠裴明府凤崖同张汝安宋湘皋作

胶西美政久传闻，今到平原始谒君。才送劲兵征海寇，便招名士论鸿文。巾中漉酒陶元亮，釜内生鱼范史云。一片冰心人共见，能教千古挹清芬。

景颜书院歌呈裴明府风崖

禄山畔逆殊猖狂，勒兵直欲捣咸阳。已过燕赵人莫御，元宗幸蜀何仓皇。积粟修城预备久，孰知竟有平原守。能将一旅扼咽喉，贼到山东敢西走。常山助战气如虹，兄弟一心成大功。究令李郭尽恢复，勋名乃与睢阳同。忠良一去几千载，飒爽英风今尚在。此邦谁不仰高山，望古喟然发遥慨。最喜河南令尹来，谋成书院养贤才。独出千金买田土，常教桃李荷栽培。游山我本烟霞客，折简相招浮大白。共怀当日颜鲁公，报国全凭此心赤。

赠张七侄敦诗

偶向萧斋过，怡然情倍亲。只因来父执，不觉念先人。展卷芸香冷，衔杯酒味新。依依闲话久，犹见古风淳。

将游嵩山留别张汝安宋湘皋

独向嵩山去，旗亭酒半醺。将骑子晋鹤，远访许由坟。白看三花树，青穿二室云。龙门风景好，难忘列仙群。

美人图四首

霜风昨日到榆关，万里征夫尚未还。玉手缝衣秋夜冷，那堪明月出天山。《缝衣图》。

吴娃冷落倚疏窗，应有相思隔楚江。雨后芭蕉空寂寂，风中蝶影自双双。《观蝶图》。

娉娉小立自徘徊，玉面宫娥踏绿苔。欲写春心何处去，落花风里抱琴来。《抱琴图》。

衰柳萧疏夕影寒，红妆寂寞倚栏杆。囊琴画阁知何意，怕惹秋风不忍弹。《囊琴图》。

赠孙逢辰

才调何翩翩，风流亦自赏。诗学谪仙人，清新绝尘想。月明吹玉笛，雪霁披鹤氅。登山一长啸，如闻鸾凤响。

访萧鉴塘仿王右丞田园乐三首

相思已过春日，来访正当麦秋。白水桥过大市，绿杨村里高楼。
谈艺已挥玉麈，论心又把金卮。折简去招故友，谓崔木振。临窗来看新诗。
游侠名同郭解，醉颠神似刘伶。愧少写生妙手，将君画向银屏。

惨目

惨目是荒年，贫民剧可怜。经时拥败絮，几日断炊烟。茹苦女挑菜，告哀翁乞钱。麦秋今已至，伫望眼将穿。

木槿花歌呈后方岳

庭前谁种木槿花？朝开夕落令人嗟。才若金谷施锦帐，已如绿珠坠楼上。南风长养能几时？瞥眼繁华竟何之。君不见，空山松柏生千载，饱历冰霜青不改。

题宗弟云鹤斗室

斗室虚名别有天，手持书卷即神仙。千秋人物来胸次，万里江山到眼前。贞白高楼惟自在，希夷古洞足间眠。先生不隐清幽地，真性何由得保全。

赠石铁人

风骨崚嶒劲似铁，超然世外有高节。古画购来无等伦，奇花种出皆佳绝。书室虚明有异香，柴门寂寞少车辙。人如倪瓒自疏狂，字仿蔡邕殊古拙。我来千里访幽居，吟到三更坐明月。琴弹流水曲方奏，瓯泛乳花茶共啜。昔年玉树临春风，今日青松傲冬雪。人生能得几回逢？握手长亭不忍别。

访张金堂

林风将报秋，罗云已消夏。我来门甫开，君出车未驾。聊慰千里思，共乘一朝暇。糟邱酒兴酣，兰室清香化。嘒嘒寒蝉鸣，萧萧暮雨下。露珠走荷盘，花蕊放瓜架。闲居如列仙，筮仕若新嫁。竟夕挥玉麈，流连不知罢。

访赵树屏庐墓处

远访孝子庐，庐傍先人墓。清回黄河干，萧条白杨树。三年不家食，历尽寒与燠。月夜听慈鸟，霜天驯白兔。我来当服除，至友一朝晤。弹琴哀未忘，饮酒色不豫。读君庐墓诗，终天恨莫诉。悠然思古人，五十还孺慕。

为周鹤林题书

丹林处处白云封，家在秋山第几重。看罢菊花归去晚，不知萧寺远闻钟。

登岱二首

岱岳高无极，登攀露未晞。天门开晓雾，日观上晴晖。采药香沾袂，穿林翠湿衣。丈人峰上立，足下白云飞。

放眼丹霄外，风烟万里收。河光飞殿角，海色挂峰头。未驾青鸾去，先骑白鹿游。萧然居石室，昨夜梦沧州。

泰山杂题

万仙楼

倏然晓上万仙楼，缥缈三山何处求。待到月明风定后，吹箫独夜坐丹丘。

水帘洞

水帘高挂碧峰头，万斛明珠散不收。洞里仙人真自在，红尘隔断几千秋。

御幛岩

御幛岩前载酒游，泉声月色近中秋。结茅欲向山中老，不羡人间万户侯。

五大夫松

如盖青青有老松，大夫昔日被秦封。才思封禅来风雨，天意何曾任祖龙。

泰山铭

磨崖矜勒泰山铭，隶字犹存太古形，岂料西南行万里，骑骡自制雨淋铃。

李斯碑

李斯碑版已消沉，最惬生平论古心。庙算尽坑天下士，谁留小篆到于今。

宿泰山怀马兴家

日观峰巅独夜游，天寒六月着羊裘。放歌同看金轮涌，回首于今十五秋。

雨中怀孟柳谷

还家欲相访，一月雨连绵。潦水冲官路，溪鱼入野田。谈诗惟有梦，乘兴竟无船。独坐听檐溜，挑灯夜不眠。

题张秋池画献渊如先生

流水高山志不移，伯牙今得遇钟期。朱弦疏越知音少，除却先生更有谁。

寿内

受尽清贫六十年，孟光风格更萧然。春声不断神还王，丹粒方吞病已痊。严正如君真女士，高闲爱我似神仙。一生未对牛衣泣，赢得香名世上传。

过李士方旧居

重到清吟地，牙签喜尚存。遗诗搜卷帙，话旧有儿孙。雨霁碧溪路，风高黄叶村。故人今不见，秋晚为招魂。

雪后吉明府玮堂携其弟省庵甥张丹崖见过

石桥一带晴雪时，铁山皎洁辉冰池。卷帘独坐少过客，梳翎白鸟临阶墀。忽见青盖空际转，人影一簇来迟迟。下车握手成一笑，吟兴勃发何淋漓。先生本是瀛洲客，落笔神骏不可羁。仲弟才情亦卓越，陆云声价如陆机。令甥玉山照人眼，乃与两舅争光仪。三子飘然到村舍，万民皆仰神仙姿。问山桥边纵流览，秋水亭畔挥金卮。自言昔在玉堂上，曾与卢公观我诗。把卷窗前拍案叫，谪仙风格何雄奇。未得把臂入林去，风清月白长相思。自到新城历半载，每探消息无人知。昨日忽自天外至，桓台一见心神怡。今朝踏雪来造访，王恭鹤氅行相追。我闻君语竦然立，下走何敢当此辞。生平饶有泉石癖，好看名山携竹枝。学诗欲入古人室，门墙高峻难骤窥。游遍江南与塞北，二三好友时相推。归来空谷足音少，白驹喜得絷且维。谦光天下孰能及，虚怀若谷真我师。吟坛相遇不行乐，转眼至交成别离。咏雪欧苏有禁体，白战不许寸铁持。吾党效仿须努力，多成名作镌穹碑。

袁冶池山庄杂咏

修真观

道院一何清，疏林明月上。陈王去已遥，谁写仙梵响。

金鱼沼

水底金鱼飞，影如明镜照。澄潭乐一生，不受持竿钓。

生香室

木瓜贮雪屋，灯下垂青黄。梦破天欲晓，枕上生寒香。

同宗维城范思谦游时山洞宾阁四明洞二首

闲坐真人阁，清闻玉磬音。空明临涧水，寒翠对山岑。仙鹿几时到，灵芝何处寻。浩歌同待月，娱此白云心。

古洞太幽元，人从一径穿。石床宜静坐，玉枕可闲眠。有窍通明月，无心响暗泉。葛洪如接引，羽化自登仙。

伤高豹君和奉赠之作

余前赠豹君诗云："画衣诗在世空传，花发沂川旧宅边。帘阁焚香同细读，风流何异见前贤。"

当年共读画衣诗，满院花开绝世姿。踏雪重来寻旧好，诗楼冷落月明时。

宿仙姑洞同刘若时及诸子作

高登碧峰顶，静坐仙姑洞。细听仙梵音，不作红尘梦。半钩月明悬，万壑凉风送。倚楼天欲曙，谁将玉箫弄。

赠宗兄西园名朝笔，时在令婿刘星槎家宿

声名自少挹清芬，垂老他乡始见君。绿酒红灯消永夜，满天风雪对床闻。

丁卯

将之粤东留别同志

欲过衡山去，飘然独远征。春游虞帝庙，秋入粤王城。雁影云中断，猿音月下清。迢迢六千里，难忘故人情。

附竹儿送行之作

辞家粤东去，不得远随行。水宿何人侍，船灯独夜明。罗浮秋后冷，瘴疠到时清，念我西风里，闻猿倍有情。

附伯兰女送行之作

阿耶上南粤，山过九疑深，为我断肠处，秋风斑竹林。

戏题陈宝乞儿图同毕苏桥

有客有客何昂藏，莲花幕下流芬芳。忽然中夜起长叹，只因饥驱走四方。饮食之人人所贱，如何自谓生平愿。冰绡一幅画乞儿，前后左右书题遍。画妙诗工真罕俦，高人涉笔皆风流。随缘到处可行乐，破帽残衫安足羞。远托友人来印可，仰天大笑不似我。我如跨鹤凌云霄，久断名缰与利锁。高牙大纛拥朱轮，一食万钱谁敢嗔。好把此图留世上，羞他昏夜乞怜人。

赠亶木十一兄

须发惊如雪，翛然远俗尘。谁知锦秋浦，竟有葛天民。文史三千卷，儿孙十二人。挑灯论古道，不觉到明晨。

月夜赠张坦若

下榻效陈蕃，焚香犹未残。栖枝禽语寂，巡夜柝声寒。大隐偏能识，初交已尽欢。清冷天欲晓，对月倚栏杆。

饮刘司训慎齐宅

八年不得见先生，今日相寻倍有情。老去文章归淡泊，近来气象觉和平。庭前树色侵衣绿，槛外花光照眼明。把酒高吟忘日暮，醉归应趁月华清。

题张汉侯幽居

断绝红尘事，经年好独居。兴来唯醉酒，醒后即观书。林静蝉仍噪，庭荒草不除。敲门闻我至，把臂乐何如。

闻蛩怀孟柳谷

宇下清吟苦，悲凉不忍听。凄凄催发白，切切趁灯青。夜久凉生簟，楼空月满庭。此时怀至友，翘首望晨星。

秋日闲居怀李雨樵

永日柴门掩，青青冷薜萝。世情因老淡，诗兴入秋多。人远书难寄，庭空雀可罗。不知同志者，况味近如何。

秋夜怀崔和衷先生

有道如君少，追攀愧未能。孤高同傲吏，清净类枯僧。风送三秋雁，窗明五夜灯。今宵不见我，只有月为朋。

题从孙允振所居

萧然尘世外，古柳自成村。言笑亲乡党，耕桑付子孙。白云时入梦，红酒日盈樽。终老空山里，何曾到县门。

临淄道中怀古

东过金岭驿，黄叶满林端。淄水临崖出，牛山隔岸看。荒城秋色远，古戍夕阳残。霸业今何在，桓公墓草寒。

赠孙仲言 沕

仲言先生好风格，眉间常带英雄色。为人常欲作名流，好义何曾让侠客。读书万卷早成名，赴都绝不干公卿。玉蛛桥边看水色，华林苑里听莺声。下第归家不复恼，授徒但爱名山好。清高久慕郭林宗，耿介常师石守道。昔年曾在大明湖，开樽终日同欢呼。别来常被远山隔，入梦每当清夜徂。造访今朝过汶水，相逢一笑书堂里。夜来步月向瑶天，醉后挥毫凭玉几。送我迢迢南粤行，乘船万里长风生。欲乞新诗壮行色，登坛拜将一军惊。

西亭月夜

月上纸窗明，风来秋竹响。夜深不能眠，独坐空林上。

哭笠庄侄 名衍福，诸城人，辛丑进士，以兵部郎中出守韶州，卒于官，归葬相州

相寻八次到京华，每到京华宛在家。自叹生离归海角，谁知死别隔天涯。几时韶石迎官舫，何日苍梧送柳车。万里迢迢音信断，仰天痛哭向琅邪。

题栎园十二弟《乐府卷》

吾弟擅场是古诗，乐府一卷尤瑰奇。有如三山现海上，银宫金阙光陆离。又如广乐一朝奏，泠泠余韵天风吹。闭门读书破万卷，闲居常在潍水湄。园亭清旷无俗物，千尺长松九茎芝。读道岂无老龙听，高踪只有仙鹤知。浩然之气

养已足，兴酣下笔何淋漓。嗟余学古头已白，国士英风心所期。天下名山览欲遍，古人往矣谁能追。今夕灯前阅君作，青天快睹云雾披。若入荥阳纪信庙，如观江上曹娥碑。教人读罢皆感泣，千秋名教能维持。

过始祖琅邪公故里上冢呈祖让六兄祖谅七兄并示允玺侄孙

始祖值元末，琅邪营数椽。因避白马乱，移居锦湖边。去家四百里，阅世五百年。我来访遗迹，正是孟冬天。冲寒入故里，秉烛开琼筵。弟兄与诸孙，话旧何欢然。一夕得痛饮，三更犹未眠。庐山落明月，潍水生晓烟。十二世孙子，端拜先茔前。向空奠椒酒，临风烧纸钱。欲游粤东地，须买江南船。登车屡回首，来岁方言还。

过丁五弟耀西宅有感

日落山村噪暮鸦，重来难辨故人家。松楸冢外初栽树，丁二兄寄堂没已二年。桃李门前已著花。丁福裕、丁福谦二生入泮。一带青山仍似画，满壶白酒正堪赊。廿年回首增惆怅，须发相看有雪华。

冬日谒王太保祥祠

大孝如君少，临河拜旧祠。正当晴雪日，想见卧冰时。水上观金鲤，庭前奠玉卮。高山今得仰，风木自生悲。

赠宋司训椿圃同徐荆南张唯一诸公作

寻诗昨日游栎园，月下闲将人物论。道君才气东武少，有如神驹千里奔。遥隔青山六百里，望而不见伤吟魂。君家小坡我所识，都中相见如弟昆。离居五载生积想，跋涉关山来叩门。谁知卧病已半载，空院惟闻鸡狗喧。日落西林一笑走，巾车半夜投荒村。逢人细问君近况，皆云有道人所尊。登堂一见如故友，神交十载今共言。置酒相招尽名士，井中投辖追陈遵。旧雨新雨不相似，昨何冷淡今何温。

题荆山朝鼎侄孙诗卷

相遇江南路，新诗读一编。晴空悬素月，秋水出红莲。沦落悲今日，风流忆昔年。壮怀人未老，应着祖生鞭。

上冶亭先生

名臣钟紫塞，北斗望青云。山左曾开府，江南又制军。赋梅追宋璟，濡墨胜羊欣。皓月登楼赏，沉香扫地焚。高歌惊鬼魅，浩气涌河汾。奇字门前问，遗音帐外闻。三年频入梦，千里怅离群。负笈来吴国，还期细论文。

过扬州怀先文简公

平山堂下五清明，把酒当年最有情。廿四桥边留古迹，十三楼下有高名。前看晓月匆匆过，今问梅花缓缓行。诗社不知何处是，升江空见画船横。

渡江

北风江上起，晚渡趁潮平。日落金山寺，钟闻铁瓮城。樯竿排岸远，渔火射波明。不遇知音者，扬州阮云台公已入京。弹琴空复情。

上洪稚存先生

北江先生心戆直，行如汲黯人皆知。欲老其才乃大用，放归已在吴江湄。吴江半载苦荒旱，民食糟糠兼木皮。先生慨然动至性，醵金告籴充民饥。家给米钱按户口，胥吏不敢欺毫厘。忽忆京城大水至，嗷嗷待哺来穷黎。天子亲解倒悬急，苍生尽被甘露滋。先生亦有救荒策，不是区区矜乐施。繄余廿年久仰望，泰山北斗劳梦思。手携诗文远来谒，一代伟人今始窥。绝胜侯芭得杨子，真如贾岛逢退之。穷居尚救万民命，何况用为心膂时。作歌颂德兼请益，座上习习春风吹。

题程蔼堂临江楼

常州城外红船泊，坐卧高楼逸兴生。开牖晓看江月色，下帷宵听棹歌声。山人敲句常无厌，地主工文旧有名。屡向兰陵沽美酒，相留十日不胜情。

题周短侬诗集

周郎才调自无伦，下笔倏然迥出尘。扫尽浮云天未晓，谁知明月是前身。

谢冯昼堂赠笔茶二首

金管与银管，故人傍晓送。怪来月明时，忽做江淹梦。
两封小龙团，送我游山川。待到清吟毕，临风手自煎。

题冯放山村居图四首

君从粤东归，偶动倦游意。结宇西溪边，倏然见高致。
写出放山台，俯临大江隈。幽人一纵目，山色入楼来。
传闻茂远公，高卧寒林下。悠悠几经年，乃有嗣音者。
忆泛西湖船，相寻未有缘。今观隐居处，恍到吴山前。

赠陈理堂先生名焚，泰州人，官邳州学正，与洪稚存、孙渊如齐名

雪发丹颜老谪仙，清吟神韵出天然。手挥一管生花笔，定我新诗数百篇。
相逢行色各匆匆，安得聊床昼夜同。天意欲留诗伯住，故教风雪下长空。

除夕与单旗南外甥荆山侄孙守岁

守岁通宵坐，围炉绝不哗。异乡常作客，知己即为家。爆竹方争响，寒梅已放花。明朝踏雪去，寻胜遍天涯。

卷三

戊辰

谢冯放山画秋水亭图

数点青山一曲溪，竹篱茅屋石桥西。凭君写入云林画，好把园亭到处携。

冯昼堂饯别同冯放山周短依陆晓汀作

饯别娇歌有紫云，侑觞丝竹奏纷纷。座中尽是离乡客，三叠阳关不忍闻。

留别单旗南外甥

祖道江城里，频将白酒斟。萧条游客况，慷慨故人心。洛水风帆远，函关驿路深。从兹挥手去，何日忘知音。

留别荆山侄孙

少年偏爱汝，老岁更知依。滩上常相见，河干又得逢。今宵斟别酒，明月送孤蓬。达曙何曾寐，同听古寺钟。

过下邳怀张子房

博浪沙中欲报仇，逞才岂是为封留。疆场从未推名将，帷幄全凭独运筹。锐气曾教黄石折，高风愿与赤松游。我来怀古圯桥上，惟见滔滔江水流。

赠朱明府竹香

汉祖龙蟠地，曾生五色云。山城来远客，县令遇神君。明月元宵看，疏钟傍晓闻。未遑寻古迹，惆怅欲离群。

谒阮云台先生

扬州愁未遇，梁苑喜相逢。又入春风座，如闻月夜钟。远游少林寺，高上华山峰。明日巾车去，难忘化雨浓。

太清楼

太清楼上图书满，文物千秋不可攀。粉本可怜亡欲尽，空留御印在人间。

寻裴明府凤崖山庄

投宿观音寺，新春访友生。穿云看竹色，出谷听莺声。人是羲皇侣，乡高月旦评。怪来游宦地，廉介尚留名。

裴明府座上赠蔡正夫靖

复斋先生真吾徒，浩然之气冲碧虚。眼见神妖媚愚夫，一声霹雳搜庭除。耳聋三日不能苏，前年识面相欢娱。平原官舍斟缘醑，风味与世酸咸殊。一别三年音问疏，南河遥望空长吁。今朝乃造豪士庐，梅花香里乐遽遽。送我来到仙令居，高烧银烛击唾壶。新诗一卷歌乌乌，有如昂昂千里驹。追风流电在斯须，王良造父今则无。举世何人范驰驱，相约纵步登云衢。钧天广乐闻帝都，何能齐门滥吁竽。明朝我欲邀双凫，吹笙同向缑山隅。明月光如大宝珠，石室共读仙人书。

谢体全上人赠杖

神僧赠我一枝筇，入手人惊化作龙。跨去但闻风掠耳，名山飞过几千重。

游嵩山放歌却寄铁制军阮中丞洪太史三先生

渡江昨日登金焦，来游中岳何迢迢。西过魏都越郑国，双峰峻极凌丹霄。探奇欲看三花树，老衲皆云不知处。惟余古柏千寻高，遥指汉武封禅路。振衣直上太室山，有如骑鹤飞云间。回望江南二千里，知音不见愁心颜。高啸一声穿少室，参禅欲入达摩石。将成万古不朽人，还得十年学面壁。

许由冢

遁世葬箕山，高踪不可攀。惟余颍川水，流响白云间。

阳城

避位阳城去，当时朝会多。空山遗庙在，樵牧尚讴歌。

题山洞

安放琴尊绰有余，无人肯向静中居。江山待我遨游遍，来此垂帘读道书。

渑池怀古

遥想渑池会，相如不可当。雄才匡赵主，怒目叱秦王。雪霁荒台畔，风生故垒旁。史官书击瓿，终古属咸阳。

题刘观察崧岚鹾城集

一自搴帷汾水头，新诗更足傲王侯。势如太华三峰壮，气似长河万古流。绿绮弹来山月晓，洞萧吹彻海天秋。与君倡和中条上，何减高登太白楼。

晤刘鲁瞻

犹忆辽西送我行，长亭陨涕不胜情。相思每叹青山隔，重见何堪白发生。楼上岚光如翠冷，城边盐色似霜明。野狐泉畔同游览，风雨连床似弟兄。

赠姚苍孚先生

潇洒仙人姿，来如横江鹤。一鸣九天闻，饮啄乐丘壑。网罗方欲施，高举翔寥廓。我非浮丘公，见尔殊惊愕。行将化为云，同向神山落。悠悠几千年，常听天乐作。下视苦海人，浮沉尚如昨。

寄许牧田

牧田许子才甚奇，能书能画兼能诗。见晚别早心惆怅，安邑一去来何迟。昨得邮筒一书至，长歌赠我何淋漓。宛如雷雨忽开霁，纵横百丈长虹垂。诗似东坡字北海，银钩铁画摹古碑。得来挂我客斋壁，明窗坐对心神怡。既得君诗想君画，我有画意今言之。支筇欲上华山去，后有吟侣相追随。落雁峰头置双足，青天万里驰遥思。谢公李公不可见，凌跨百代还有谁？搔首欲问无处问，飘飘衣袂天风吹。为我写出此豪兴，伸手欲折扶桑枝。鹾城小住尚几日，携来慰我渴与饥。赠别有诗更有画，虎头三绝行堪追。

梦中作

上巳夜，梦人持画桃花一幅求题诗，因援笔题于左方。

试看此桃花，带露颜色好。去年看花人，今年谁不老？何弗醉绿醽，欢然坐芳草。

题朱湘霞春郊试射图

英姿飒爽出天然，杨叶曾闻百步穿。晋代风流羊叔子，唐朝任侠李青莲。独驰骏马春郊外，仰射盘雕落日边。缓辔归来吟兴动，虬须应燃夜灯前。

题张鹤舫先生还山图

鼓棹长歌归去来，正逢江上桃花开。恰似晓山雨初霰，红霞远近明楼台。呼童尽把笼鹤放，双双直到青霄上。多年羁绁在人间，今始高飞任所向。风波宦海何时平，九载循良冰玉清。两鬓如霜合致仕，春风澹荡堪怡情。写生何意逢神技，画出哦诗望远水。泛宅浮家独往来，从今号作天随子。

赠唐春蔚

西行近蒲坂，谁料遇同乡。言语闻声晓，形骸见面忘。几番讯朋友，片刻话行藏。何日东归去，家书寄数行。

谒王官谷司空表圣祠同虞乡令张棫园

诗品髫年读，元言秒入神。空山寻旧迹，遗像拜先民。流水祠前响，闲花槛外新。可怜台榭毁，修理属何人？

过华阴县

暮春过潼关，风景何清绝。河水飞桃花，华山明积雪。朝看汉朝松，夜坐秦川月。永怀李青莲，骑驴吟不辍。

商州道中寄汪学使东序

路入商州异境开，蓝桥骑马向东来。插天峰色皆如画，奔涧泉声尽似雷。应有神龙潜水底，岂无文豹隐山隈。我今愿助瀛洲客，刻意搜罗旷世才。

宿徐司马秋山半芥园晓兴

宿客犹未起，绕檐禽乱鸣。花间红雨过，石上紫芝生。万壑泉声响，千岩霁色明。我将觅仙侣，深入白云行。

怀汪学使东序

我方来晋国，君已试商州。独宿风声树，相思月满楼。华山欲孤往，燕市忆同游。何日尝新酒，谈诗夜不休。

阻雨大商原同汪学使东序

西行不久到蓝关，阻雨中途半日闲。绕舍共听奔涧水，开窗同看隔溪山。右丞别业何能往，湘子仙居尚可攀。待到来朝新霁后，扶筇直上白云间。

蓝桥

好是蓝桥雨霁时，琼楼玉宇映花枝。仙娥犹未临明镜，傍晓空山叫画眉。

蓝田即景

蓝田雨后稻苗青，泉入方塘去不停。绝似白云湖上路，秧歌到处最堪听。

望华山

不过华阴城，那知华山壮。擘开白云中，削出青天上。芙蓉雨霁色，落雁秋空相。仙人掌峥嵘，巨灵迹幻妄。可笑昌黎哭，何如太白放。会到玉井旁，怀古发高唱。

烈妇歌为汪学使东序之孙女作并序

烈妇，历城人，汪学使镛之孙女，司谕天衢女。十七岁许字阳谷孙贡士思元，十九岁于归，二十二岁夫亡，越八日自缢死。嘉庆十三年夏，余至商州见汪学使，为余言其孙女殉节事，甚悉，因为作长歌。

汪公观我黄鹄歌，不禁老泪双滂沱。自言我有女孙子，一生气节难磷磨。卿卿去世青年寡，独卧空楼明月下。伤心达晓不成眠，遥听风檐响铁马。缟衣才着奋然兴，自缢床前拖白绫。欲求巨手写贞烈，如椽大笔知君能。我闻此语长太息，身教如君实无匹。埋轮已见张纲心，作史还挥董狐笔。一脉真传到女孙，卓然大义千秋存。事夫同生亦同死，夜台相见安孤魂。为公歌罢暗垂泪，我有二女皆守义。与君世定金石交，浩气长期塞天地。

赠张太守牧村

出守覃怀郡，闻风已有年。治民常卧阁，无讼自悬鞭。饮食如寒士，衣冠类古贤。陈蕃今下榻，觞咏月明天。

赠董霁峰

相遇太行畔，金杯常共斟。萧闲高士味，耿介古人心。听雨临花槛，乘凉对竹林。知音今日见，为鼓伯牙琴。

上帅仙舟先生

鲁国春风起，齐郊化雨来。能将绝尘意，搜尽不凡才。砥柱高无极，狂澜倒已回。浮丘今已遇，鹤唳白云隈。

纵观全焦嵩华太行诸山戏作

飘然骑马与乘船，访道何辞路八千。五岳名山游欲遍，凭人唤作地行仙。

寡妇叹为表嫂谭氏作

表嫂，淄川生员谭予益之女。十七岁，适博山张希，方二十八岁，夫亡守节。三十九年辛苦备尝，而贞操愈励。其遭际有不忍言者，因作诗以叹之。

嗟彼和鸣两鸳鸯，得鱼同嗜常在梁。雄食毒药忽然死，孤雌哀哀鸣不止。河边犹幸多芦花，月下独眠还是家。九月十月芦尽刈，北风似刀何处避。菰米已空无所餐，忍饥犹立河之干。水泽腹坚长夜冻，宁死不改贞介性。鸠在桑兮鹊有巢，莫不下视相诙啁。独有白鹤来海上，临风为尔心惆怅。

六十一岁生日

六十年前才一岁，双亲摩顶望成人。谁知明镜生霜发，犹在清江钓玉鳞。入世依然遭白眼，洗心原未染红尘。今朝又值悬弧日，追忆高堂泪满巾。

有感

先辈天才岂可嗤，争教宇宙大名垂。高山流水皆千古，秋菊春兰各一时。寿世文章多变化，移人风俗待维持。从今不用分门户，写出真情即是诗。

怀明水

明水曾消夏，荷香透葛衣。红泉穿竹响，白鸟破烟飞。有客吟秋社，无人坐钓矶。还家魂尚恋，夜夜梦清晖。

送孀女仲兰还家

明日当归去，翁姑不复嗔。见余皆下泪，思尔未亡人。须尽生前孝，休伤别后神。藁砧坟上草，奠酒及新春。

怀从孙允楚

昨过临漳县，神君到处称。疏帘门上挂，幽草狱中生。竹暗乘凉坐，荷香入夜清。别来犹未久，乔木已迁莺。

寄张表侄凤和

写意任天真，丹青自绝伦。若非贫到骨，安得笔如神。我有看山癖，难寻作伴人。明年携汝去，摇橹越江滨。

闻故人韩介石没李玉峰为刊墓碑孟柳谷撰文慨然有作

川淄高人韩砥修，妻梅子鹤林逋俦。华屋朱门足不到，一生惟爱居林丘。日日清吟只自乐，寻常不与人酬酢。见余诗笔不犹人，云台先生评余考古卷曰:“诗笔迥，不犹人。”便欲定交互攻错。一夕相逢柳谷家，谈诗达晓剪灯花。凌晨挥手仙洲畔，每夜遥思望月华。暮春骑马曾相访，窗外萧萧风雨响。半夜何人来叩门，玉峰老子真吾党。抵掌三人纵快谈，杯飞鹦鹉兴尤酣。看花送我般阳去，红雨初晴三月三。分襟数载无由见，海阔天空鱼雁断。谁料我游嵩华归，黄垆邈矣笛声怨。伤心常欲觅遗诗，片纸无存数更奇。《介石诗抄》死后被人窃去，余所存者数首而已。一事传来尚可喜，坟前已树题名碑。借问此碑谁所勒？李公深刻孟公记。千秋万古慰幽魂，义气均堪动天地。交情近世谁复真？大半悠悠行路人。不以死生贵贱易，吾侪犹可追先民。

怀梁太史秋圃 名中靖

忆君送我河东道，正值高楼晓月斜。曾约来春同载酒，玉泉山外看桃花。

题毕云岩妹夫丹丘阁

临水起高楼，闲居在上头。悬壶卖灵药，醉酒卧丹丘。林挂窗中月，泉鸣枕上秋。我来眠石榻，梦与列仙游。

啸月轩为许蕴山题

结宇远红尘，时来明月照。孤鹤天外鸣，不减苏门啸。

李司训导江见示厥考赉实先生墓志铭慨然奉赠

为志先人墓，凄然泪不禁。借将金管笔，聊慰白云心。

宿王少府澹圃官舍

衙斋初下榻，对酌酒盈缸。夜雨侵花径，山风响竹窗。心如杜工部，官比贾长江。敲句天将晓，疏钟古寺撞。

题张司训润甫诗卷

篇什爇香读，天才谁得如。秋霄鸣白鹤，春水戏红鱼。向往闻名后，交欢识面初。张王新乐府，须作一函书。

悌弟行为李上舍永芳作并序

李永芳，济南之新城人也。与兄鹤亭友恭最笃，嘉庆十三年夏，兄死庐墓期月，着素衣冠，不饮酒食肉，独寐空床，昼则焚香静坐，不见一人。子或引亲友来看，则曰：“吾不过与汝伯父作伴一年耳，有何奇行而惊相视耶？”吁！非天性过人能如是乎？因作诗以美之。

为兄庐墓古来少，吾邑李君心独好。兄弟友恭五十年，服劳白首不知老。方期日迈与月征，谁料连枝忽枯槁。抚棺痛哭死复苏，守墓期年生春草。梦中相见情怡怡，醒看月明直到晓。我将匍匐往慰问，生怕先生嗔烦扰。挥笔为作悌弟行，姓名他年恐无考。

怀赵青木小隐园奉寄

隐园去岁我曾游，清旷林亭可自由。为爱烟霞忘岁月，全凭花木记春秋。
空中久把鸿音断，梦里常将好句酬。秋谷山川今易主，知君作意续风流。

题李玉峰小像

手把遗书泪满襟，三千里外未归人。闲看花竹生明月，转眼他乡又送春。

渡口即景

芦芽一碧远连天，渡口千条柳带烟。兰若进香人欲散，红妆齐上夕阳船。

将入京留别庞仞表李又东导江

绝无干禄意，胡为入京华。欲坐香山月，兼看御苑花。故人来祖道，孙子学烹茶。且住龙川上，《新城县志》郑潢沟一名潴龙河。狂歌到日斜。

赠庞仞表并序

余与仞表师事前任新城县令刘寄庵先生，二十有三年矣。当先生谪戍军台，仞表率新曹二邑父老为之赎罪，及先生因大僚密荐，复蒙召用，升武定司马，以亲老陈情告归，而仞表尚沦落不偶也，感赋此诗。

征鸿嘹呖度遥天，击剑狂歌夜不眠。饱历风霜成义士，尽倾肝胆事高贤。张仪有舌凭人笑，王粲无家只自怜。何日与君携手去，云山深处乐余年。

别耿维益外甥余作上佛祭酒，汪光禄二书甫就，而甥适至，快谈移晷而别，因作是诗

正是思君际，飘然来送予。未沽一壶酒，先示两封书。天外飞高鸟，江中纵大鱼。何当乘逸兴，长啸出茅庐。

怀嵩山寄清灵道士

去春上嵩岳，高兴似登仙。洗耳碧溪水，吹笙明月天。别来如昨日，重到是何年。寄语修真客，相思夜不眠。

养疴

养疴空亭里，悠然适性情。不知尘念尽，但觉道心生。露润桃花色，风催黄鸟声。将驰天马去，千里笨云行。

宸地侄问疾

卧病谁相问，空堂汝自来，落花虽满院，尚有一枝开。

三月十五日拜外祖刘公墓公讳善琮，墓在邹平城东北二里许

遥闻冻死暮春天，风雨凄凉六十年。世传外祖三月十五日冻死，六十年矣。相宅谁知成画饼，上坟独自哭黄泉。慈亲残废何堪忆，外祖母没于严冬，先母奔丧得足疾，遂成残疾。舅氏流亡尽可怜。舅氏三人伯仲皆没，后归葬，叔至今未归。白首外孙余我在，题名何日表荒阡。

题篑山侄诗卷

东武之山秀而杰，东武之水廉而清，中有伟人接踵出，文章政事擅大名。篑山郎中称后辈，突兀直欲追群英。公务余间富著述，如椽大笔何纵横。我一见之惊且喜，金篦刮膜双眼明。如登高丘望远海，稽天巨浪游长鲸。仙山楼阁纷无数，餐霞羽士来相迎。又如独立太华顶，笑擘莲花将手擎。凌霄呼吸通帝座，划然一啸神鬼惊。吾家文简大手笔，高名上与韩苏争。西樵亦曾官吏部，骚坛兄弟狎主盟。篑山妙才世罕有，他年事业期大成。作歌相赠须努力，要使前贤畏后生。

赠敦侍卫文玉

重来寻至友，宦况一番新，年老力仍健，官高家更贫。到门空有雀，迎客杳无人。久待才相见，欢呼分外亲。

访李太守怡堂

旅邸喜逢君，萧萧风雨闻。一麾将出守，十载久从军。痛饮烧红烛，狂歌入白云。新诗三复后，齿颊为生芬。

晤黄练江

二十年前老故人，近来诗品妙如神。桐音入爨谁相赏，天马行空自绝尘。蜀国干戈谈往事，燕山风雨送残春。良朋高会永今夕，漫拟持竿东海滨。

上翁覃溪先生

先生七十七，面似桃花色。借问何能尔，参禅居静室。昔年官学政，古诗考新邑。

峨眉山雪歌，见擢为第一。乞书文简碑，汉隶实无匹。弹指十六年，相思千里隔。今朝远来谒，话旧长太息。德行与文章，教我垂金石。

游陶然亭同和羹侄及竹儿

何处避尘嚣，登临不惮劳。披襟风飒飒，把酒乐陶陶。城上西山远，云中北阙高。旷观皆自得，清听鹤鸣皋。

山中即景

历历穿林过骆驼，已登长坂又临河。贩夫也有云山兴，解唱当年敕勒歌。

宿山村

黄昏投宿伴渔樵，松竹无声夜寂寥。谁使高人眠不得，一轮明月上花梢。

寄吴太史玉松时烦定续集

回忆论交十八年，中间音信少人传。飞腾已到青云上，澹荡还居碧海边。只有名山劳远梦，愧无佳句绍先贤。知君追琢银灯下，听罢疏钟尚未眠。

赠全太史文波

玉貌尚依然，联翩到木天。名高双阙下，交忆十年前。白社曾推长，清班俨列仙。从今修国史，应念董狐贤。

赠刘广文禄阁时在京候选县令

壮时曾共醉，行乐暮春天。一别隔千里，重逢嗟廿年。休嫌官太冷，莫若散如仙。试看镜中发，萧萧殊可怜。

赠郑石门

记向柴门过，莲香冷水滨。那知来御苑，又得见高人。不为纷华动，元来面目真。伫看池上鹄，一举薄苍旻。

赠伊佩芬

不愧名家子，胸襟迥出群。嵚崎凌岱岳，变幻笑浮云。酒醉陶元亮，书摹王右军。同乡京国少，相见手难分。

题汪农部梧舟诗卷

汪子苦吟诗，京华传好手。艰深师孟郊，志在名不朽。法书宗说文，篆隶运臂肘，朝鲜来使臣。博学穷二酉，一见神骨惊。大叫复狂走。乃知中原人，奇怪无不有。公自言有高丽人来寓，见所赠《篑山长律》，欲攫去而公不予。我亦读难终，仿佛东坡叟。譬如食橄榄，乍尝不适口。请君酌红螺，朝夕饮醇酒。

赠徐司狱宗禋

国家用刑期无刑，囹圄处处青草生。自从徐公作司狱，尤能曲体囚徒情。命隶朝夕除不洁，安眠长使心神清。寒赐赭衣饿赐食，好施不惜囊橐倾。忆昔周张作酷吏，一生好杀本性成。多行不义旋自毙，循环天道原分明。徐公仁慈世罕有，治狱阴德流芳声。驷马高门自此建，于公千古当齐名。

题宗侄笃忱送别图

长亭一带柳丝丝，正是离人肠断时。待到空楼明月夜，知君千里最相思。

赠宗侄梅君

折枝写出尽鲜妍，仿佛花开雨后天。自古名家谁得似，风流绝世是黄荃。

赠刘恭夫

昔年逢古寺，今岁遇京华。隔舍同听雨，开窗共看花。青云君觅路，白首我还家。去住将分袂，长安酒可赊。

补编

岚山竹枝词

笔架山头海接天，水神祠外簇渔船。阿侬不识田间苦，收网归来即是钱。
青帘斜挂绿杨天，拨剌银刀载满船。笑向红妆沽美酒，阿郎囊底有青钱。

华严寺阻雨

二劳山色入新秋，万壑千岩翠欲流。正是游人归未得，一天风雨下南楼。

月夜桥上闲眺

宵分桥上坐，风景一时清。石窍飞泉白，波心霁月明。流萤穿竹远，凉露滴花轻。暗听沧浪曲，因思濯我缨。

秋夜怀张莱峰先生

疏钟遥度晓窗前，不觉离情倍黯然。何事经秋常入梦，只因会面已忘年。南林先生号苍莽迷寒霭，北斗疏明挂远天。孤雁一声空际去，寄书好到海云边。

送宸瑶侄之滕县读书其外祖于伯顾先生官滕县司谕

尔父辞尘早，成人仰外家。青春不自惜，白首只空嗟。骏马追风驶，飞鸢拂汉斜。前途今正远，拭目望天涯。

长歌行在泰山文庙赠马兴家并跋

人生既不能经纶大展，相业昌身，陪天子登明堂；又不能手握兵符作上将，立功海外平氐羌。便应杖策游五岳，飘若天外飞鸾凰。安能郁郁居牖下，皓首穷经无短长。嗟君读书破万卷，凌霄志气何昂昂。自言伏波是远祖，六韬习就非寻常。投笔封侯少所羡，蹉跎岁月四十强。老母八旬服菽水，三牲何日能取将。念此槌胸辄大痛，泪下如雨沾衣裳。君不见仲由百里常负米，生无以养曾感伤。能尽其欢是孝子，升堂百世流芬芳。我歌劝君侧耳听，学道膂力今方刚。一登泰山小天下，犹可放眼追素王。若待他年大事毕，与君万里同翱翔。诗文尽得江山助，笔如阵马追风樯。能将一卷垂万古，胜于当世空显扬。若与草木同泯灭，后世何人知义方？

马兴家，曹县孝子也。壬子秋杪，与余登岱，宿文庙。言及无以养母，放声大哭。因作歌以勉之。甫脱稿，兴家持去，忘却上卷，十五年矣。今到其家，虽三尺之童亦能成诵，一字不差。盖兴家，先教其妻，儿女甫能言，即教之。故每逢内集，皆能按拍以歌也。余狂喜，竟日钞入补编，丙寅端午自跋。

送刘寄庵先生出塞其一

飞去双凫类谪仙，送君迢递过幽燕。遂投绝域三千里，曾作循良十二年。白水茫茫无雁信，黄沙漠漠断人烟。此行莫下穷途泪，吾道还应直似弦。

漕河曲

静海城边朝日升，船窗晴暖砚无水。兴来欲跋兰亭帖，承旨风流愧未能。欲压春寒酌玉瓯，鸣榔已过古沧州。回风忽送银筝响，杨柳青地名。中到酒楼。宛转长堤尽画栏，天津北望是长安。行人却羡渔家乐，万顷烟波一钓竿。

八月八日同于桂三游明水其二

隔江遥望白云山，明镜光中耸翠鬟。清福我今消受惯，秋来多在画图间。

偕孟柳谷之济南为刘寄庵先生送行途中遇雨有作

闻道归辕不可攀，送行何惜路间关。秋风秋雨侵衣冷，傍晓骑驴过鲍山。

送刘寄庵先生告终养归里

辞荣烂漫任天真，第一清官数此人。北阙方来朝圣主，南陔已去养慈亲。山中暑雨栽红稻，江上秋风钓紫鳞。知到倚门相见后，承欢绝不厌家贫。

鸳鸯篇为张贞女作

鸳鸯有定偶，天生使和鸣。纵然迫之散，妃匹安能更。吾乡张家女，十岁许王生。总角贤且慧，大义心中明。凶年不得食，母送夫家行。其舅殊爱惜，掌上明珠擎。孰知舅方死，姑恶令人惊。两目皆盈盈，乃云无光精。鞭鞑不停手，唾骂不停声。其母来相看，那肯笑相迎。叱令将之去，焦急如雷霆。母舅来相劝，语语皆至情。其姑转大怒，愤气无时平。投缳复投井，相与纷斗争。夫婿时尚小，送女双泪零。同行至旷野，草树烟冥冥。伫看远影尽，犹自立郊坰。女去姑疾病，延巫祷神灵。巫怒呼贱婢，尔寿安得增？天帝命我来，取尔魂上升。因尔太不仁，大鼎将尔烹。是夜见鬼火，天明尸如冰。悠悠秋复春，夫婿长成人。忽报张氏女，奔来如有神。入门闻姑死，哀哀何酸辛。自言随母去，饿莩无人墐。将我卖为婢，主母常怒嗔。棰楚过我姑，大吼如狮蹲。其子三十岁，虎狼是其伦。逼我为之妾，朝夕欲成亲。恐我不肯从，磨刀光如银。我生自有夫，安肯失此身？其姑嘉我志，赐我衣裳新。半夜令我走，不敢稍逡巡。静中思我姑，犹记笑与颦。重见夫婿面，勤苦岂厌贫。夫婿发长叹，依依诉衷肠。自从遣卿去，日夜心悲伤。花开春日暖，叶落秋风凉。相思不相见，怅望天一方。梦中见颜色，达旦犹彷徨。恐是饿死魂，乘风归故乡。何意卿未死，犹得见同床。乃知天地情，不散双鸳鸯。寄语双鸳鸯，悲哉慎勿忘！

赠曹淡斋先生

游遍嵩山与华山，又寻高士白云间。入门一笑真投契，促席高谈竟忘还。世上风波君已远，壶中日月我方间。豹岩遗迹今仍在，携酒明朝共可攀。

过黉山拜李厚庵先生祠堂先生名质醇，山西洪洞人，载《淄川流寓传》

厚庵先生晋国士，远游汗漫来山东。黉山流寓结茅屋，注经仰止康成翁。般水群英尽投契，登高作赋常相同。见人困厄先急难，浩然之气飞长虹。郑公旧祠未改作，一生抱恨无终穷。年登大耋归紫府，犹传故事儒林中。文人醵金创祠宇，岩穴千载流芳踪。长公长公名钟崑，字玉峰，亦工诗，附载《淄川流寓传》。暮年与我善，书带来往缄诗筒。思亲不减王樵孝，令我怀想心冲冲。今朝骑马过茧室，仰视新庙闲云封。肃然下拜秋色里，林泉飒飒余清风。

附[①]

跋[②]

济南王君《秋水亭诗》前集，刘崧岚观察刊于辽左，兹复汇其前后所作。刻成，而属予一言。秋水为渔洋尚书族曾孙，性好游，足迹半天下，名公卿多折辈行与之交。其诗善表章忠孝大节，磊磊有奇气。而于亲朋之离合，门阀之盛衰，感慨淋漓，不为声律所束缚。海内宗工，当有读之而愿识至人者。渔洋谭艺曰典，曰谐，曰则。其后秋谷矫为峭拔生新。近日三李出，而以张文昌、贾阆仙为宗。盖山左诗派，凡屡变矣。秋水未尝墨守宗风，亦不傍他人门户，只自道其所得。士贵自立耳。老去诗篇清高浓稳，其可量也哉！

嘉庆己巳孟秋长洲弟吴云跋。

---

① 此为编者加。

② 本篇无题，题为编者加。

跋

嘉庆丁卯除夕前五日，予役下相，晤新城王子于客舍。出其所为《秋水高吟草》以示，余读之终篇，为之蹶然而起，悄然以悲，终复欣然以慰。

盖诗本性情，得其正者，达而在上，忠君爱国，有雅颂之遗；穷而在下，悲天悯人，得风骚之旨。不得其正，则摹拟剽窃，徒籍为名利之资，而置世道人心于不问。即有指陈时事深切著明者，群目以为迂阔，而远于世情，此予之所以悲也。王子以一老诸生，毅然以立名义，扶世教为己任，故发而为诗，其言皆有物之言，其所交游皆海内奇杰之士。偶一与论天下事，慷慨激烈，声若洪钟，四座为之惊心而动色。呜乎！此岂可与夫征逐名利者之为诗较其得失哉！使尽如王子之为诗，可以挽世运，可以格天心，可以起疮痍，而登衽席，则以王子一人为之倡，而世道人心，有所系属。《易》曰:“不远复，无祇悔，元吉。”此其占也。此余之所以欣然以慰也。至其诗溯源家学，陶铸性灵，根本王孟，兼有诸家之长而不袭其貌，则又操衡鉴之所共睹，而无俟赘言矣。

海陵理堂氏陈夔拜撰。

跋

秋水先生，好学人也。弱冠即肆力为诗，年逾六旬，犹孳孳不少懈。嘉庆壬戌，同里刘崧岚监司为刻其《秋水亭诗集》四卷行于世。今来京师，又裒其六年所作，将刻为续集。窃观先生之诗多得力于山水间，又不远千里，就正海内知名士，故能与年俱进。六年中，盖尝南浮江淮，北至塞上，纵游嵩、华、太行诸山。与洪太史稚存、铁制军冶亭、阮中丞云台交，相与上下其议论，故其诗益雄放，有奇气，较初集尤胜，抑又有幸者。余数年来好为吟咏，公余所作悉烦点定，去取不苟，知先生之于诗律老而愈细，盖一本西樵渔洋家法云。

东武侄赓言谨跋于石云斋寓邸。

秋水亭集拾遗

与敦侍卫书

祖昌顿首，致书文玉先生阁下。自癸亥夏一别，倏忽三年，音尘久阙，相思之情，曷可言喻。今得鸿便，走笔请安，兼有所言，惟先生察之。

先生七额驸之胞侄也，自十七年前，延弟为公子师，相视莫逆，知无不言。虽胶漆之投，无以过之。时先生初作侍卫，取《朱子节要》，朝夕玩味，身体力行。故虽极困穷，而清操自励，不干谒权贵。下直后，惟习射东园，用力既久，乃能百步穿杨，不亚由基。自致青云，名闻天下，今已为大臣矣。西山世兄，天性仁厚，朗若玉山。甫当差，因七额驸有救驾功，升为侍卫。从此奋发有为，尽忠报国，自当功垂竹帛，为万古传。弟虽啸傲空山，而有此高弟子，亦足乐也[①]。

先生累代忠良，天下之士，闻风景慕，莫不欲快睹以为法则。弟有至友张沼，青州之孝子也。其性情之真，与先生相似，而又有清风高节，不好与俗人交。惟好作画，如倪云林、黄子久、沈石田一辈高士，尤所效尤慕。其家一贫如洗，因有八十老母，不得不借翰墨生涯，以供菽水之奉。但以山林中识者甚少，今游京师，而求友于弟。弟以为忠孝之家莫如贵府，而纯粹之儒莫如先生，因作此书为绍介。献山水花鸟数幅，乞笑纳之。因与纵酒快谈，加以奖励，庶青萍结绿，长价于薛、卞之门。又有画数幅，欲献额驸，非执贽以求用也。第以生今之世，为今之人，不睹当代伟人，可谓虚生一世。乞为绍介，得以上谒，则如见麟凤，千年所不经见者，一旦见之，生平之愿足矣。至如灵大人以及倩亭先生辈，均可谓有高世之行者，则均所乐见也。使得尽见之，则可谓尽天下之大观而无憾矣。至于弟，任意逍遥，今年游嵩山，来年游衡山，后年游华山，超然世外，乐不可言。逮游恒山时，或可入京相看也。祖昌再拜。

罗罗清疏，笔无点尘。

---

① 此条为抄本的夹注：恰好引及下文。

与裴凤崖明府书

昨过平原，知先生因景颜书院无以供诸生膏火费，慨捐千金，为买土田，以图久远。又作碑文，谆谆以讲学为先。此真不愧循良吏矣，然昌窃有请者。昔韩昌黎为潮州刺史，因潮人未知学，延进士赵德为之师。潮之士皆笃于文行，化及齐民，号称易治。昌黎接孔孟之传，为一方设教，延师必再三致谨，使德非真儒，昌黎必不肯延也。迨朱文公以程子为师，其白鹿洞学规，遵行不怠。至安定胡先生在湖州教士，确有成法，与石守道、孙明复齐名。故学者循循雅饬，不问而知为先生弟子。今先生教士之心，与朱文公、胡安定同，不知延师能如昌黎否？孔子曰："人之患在好为人师。"今之为师者，往往中无所得，自以为足。乞灵先达，为之先声，一经扬挈，便登皋座，积习如此，夫亦何怪？然欲正人心而厚风俗，非大丈夫为之中流砥柱，又何能挽狂澜于既倒哉？

问山亭诗后序

余读屈大夫《离骚》《天问》《哀郢》诸篇，其忠爱之心发于不容已。因不敢明言，故以美人比其君，以兰蕙比君子，以萧艾比小人，冀其君之一悟，俗之一改，一篇中三致意焉。后世忠烈之士有所感激而托诸诗，往往效之。其纯笃之至者，光焰万丈，虽陵谷变迁，不能朽也。

吾叔太高祖季木公，明季之忠臣也。其生平大节见于文，太史震孟所为墓志铭中有云："公豪气发溢，睥睨一世。"当赵忠毅公为冢宰，周忠介公为选曹，始擢南京吏部考功司正郎。平素父事邹忠介公甚欢，为序其集，语多讥刺，攻道学者操戈俟矣。癸亥南察，公实与其谋，大与南总宪忤。至甲子，杨忠烈公具疏劾逆珰。奏草至南都，公门人何允泓锓板以传，公又为批、为评、为赞、为跋，而仇忠义者，乃欲刺之刃矣。给谏某劾公，乃以中旨削夺。既以编氓居里，而诸奸犹眈眈狺狺，谓为未尽厥辜，至点将《天鉴》等书，无不列名，必欲使继十八忠魂之后。然公虽禁锢不起，无时不以忠君忧国为念。故凡登高望远，临水送归，春去秋来，萤飞磷走，偶有感触，皆见于诗，以自鸣其不平。文简公称其天才排奡，目空一世。而钱虞山乃讥之，谓为："西域婆罗门。"盖虞山自托仙佛，随时自乐，视国家之兴废，漠不关心。卒以有明遗老为二臣而不惜。呜呼！此其所以谤公与？然虞山在明季时，文名藉甚，而持论不公，世之人又多信耳，而不信目。其所摈抑，往往掩没不行于世。故文简拔公雅驯之诗二百首，以解虞山之嘲。然余自束发受书，学为吟咏，物色二十年不可得。乾隆五十一年，从兄余人先生没，其所遗乱书，家人欲焚之。适遇余妻，乃命送至秋水亭。余一检阅，即得文简选本，乃伯曾祖力庵公所编，曾祖幔亭公所录也，遂什袭藏之，今又二十年矣。尚未见原本。至嘉庆十一年清明，余来淄川，谒县令王坦园先生。先访故人司训刘梅亭，梅亭偕余见司谕苏卮园。卮园谈及吾家诗，而首季木先生，且曰："君有《问山亭诗》全本乎？"余曰："无之。"遂搜藏箧，取四册见贻，则淄人乱书中所得也。余亟取阅之，虽非全集，正癸亥甲子数年所作也。多文简选本所无者，其文简所遗与？抑或文简所未见与，然余既得之，则焚香细读，将其真挚者拔二百首，以续文简选本之后，名曰《问山亭诗拾遗》。呜呼！自季木公至余，已六世矣。此卷藏者不知经几家，读者不知经几人。断简残编，无首无尾，而蠹鱼之蚀、屋漏之痕，不可胜数。其不至于没灭者几希矣。今乃遇卮园收之而归余，殆公精忠之气不可磨，有鬼神呵护，以至于今与？抑或余之学诗，专心致志，四十年不倦，冥冥中特赐于余，令余表彰先人与？选既竟，质诸孟君柳谷，细参阅之，遍示同人，皆以为变雅遗音。至于虞山诗自以为可传，然词义悖谬，其《初学集》《有学集》尽在禁例。谁复读之哉！谁复读之哉！

嘉庆十一年，岁次丙寅，三月三日，六世侄孙祖昌顿首拜撰。

秋水亭诗自序

余诗新刊印数卷，置之案头，雪屋青灯，时加翻阅，而四十年来之苦心孤诣，犹历历如在目前也。余自十二三时，好吟诗，得名作，络诵不倦。兴发即学诗，《咏柳絮》云："升沉随造化，去住任天风。"《夜吟》云："饮酒吞明月；敲棋落晓星。"是时，先大人临川公课读甚严，恐吟诗废业，痛遭呵责。得句即藏箧中，唯恐大人见。及大人见之，反不怒，而喜曰："不意尔总角即能如此也。"然每拈一题，字字苦吟，几几乎目无见耳无闻，绝生人之趣，而欲求古人所以万古不磨者，卒不可得。如是者有年。至二十五岁，从大人之东武，为邱锡珖师，取《渔洋集》，焚香细读，初亦莫窥其津涯。久之，得公之言曰："箫子显云：'登高极目，临水送归，早雁初莺，花开叶落，有来斯应，每不能已。须其自来，不以力构。'王士源叙《孟浩然诗集》云：'每有制作，伫兴而就。'余生平服膺此言，故不乐为人强作，亦不耐为和韵诗。"恍然大悟曰："古人所以万古不磨者，即在此矣，然犹未洗净尘心也。"洗炼八年，至庚子，先大人没，于书中得遗诗二首，《放歌》云："借箸发胸臆，快谈妙古今。人生如寄耳，倏忽若飙尘。放浪天地外，形骸非我真。贫贱不可厌，富贵如浮云。兴来谁与语，杯酒乐素心。愚者区区爱惜费，岂知盈虚如转轮。"《宿淄河店》云："竟是今宵得未眠，凉风满院意翛然。枕头既有松间月，覆足还余竹外烟。古寺疏钟醒远梦，遥空爽籁响晴川。

一生不下牛山泪，方寸久无名利牵。”乃知人之为人，当如海阔从鱼跃，天空任鸟飞矣。然犹未敢自信也。又逍遥十年，滇南刘寄庵先生来为新城令，其为人如一片冰心在玉壶，号为天下清官第一，与余有水乳交融者。越明年，甲辰，余出《秋水亭集》就正，公一见大喜，为余作序，执笔立成，文不加点。常语人曰："我为王秋水天下第一知己，千古第一知己。”余始信余诗之可以问世矣。遂邀余至署中读书，新为筑室额即题曰："秋水亭。”庭有三槐，借白崔[①]一双，饲其间。每风清月白，引吭和鸣，先生即来觞咏，乘兴高谈，上下千古，余言有可行者，即见诸政。时到余家看莲花，闻余病，即来视，后调曹县。岁甲寅，因公挂误，贬戍军台。余一年三入京师营救，卒偕新曹两县父老，为公赎罪，送归其里。嘉庆四年，蒙特旨，见发山东，仍以知县用，遂署福山任，又将余十七年诗手定之。即升武定同知，旋因太夫人年至八十，告终养南归。故里迢迢，固无时不相思也。尝访余秋水亭，云："朝烟上石桥，宿云林树高。一夜不见君，凌晨到君处。人在秋水亭，诗如辋川墅。南望是商山，相约采芝去。”和余《送别》云："诗筒强半赋离群，如唱阳关隔座闻。别后难忘秋水月，梦中先到石桥云。枯荷急雨声相乱，衰柳寒蝉响不分。订就高文应寄与，几人如我是知君。”喜余至，自京师云："三月长安玩日华，一朝风雨返轻车。问君何事归来早？秋水亭前看藕花。”自海上寄余云："渔洋夫子本无邻，家法相承自绝伦。宅住石桥名亦雅，如君合得作诗人。海天阔处少王生，那有仙人抗手迎。携得一编秋水集，樽前啸咏放歌行。”余集自庚申岁已之淮安，求大总漕铁治亭公之杭州，求浙江巡抚阮云台公鉴定，又经寄庵先生手定。至壬戌夏，遂携以出山海关，呈宁远州牧刘崧岚公，崧岚公大惊，遂为刊于京师，刘寄庵先生见而叹曰："鉴别精明，刻画精工，此真可以传矣。”然恐先生为过爱之言，故将以此卷遍呈天下贤士大夫。不知于从曾祖文简公、先大人临川公、业师刘寄庵先生之诗，能得其真传否耶？

记时详，叙事该，写情真，□□□[②]甘苦中道来。较昌黎《答李翊书》，神似而非形似。

---

① “崔”，据前后文，应作“鹤”。

② “□□□”，原文此处漫漶不清。

兴国寺诗社记

余性不好佛，而好游禅林。盖佛法曰无入其法，则视修齐治平事，皆漠然无所动于中，其背吾道实甚。而寺宇多在江山绝胜之区，水渟峰峙，鸟语花香，皆足怡人情性。故高人逸士，恒托足焉。晋陶靖节人品高绝千古，诗亦如之。庐山僧慧远结白莲社，招之不来，许其饮酒，则欣然而至。故十八贤中以靖节为最。唐韩文公上《佛骨表》，贬潮州刺史。及至八千里外，谈及道艺，无可与言者。惟老僧大颠聪明识道理，与之还往，留衣服为别。孟尚书以为皈依佛法，则力辨其诬。然则自古通人，何尝以儒释既分，则当老死不相往来哉？吾秋水亭之北四里许，有兴国寺，建于元朝。至明万历间，庵主朱司理重修之。迨国朝雍正初年，乡人又重修之。今因倾圮，真上人与乡老王宗文、高思忠等又募化重修之。寺在新城东南二十一里，山门对晓月桥，为齐国通衢。铁山峙其东，秀如画屏，郑潢沟绕其西，明如匹练。数行杨柳，十里白莲，与红蓼青粳相映带，常有鸥鹭飞鸣于其间，真吾新城一名区也。夫齐故泱泱大国之风，地方海岱之间，古寺多有，然往往寂寞无闻者，岂地之不灵哉。以无天下士题唱形诸翰墨，当代大人先生，皆不知名故也。今寺既新修，余则邀诗人孟柳谷、石子真、胡乙垣、耿希尹及吾乡文人，每逢佳节，觞咏其中。浮屠氏皆极敬礼，复乞铁大中丞冶亭公书“兴国寺”额，乞刘司马寄庵公书“大雄宝殿”额，乞孙明府书屏公书殿楹贴曰：“何者为空王，存心如白日青天，便成活相；谁人作大士，行事类和风甘雨，即是神通。”乞其子观察渊如公，篆额客堂曰“三斋诗社”。吁！吾党来游，岂但流览风景以畅叙幽情已哉！当勉寺僧如惠远大颠，吾党勿愧陶靖节、韩文公。庶乎地以人传，兴国寺乃能名垂千古也。

嘉庆十一年，岁次丙寅，四月初八日，王祖昌谨撰。

文情迂畅，其泠然善也处，则不可及。徐勋跋。

庞仞表借刘寄庵先生修城记

庞凤翥，字仞表，新城诸生，识胆过人。乾隆五十七年八月，刘寄庵先生署新城令。甫一月，而部选者至，时方修城，众策其不能也，乃以留刘公意语仞表。仞表因率父老见大中丞，曰：“新城城所以不能修者，旧令不信于民也。旧令借修城，肥私家，领帑金，民未尝患其概。故筑城者，皆非新城民；监工者，亦非新城士大夫。非新城民，则莫肯用力；非新城士大夫，则莫肯用心。帑金已尽，而城未修，无可如何，乃欲逼民捐赀。而民风闻，领帑金若干两，修城才若干尺，宁死不出一钱。旧令计无复之，于除夕自缢。此城所以不能修也。若使刘公修城，清操素孚于民，民乐为用，士大夫亦愿监工。众志成城，易如反掌。”大中丞曰：“善。”即令新任署寿张而檄刘公回任。时州县官多立堂下，大中丞曰：“诸公皆以刘公为法，国事办矣。”刘公修城善任人，是年十月兴工，至明岁五月，工竣。此仞表事。吾恐后世无传也，故志之。

有此奇侠即有此奇文。吾遇庞公尝把入林之臂大叫，浮一斗□□□□[①]。

寻乳穴记[②]

先大人命昌曰：“余六旬上冢，遇陕西张文烈，善堪舆。自云闻先生家为山东名族，所立祖茔必龙盘凤翥，据山水绝胜之区，故不远数千里来纵观之，余于云堂置酒相款曰：‘我之葬地，乞预卜之。’张公周视一日，卜地于尔祖容庵公坟前。其地中高、四面低，名为乳穴。乳穴者，形似人乳也。我死后必用之。”

至庚子五月十日大人没，乃延於陵朱魁占寻之。到容庵公坟前，注目良久，得之，曰：“好风水！一团文明之象。但此白杨碍穴，必先除之，乃可点也。”其树高三丈、大数十围。时新城令张罗峰公修大成殿，正缺中间两大柱，使人物色深山，卒不可得。闻之则大喜，曰：“王临川先生欲修文庙，曾致书于我不下二千言，语语至理，令我重修之心勃然而不可遏。因点其穴，乃得大木，是先生有灵助我成功也。”命工度之，为大柱二，为大栋一，为椽无数，给价钱二万五千。茔后东西筑小陵一道，茔中栽柏一百二十六株，茔前筑梧河北岸，高三尺、宽六尺、东西长二十丈许。岸北东西载柏十四株，无他树翳之，今已成林。栽茔中者，在老树下，多不能长，枯过半矣。

当壬寅年欲发丧，穴尚未点，朱魁占不能来，乃荐宋广熙。广熙点穴于所伐树东，余又托于再莘观之。再莘致书于余曰：“昨观宋公所点穴，非是，请再质高明。”乃浼族侄宸楷求张寿朋观之，曰：“宋公所点穴，在護水中矣。”审视移时，乃得其处，去容庵公坟不数武，在所伐树南，非树东也。至十一月初三日乃葬焉，于今二十有六年矣。第三年乙巳，则竹儿生。又十年甲寅，则学使阮云台先生考古，拔余前茅，遂食饩。又九年壬戌，则刘观察崧岚刊余《秋水亭诗集》。又三年甲子，则笋孙生，虽富贵功名不可得，而朱公所谓文明之象者，已有征矣。余尝于青州旅舍遇张文烈，年已八十。闻大人没，不胜感慨，问所卜地已葬否，曰:“葬矣。”曰:“葬则甚佳。”余曰:“先生于堪舆之外，何术最精？”

---

① 原文此处漫漶不清。

② 此条为抄本的眉批：记此段妙绝，可见先人积累深厚，不全仗地理。

曰："善相人。"已而相余，曰："颧骨高，年当九十有六。与卫武公相若。"曰："谨受教，必以卫武公为法。"

嘉庆十二年二月十二日，王祖昌记。

风香亭记宿宋圣野等梅花书屋绝句赠李怡山七古

乾隆甲辰孟秋之初，西溪王祖昌同牟孝廉作梓，李廷傅、耿肇枢、耿肇葵游锦秋湖，过同学姚先生玉琦馆舍。水风时至，幽香暗闻，因颜其亭曰"风香亭"。在夏黄西北隅，据湖南岸为徐氏别业，窗户轩敞，可纵远眺。亭前风柳数株，腰肢袅娜，酒家渔户临水而居。花铁诸山，遥从树梢露出。东则会城故址，尚可幽寻。寒芦秋色，一望无际。春秋平川之会，盖于此也。北则万顷烟波，连天一色。博昌城郭，远浮水面，稻畦莲渚，柳陌菱塘，犬牙相错，时有轻舲出没其间。西则颜触墓、鲁连陂、�固里、诸葛庄，若隐若现，若近若远。虽世代已遥，古迹渐泯，然挹其清风，犹有令人兴起者。凭栏四望，胜地独擅。然则居此亭者，其随时自得之趣为何如乎？若夫东风解冻，湖水暗添，芦荻方生，绿与天际。其把酒桃林，花香满袖，宜其春也。薰风自来，微凉暗度，烟开翠柳，露泛红莲，倚栏独立，香远愈清，宜其夏也。蓼花冷淡，芦叶萧条，湖水澄清，游鳞可数，浩歌待月，白露沾衣，宜其秋也。大雪初霁，北风其凉，桥畔梅花，清芬可爱，乘兴高歌，翠羽和鸣，宜其冬也。至其朝日出林，晓霞映水，渔家少妇，荡舟而出，隔花微笑，艳若水仙。既而夕阳返照，金光万倾，渔船个个，摇橹而归，随风远播，韵如冷雁。时而阴云四合，风雨骤至，芦叶飞声，倏如奔浪。已而甘霖乍歇，香雾初收，荷盘承露，湛若明珠，如对鲛人之泣。四时朝夕阴晴，无不宜人。虽瀛洲仙岛，玉宇琼楼，何以加焉？彼夫牵于利锁，系乎名缰，一旦得志，乌帽朱衣，坐画船，携名妓，酌美酒，度清曲，随波去留，乐而忘返。语以和秋风专鲈之味，固知而不知也。惟骚人逸士，识超千古，胸无点尘，闲中日长，醉里天大。有时而琴，风吹草白，水寒日暮；有时而棋，玉声剥啄，星点纵横；有时而书，飞鸿戏海，舞鹤游天；有时而画，山谷磐郁，云水飞动。以此清兴，乐此清幽，日试万言，倚马可待，庶几乎有得于斯亭，而萧然可以忘世矣。吁！使数传而后，慕高风，寻遗迹曰："某亭，某某之所寄傲也，某某之所游览也。"其清芬可揖，岂不与锦秋湖而俱永哉。

仿白玉蟾笔意自记。

风藻旖旎，错彩纷敷，亦是记游佳构，第文势平衍少，大踔之致耳，筠为谦识。

东川公小传

公，姓王氏，名兆注，字东川，贡生。于乾隆己巳，任北城兵马司指挥。甲戌，再任南城。不畏强御，豪猾敛迹。丁丑，擢湖南常德府通判。其地有溺女恶俗。甫抵任，即严禁各属，又传绅士乡老，谕之以情，戒之以法，旧习顿革，湖人至今感之。庚辰，奉旨采木贵州。日在烟岚中，率群役，入深山，穷回溪，靡远弗届。寻得大木，则监工度之，制为栋梁，运入省城。时见云色如墨，人呼曰："瘴至矣"，则伏地候瘴过，乃起。勤劳王事，日夜弗懈。越岁余，工始告竣。身受沉疴，旋丁母忧，哀毁骨立。壬午，回籍病卒。公历中外十余年，服官清介，人咸以龚黄目之。喜作诗，著有《湘江集》一卷，《游粤西诗》一卷，没后散轶，惜无传焉。卒年四十八岁。妻，伊氏，封安人。子一人，彭祖，亦有诗才。

高士传

崔协恭，字和衷，新城高士也。生而聪慧，好读书。年十七入泮，五十二贡成均。性醇谨，讷于言，敏于行，萧然自得，不乐仕进，乡人莫不敬之。早丧父，事母至孝。母没，泣血三年，不入私室，每饭必祭。与人语，常出涕，曰："吾今无生人之乐矣。"滇南刘寄庵先生来令新城，礼贤下士，尝造其庐。退语人曰："吾见先生，如见陶渊明一流人物。"及修城，延为上宾，总理城工，知人善任，不动声色而庶务就理。同事张莪石家和亭，皆推尊之。

嘉庆元年，诏天下举孝廉方正。适常州孙渊如观察权山东臬司，余上谒之际，频问余曰："新城孝廉方正，谁堪为第一者？"则以崔和衷先生对。曰："其为人何如？"曰："生而颖异，闭户读书，六十年矣。加以性情和平中正，坦易近人，而有高不可攀气象。"观察取玉杯，浮一大白，揖曰："吾为子寿。"余为一饮尽，曰："昌可谓荐贤受上赏者已。"明日，飞檄到县，令保举先生乃因母丧未除，立辞不就。先生今年七十二，尚无恙。子三人，长瑛，岁贡生；次琇，生员；三珽，业儒；皆恂恂有父风。王秋水曰："世之所举孝廉方正，或有规求，宁有清操自励，大人举之而犹辞者哉！"今先生安贫乐道，漠然无所动于中。易曰："不事王侯，高尚其志。"其先生之谓与。

郛俊騫传

郛起翰，字俊骞，曹县人也。父景川，以书法名当世。君生而颖异，身长八尺，貌清癯，双眸炯炯如电光。自幼好书，父授以二王家法。及长，于历代名帖，无所不窥，而尤喜怀素草书，常仿之。好访古碑，常骑驴，日行百余里，西登华山，南游看嵩山，冬游泰山，北到燕山，遇古碑字奇绝者，则细观之，坐卧三日不能去。能择交，凡有权势人，虽欲罗而致之不可得；闻有高士，道虽险远，必访之，欢呼尽兴。大醉后，挥毫淋漓，顷刻数十纸，人皆以为有神助。滇南刘寄庵先生为曹县令，一见成至交。好游名区，一日不与俱即不快，尝戒其当惜墨如金。及乾隆甲寅，寄庵先生因盗案被议，发军台。君乃醵金同余至京师，为之赎罪，奋不顾身，虽历险阻，亦不觉其苦，刘大鸿胪尝亟称之。后寄庵先生，特旨召用，升武定同知，告终养还家，君送至汴梁而别。晚年于庄西辟地十亩，为园林，广植花果。客至，则同游饮酒、赋诗。客去，则独卧高楼，观古人书、画以自适。君有二子五孙，尝为口授指画，思以书法世其家云。

笔力简古。

马兴家传

马振声，字兴家，曹县人也。生而聪慧，好读书，通经史，尤喜谈兵，年二十五始入泮。乾隆三十九年，寿张贼王伦反，连破三城。闻舒大将军至，欲献上策，因父病，不果行。日侍汤药，衣不解带者三月。父没，痛绝复苏，祭葬咸遵朱文公家礼。事母以孝闻，家贫赖舌耕以养。凡延之者，皆曲体其心，非迎养则代为供奉，必悦其母而后安。乾隆四十六年七月，河决曲家楼，横流至门前，乃移居北庄。至明年六月初一日，君在河工，忽心动，则掉舟遄归[①]。母患痢疾，正在危急，觅方治之，一息而愈，人皆以为纯孝所感云。母没，水浆不入口者三日。邻里因其贫，皆竭力赙之，乃卜新阡，启其父与母合葬焉。性高洁，不轻与人往来。刘寄庵先生为曹县令，因治河需人，闻其贤以礼聘之。君乃为画策，兼荐人。及河工告成，刘德之，馈以书画，成莫逆交。迨刘因盗案被议，谪戍军台，君乃为醵金，与新城民人为之赎罪。生平改过不吝，能听逆耳之言。值岁大饥，人相食，贫民多鬻儿女。邻有贩者，恒获利以自全。以书约君，即欲为之。其妹夫张从元厉声曰："吾见为之者皆无后，此岂尔所当

① 此条为抄本的夹注：此一则字深得龙门用字之妙。

为耶？”君立自责，回书绝之，鬻田八十亩以度凶年。君今年六十一，有四男二女，孙男六人孙女四人，至宅舍不能容[1]，往往同室而居，人皆羡之。

不增不减毫发无憾。

王氏节孝传

吾族侄宸恪妻王氏，长山举人，讳濎女也。十九岁适宸恪，二十三岁夫没，生一子，允托，方一岁。时，翁年老，奉养无资，乃自城中移居城南石桥别业，惟纺绩为生计。家虽极贫，而贞操愈励，人无敢以改适相劝者。每迎翁到家，以疏食自奉，百计致甘旨以奉翁，侍疾病，则寝食俱废，必痊疴乃复。初，翁常语人曰：“儿妇节而且孝，则吾儿虽死犹生，地下有灵，亦必感激泣下也。”教子尤有义方，凡世间不才事。皆一毫无所染，惟谆谆以忠厚训戒。故子允托，自髫年即庄重若成人。及长，一言一动，皆可以为妻子法。入其门，雍雍如也，肃肃如也。氏年至六十，犹勤劬如少时，所以绳子孙者，皆以古人成法，年至六十三岁乃终。

赞曰：凡世家女，自幼于纲常名教之重，闻之熟矣，一旦失所天，率性而行，往往于圣贤之道，皆不谋而合。后人追论其节，不能不叹其父母之教化深也。如氏者，非尤彰明教较著者与。

节妇传

新城于斯杲妻，孙进才女也，年十七于归。夫没时，氏年二十四，子崇址方三岁。氏贞白自守，确乎不拔。舅已没，事姑至孝。姑疽生于眉，昼夜哀号，濒危。氏祷于天，愿以身代，姑遂愈。雍正八年秋，大水，禾尽没，饿死者多。氏上养孀姑，下哺孤儿，昼夜纺绩，抱布易粟，卒度凶年，因劳致目疾。姑没，葬之以礼。教子有义方，凡不肖人，皆不许近之。故子崇址，年至八十，号为长者。夫姪崇弼外出，妻死，母年高，子汝孟方四岁。氏为营葬抚养授室，咸任之。其性之仁厚然也！乾隆五十一年九月寿终，享年八十有四。

---

① 此条为抄本的夹注：住笔峭动。

旌表节孝许太恭人哀词并序

太恭人，姓许氏，江苏之宜兴人也。父建，为广西义宁令。赘婿阳湖孙枝生于官舍，生子勋，二年而夫没。父无子，或议以太恭人改适，而以勋为父后，太恭人以死誓之，期祀先于夫家。父旋卒于官，乃抱子扶二柩，买舟南归。中间频历风波之险，以至诚坚坐，竟无患。抵家，葬夫与父，课子读书，辛苦备尝。子北上，太恭人梦天人投大星于怀，金恭人遂娩身，因名孙曰星衍。生而神异，博极群书，联捷入翰林，为高宗纯皇帝所识拔。时勋已登贤书，为句容学博。太恭人处冷署十九年，意况淡如也。后授河曲令，道路迂阻，不能迎养。孙星衍乃奉至京邸。居凡九年，出为山东兖沂曹济道，旋署臬司，太恭人常以古名臣垂教。星衍寻丁母艰，归金陵。洎服除，授山东储粮道，乃迎太恭人安德节署，年盖九十八矣，尚康强。俄疾发，卒于官署。太恭人以守节抚孤，旌表建坊，晋封至太恭人。祖昌为太恭人之孙星衍门下士，思欲报恩而无由也，乃作词以哀之。其词曰：

千尺贞松兮在青山，一声孤鹤兮唳瑶天。松化为石兮鹤蜕而仙，望而不见兮为心酸。宜兴有女兮操守坚，随父义宁兮理剧烦。赘婿孙郎兮推豪贤，生佳儿兮乳未干。忽下世兮成离鸾，父无儿兮泣涟涟。人劝改适兮以孤嗣先，慷慨自誓兮计两全。请以巾帼兮与儿班，父又亡兮谁哀怜。扶二柩兮上归船，望江东兮路六千。过岭云兮渡湘烟，泊空江兮秋月悬。听猿啸兮心凄然，抱孤儿兮不能眠。天吴忽怒兮浪花翻，舟欲覆兮人争喧。独危坐兮心弥虔，风一送兮到江边。归常州兮屋数椽，先葬夫兮兰陵阡。旋葬父兮芒荡间，归宁母兮孝心专。死而后返兮置祭田，教儿读书兮青灯前。效画荻兮兼和丸，儿举于乡兮试春官。梦天神兮摘星垣，投于怀兮如月圆。遂生孙兮追青莲，逞才笔兮蛟駮腾渊。儿任句容兮坐寒毡，迎署中兮十九年。淡泊自甘兮苜蓿盘，逮令河曲兮阻山川。望白云兮泪如泉，到何日兮再承欢。孙入南宫兮鸿胪传，登瀛洲兮近九乾。迎养京邸兮翟衣鲜，同僚上寿兮奏管弦。制屏风兮祝金萱，封鲊寄儿兮真贤媛。孙为观察兮黄河湾，乘安车兮来自燕。儿辞官兮相追攀，全家乐兮开琼筵。剧观忠良兮屏佞奸，教孙报国兮寸心丹。署柏府兮操大权，如田猎兮纵鹰鹯。击狡兔兮挥老拳，奉教令兮敢偷安。因孙丧母兮动归辕，到金陵兮辟名园。闻花香兮听鸟言，乘笋舆兮攝山巅。坐玉洞兮冰桃餐，喜孙服除兮锋车遄。来安德兮坐花轩，命孙转粟兮勿迟延。犒旗丁兮分俸钱，遇凶年兮民力艰。勿使饿死兮满壑填，年至百岁兮犹丹颜。春秋祭祖兮志不迁，教儿孙兮勿忘旃。纶音褒节兮内使宣，坊久建兮诰频颁。望瑶池兮跨凤还，我为通家兮陈豆笾。未送柳车兮葬江干，作哀辞兮泪潸潸。在天之神兮监此篇，著大节兮垂青编。可以兴兮可以观。

孙渊如曰："文书质古，实属杰作。"

杨含光曰："真气流行，浩浩落有长江千里一泻之势，真合李、杜、韩、苏为一手。若白则宽绰有余，而团炼不足。"

王秋水自撰年谱

秋水姓王氏，名祖昌，字子文，号西溪，别号秋水，又号五岳游人，济南之新城人。

始祖讳贵，自诸城徙新城，是为琅琊府君。

二世祖讳伍，善行载《县志》，是为植德府君。

三世祖讳麟，以贡生历官颍川王府教授，累赠柱国、光禄大夫、少师、兼太子太师、兵部尚书，是为颍川府君。

四世祖讳重光，嘉靖辛丑进士，历官贵州布政使司左参议，以平□□□[①]死王事，赠太仆寺少卿，赐予祭葬，赠柱国、光禄大夫、少师、兼太子太师、兵部尚书，是为忠勤府君。

五世祖讳之猷，万历丁丑进士，历官浙江按察使司按察使、赠都察院右佥都御使、应天巡抚，是为观察府君。

六世祖讳象丰，万历丙午科武举人，历官临清参将，诰授安远将军，是为安远府君。

高祖讳与阶，顺治元年拔贡，是为渌澳府君。

曾祖讳士骊，岁贡生，官诸城训导，私谥"文介先生"，是为幔亭府君。

祖讳启应，武生，是为容庵府君。

父讳兆轼，生员，是为临川府君。

前母许氏。

母刘氏。

大清乾隆十三年戊辰十一月十六日巳时，秋水生。

乾隆十四年己巳。

乾隆十五年庚午。

乾隆十六年辛未。

乾隆十七年壬申。

---

① "□□□"，底本此处漫漶不清。

乾隆十八年癸亥。

乾隆十九年甲戌。

乾隆二十年乙亥。

乾隆二十一年丙子，秋水年九岁。从父之益都读书。说诗经常有妙悟，父奇之。正月十九日，第三妹生。

乾隆二十二年丁丑，秋水年十岁。始临颜、柳、欧等帖。

乾隆二十三年戊寅，秋水年十一岁。受学于周瑾先生。时国家未以诗取士，塾师未许学诗。秋水偷闲钞文简公所选唐诗，之无人处，以啸咏为乐。

乾隆二十四年己卯，秋水年十二岁。始为诗，《咏柳絮》云："升沉当白日，去住任和风。"父曰："吾儿非凡人也。"

乾隆二十五年庚辰，秋水年十三岁。始为文，兄祖牲以为下笔落落，有大家风范。

乾隆二十六年辛巳，秋水年十四岁。始发奋，诗文皆可观。

乾隆二十七年壬午，秋水年十五岁。始应童子试。

乾隆二十八年癸未，秋水年十六岁。十二月二十九日，娶于氏。

乾隆二十九年甲申，秋水年十七岁。为外舅于静庵公作《西园观桃花记》，外舅以为有晋人风味。

乾隆三十年乙酉，秋水年十八岁。九月九日，外舅家菊花盛开，延宾赏之，秋水作赋，侄宸弼以为工丽。

乾隆三十一年丙戌，秋水年十九岁。六月十七日辰时，长女伯兰生。

乾隆三十二年丁亥，秋水年二十岁。十一月十六日，入泮，学使桐城张公日湝以为绝世聪明。

乾隆三十三年戊子，秋水年二十一岁。始入乡闱。

乾隆三十四年己丑，秋水年二十二岁。五月初十日，弟祖昂生。

乾隆三十五年庚寅，秋水年二十三岁。二月十七日，次女仲兰生。入乡闱。

乾隆三十六年辛卯，秋水年二十四岁。授徒於陵。

乾隆三十七年壬辰，秋水年二十五岁。从父之东武，授徒又曾兄家。

乾隆三十八年癸巳，秋水年二十六岁。授徒东武，邱锡琳、邱锡珖皆及门。是年，学诗。读《渔洋诗话》至"萧子显云：'一段乃得真传。刘允淑谓似韦、柳门庭中人。'"

乾隆三十九年甲午，秋水年二十七岁。授徒东武，学宫以司谕苏义方为师。六月，第三妹适成启鲁。

乾隆四十年乙未，秋水年二十八岁。游青州、沂水。

乾隆四十一年丙申，秋水年二十九岁。游东武，谒臧兆奎先生，诗学大进。

乾隆四十二年丁酉，秋水年三十岁。授徒东武，入秋闱，游明水。

乾隆四十三年戊戌，秋水年三十一岁。授徒东武，丁福裕及门。游五莲山，作《白马诗》，外甥于方城见之，大惊，逢人辄诵，诗名遂大噪。

乾隆四十四年己亥，秋水年三十二岁。二月二十六日，第三女叔兰生。第三妹侍姑病，尽瘁而死。秋水求臧兆奎先生为之传，征诗一卷，以王揖山为第一。

乾隆四十五年庚子，秋水年三十三岁。授徒於陵。五月初十日巳时，父没。

乾隆四十六年辛丑，秋水年三十四岁。授徒於陵，无诗。

乾隆四十七年壬寅，秋水年三十五岁。游东武。十月十三日，长女伯兰出嫁。十一月初三日，葬父于梧河阳祖茔之次。

乾隆四十八年癸卯，秋水年三十六岁。入秋闱。有赠《孙桂林诗》。

乾隆四十九年甲辰，秋水年三十七岁。访莒州陈依霄，两游江南，诗甚富，县令刘寄庵为作序。

乾隆五十年乙巳，秋水年三十八岁。二月初七日，长女伯兰之夫死。六月，游劳山。十二月十四日丑时，男宸竹生。

乾隆五十一年丙午，秋水年三十九岁。是年，饥，邑令刘寄庵先生调曹县。四月初一日，兵部侍郎琅公过张店驿，秋水率百姓数千人，乞琅公言于大中丞，留先生回任救荒，所活流民无算。冬游曹县。

乾隆五十二年丁未，秋水年四十岁。春游胶东武，秋游梁邹。弟祖昂完婚。

乾隆[①]五十三年戊申，秋水年四十一岁。春游博山，夏游团𬬻山。秋，刘寄庵先生重游新城，登临倡和，一月而别。九月二十四日，次女仲兰出嫁。

乾隆五十四年己酉，秋水年四十二岁。师青州太守张荫堂先生，读书法庆寺。入秋闱。冬游东武。

乾隆五十五年庚戌，秋水年四十三岁。春携诗入京，刘岸淮先生作序，侄笠庄为跋。在海甸，为佈彦图师，和相国延之[②]，不就。七月初五日，母没。九月初八日，闻讣，奔丧还家。

乾隆五十六年辛亥，秋水年四十四岁。三月三日，扶母柩，合葬于临川府君暨前母许氏之墓。冬，游东武。

乾隆五十七年壬子，秋水年四十五岁。寄庵先生复宰新城，一月解任，秋水与游长白山，而令庞仞表率父老百人见大中丞，借回先生修城。

乾隆五十八年癸丑，秋水年四十六岁。春，入京，见王熙甫主政，法时帆庶子。秋七月，还乡。学使阮云台公岁试，考古取超等第二名，正场取一等第

---

① 底本中本无“隆”字，据文意加。

② 此条为抄本的夹注：和氏之字必删。

二名，称为济南名士。

乾隆五十九年甲寅，秋水年四十七岁。正月二十一日，补廪膳生员。游东武。寄庵先生因曹县盗案诖误，谪戍军台，秋水一年三入京，为策赎罪。漕河决，几死于水，大鸿胪刘公、少宗伯铁公、少司马王公称为国士无双。是岁考一等，入秋闱。乞翁覃溪阁学、阮云台学使为先文简公刊墓道碑。

乾隆六十年乙卯，秋水年四十八岁。夏，寄庵先生自塞外归，有题其北征集之作。入秋闱。冬访衡水令李雨樵。

嘉庆元年丙辰，秋水年四十九岁。春，入京。刘岸淮先生以为歌行似韩、苏，当努力为之。铁公荐秋水于署山东按察司孙渊如先生。八月二十七日，上谒，荐举新城崔和衷为孝廉方正，崔协恭、孙公即飞檄到县，命令其保举协恭。因母丧未除，力辞不就，孙公服秋水知人之明。十月初六日，次女仲兰之夫张志诚死。

嘉庆二年丁巳，秋水年五十岁。正月，署山东按察司孙公议立锦秋书院，延秋水主之。三月，去任不果。九月初二日，第三女叔兰出嫁。

嘉庆三年戊午，秋水年五十一岁。春三月，游兖州，谒孙公于道署不遇，留半月而归。

嘉庆四年己未，秋水年五十二岁。冬之莱州，访万子明。到莱阳，访赵北岚。遂至登州，登蓬莱阁。

嘉庆五年庚申，秋水年五十三岁。夏，携《秋水亭诗》四卷之淮安，谒铁大总漕之杭州，谒阮大中丞，皆乞亲笔删定；住望湖楼，从孙渊如公游一月而归。乞选《秋水亭文略》二卷，冯实庵侍御题词。十月十九日，为子宸竹娶向慕闵公之六世孙女季兰。

嘉庆六年辛酉，秋水年五十四岁。寄庵先生应召为朝城令，招秋水至署中读书三月，欲刊《秋水亭诗集》不果。冬游东武。

嘉庆七年壬戌，秋水五十五岁。春三月，寄庵先生署青州府同知，招秋水至公馆，倡和一月，有陪先生看花诸作。夏六月，之京，王熙甫侍御欲刊《秋水亭诗》，而力不足，乃付秋水书，令出山海关访宁远州知州刘松岚。松岚见诗大惊，即刊之，嘱熙甫监工。工未竣，而熙甫没。诸城侄孙蔼人太史代任，而工始竣。松岚、熙甫皆有序。

嘉庆八年癸亥，秋水年五十六岁。春入京，取《秋水亭诗》板。上书汪东序、宋小波二侍御，为国初殉难署新城令向慕闵求恤典。六月末，二侍御致书于铁大中丞。秋七月，飞檄到县，令其查明转详。是年，寄庵先生升武定府同知。

嘉庆九年甲子，秋水五十七岁。春正月，将《成氏妹孝行传》呈程澹西、王淑虞二先生，遂入《邹平县志》。夏四月十一日亥时，孙允笋生。秋七月十三日，铁大中丞将向公事具题。冬十二月十九日，兵部奏闻。是岁，学使刘金门公深赏《秋水亭文略》，以为高绝，补考一等，入秋闱。之德州粮运署，谒孙渊如先生。游济宁，见李源溟先生。游曹南、单父。

嘉庆十年乙丑，秋水五十八岁。二月十一日，旨下，向慕闵之七世嫡孙兆贵赏给恩骑尉，世袭罔替。是时，向公营地已售异姓，秋水出白金三十两赎归，为公祭田，俾其五世孙允镇春秋祀之，且与之约，后人有敢卖者，以不孝论。秋八月，刘寄庵先生以母老告终养，不能归。时某公负先生白金六百尚未偿，秋水作书抵之，即如数偿，先生始归。冬十月，赴益都，哭杨孝廉书严墓；抵高密，祭王侍郎熙甫墓，皆有诗。十一月初，又登蓬莱阁，与蓬莱学博王若水、杜樗园两先生及孝廉王西昆倡和半月而归。是冬，与仁和张诩，字渌卿，掖县李兆元，号勺洋，蓬莱杨大受，字含光，益都张沼，字秋池，结为兄弟。

记王于人明府事

我师张荫贵先生，名玉树。乾隆己酉，摄青州太守篆。有公事赴济南，见大中丞。中丞未出，守令诸公皆坐堂下。张公问座前一令曰：“此为谁？”曰：“是新城令王公。”张公曰：“王秋水先生安否？”王公茫然不知为谁。张公曰：“乙巳夏，先生游劳山，余为胶州牧。先生纡道过访，一见成至友，其德行文章，万古不朽。今汝不知是谁？汝之为官可知矣！”于人面红，汗下如雨。张公送余法庆寺读书，捐奉供给。一日，送先兄余人行状，乞点评。张公曰：“真有史迁笔力。”

新城令有书至，欲见余，乞张公嘱托。余曰：“贪酷不仁，断不可见。”乡试后，重阳前一日，得儒学教谕赵先生名锡蒲。训导冷先生名介瑞。一纸书，云：“庭前菊花盛开，又得美酒一瓶，祈秋水先生明日来饮酒赋诗。”余曰：“明日午时必到。”至明日到署，赵、冷二先生曰：“秋水先生被我们诓来矣。”余问其故，曰：“昨日邑令王公忽至本学，曰：‘予今日乘兴出游，来请二先生赐陪。’曰‘父台何往？’曰：‘欲往中石桥拜秋水先生，闻其人刚正不阿，素昧生平，必不肯见。二先生其师也，闻先生至则衣冠出迎，借重二先生体面，可一见也。’曰：‘父台作官日浅，知之未深。乘兴远游，纵览江山之胜，不知去处。偶尔还家，亲友中有可以饮酒赋诗者，则坐而忘返。父台必欲见，莫如诓他来，吾两人竭力送去拜，父台何如？’父台即叩首曰：‘谢二先生高情。’”余曰：“昨得二先生手书，欣然而来。今闻此言，头痛不可息，不能从命。”赵先生回头看屋。冷先生正襟危坐，视余而曰：“我在胶州，闻州牧张公云：‘王秋水先生，凡事以孔子为法。’何今日之事，学到段干木截然而止，孔子之道，何至如是？”

余大笑曰："学孔子何难？门生立刻学之。"赵先生回头大笑曰："妙绝千古！孔子一生见过阳货，且见过南子。即时拿帖送秋水先生去。"

于人闻之，大喜。接出宅门，一揖握手入花厅。揖让为礼毕，于人曰："办好酒馔来，今夜我有大宾。"各饮龙井茶一杯，曰："久闻先生无书不读，此时所读何书？"余笑曰："生平读书手不释卷，然一字不记得，所记得者数句。"曰："哪几句？"曰："《论语》记得三句：'居是邦也，事其大夫之贤者，友其士之仁者。'《孟子》还记得八句：'非其义也，非大道也，禄之以天下弗顾也，系马千驷弗视也。非其义也，非其道也，一介不以与人，一介不以取诸人。'"曰："真乃好人品。"曰："人品上何定之有？有素日是个恶人，一转念即成好人者；有素日是个好人，一转念即成恶人者。自古不可胜数，目前略逢二人。"曰："哪二人？"曰："一是张罗峰先生，名文炯，滇南人，做官三年，骂声满道。张公闻之，曰：'何不作循良？'作循良七年，爱民如子，待士如兄弟。遂升河南邓州牧，今擢治中，四品黄堂垂手可得矣。天之报善人，其不爽如是。一是山东巡抚国泰，初任山东按察司，为民问理多少冤狱，真是循良。以此积德获报，连升巡抚。谁想作巡抚以后，忽变心肠，将山东百姓刮了肉又刮骨头。以此上干天怨，为王法所不容。而至于今，他那金玉向何处去了？他那性命又向何处去了？天之报恶人，其不爽又如是。父台到的是作好人胜于作恶人。"于人叩首曰："与君一夕话，胜读十年书。"后谈江山之胜，诗文之妙，淋漓痛快，饮至三更乃罢，差役提灯笼送归本署。二先生曰："今夜快谈可尽述乎？"余为言之二先生曰："议论奇警，酷似孟子。"

后作官一年，将库中亏空尽还，因母八十告终养还家。后来见予，曰："尝记初见之夕，闻君劝规之言，如霹雳震耳，通身汗下。亏空已还，告终养文书上台已准，今保首领而还家者，先生之教也。"曰："予之初念，固不若是，欲父台改过自新，多作几年好官，去任后令父老讴思不已，是吾志也。今告休养还家，克尽孝道，亦是好事。"

于人通堪舆，遂与余看我先茔。自始祖琅琊公，看到渔洋墓。余曰："先大人临川公墓何如？"曰："一团文明之象。"

明白如话，声音笑貌不啻目睹，真意到笔随之作。

汉南侄孙曰："圣人之道，隐恶而扬善。此文虽妙，必不可刻。留与子孙看，作恶之心可以除矣。"